中国能源安全
与上海合作组织能源合作

张 耀 著

上海辞书出版社

ZHONG GUO NENG YUAN AN QUAN
YU SHANG HAI HE ZUO ZU ZHI NENG YUAN HE ZUO

序　一

周敏凯

随着中国经济的迅速发展和人民生活水平的日益提高,中国对以石油天然气为核心的能源资源的需求与日俱增,对外依赖度越来越大。如何确保未来中国能源安全,营造中国可持续发展的能源保障已经成为中国目前面临的战略问题。张耀同志所著的《中国能源安全与上海合作组织能源合作》较为敏锐地抓住能源安全这个中国发展中的关键问题进行研究分析,颇具现实意义。

本书对中国能源安全问题的由来和目前面临的状况以及未来趋势做了详尽的阐述,对中国能源安全存在的一些关键问题也进行了量化分析。作者也对中国能源合作的重要对象——上海合作组织相关成员国的能源发展状况及其战略政策进行了详尽的分析和阐述,对中国和这些国家在能源领域开展的合作进行回顾,使得读者对中国在上海合作组织框架内与相关国家进行互补性的能源合作的必要性和可能性有了较多的认识和理解。

本书作者特别从地缘政治角度对中国能源安全和对外能源合作展开独特的分析,在分析世界能源形势和国际关系发展相关联的历史演变之后，作者认为能源作为战略资源并不是简单地由市场决定其发展走势，很大程度上地缘政治形势的演变对能源形势会产生重大影响。从地缘政治角度分析国际能源形势，使得中国与上海合作组织相关成员国开展能源合作的合理性更为明显，而最近几年欧亚地区的形势发展和中国与俄罗斯以及中亚国家的能源合作进程也证明了这一点。这也是本书较具独创性的部分，具有一定的学术意义。

习近平主席 2013 年相继提出了关于建设"丝绸之路经济带"和"21 世纪海上丝绸之路"的战略思想和关于中国能源发展的战略思想，这两个战略思想对上海合作组织及其成员国的包括能源合作在内的经济合作都有非常重要的指导意义，在这个背景下，本书对中国未来能源安全的战略选择以及中国与上海合作组织成员国的能源合作提出了一些颇有意义的观点和建议，这对我国未来的能源安全保障和对外能源合作有一定参考价值。

（作者为同济大学政治与国际关系学院教授、博导）

序　二

余建华

　　张耀同志所著《中国能源安全与上海合作组织能源合作》一书,对中国能源发展的历史线索以及目前面临的能源产业上、中、下游中存在的问题进行了较全面的回顾和阐述,并且使用了较为丰富的统计数据详细论证了中国能源安全的一些焦点问题。

　　上海合作组织是中国主导参与推动创建、发展的地区合作组织,对于营造中国周边安全环境有着重要的战略意义,在国际事务中的影响力也与日俱增。上海合作组织一些成员国是能源资源极为丰富的国家,能源出口多元化是这些国家能源战略的基本方向,因此,中国和上海合作组织成员国的能源合作具有天然的互补性。本书对上海合作组织相关成员国的能源发展和能源战略也做了较详细的梳理,对在上海合作组织框架内的能源合作的可能性和必要性做了较充分的论证,并且对迄今为止中国与上海合作组织相关成员国之间的能源合作进行了较充分的论述。作者尤其注重根据国际形势和能源政治互相影响的演变趋势的视角,分析了地缘政治变化对国际能源局势的重大影响,从而充分说明了上海合作组织框架内的能源合作是完全符合成员国长远利益的,对相关各国都具有重要的战略利益。

习近平同志就中国未来能源发展和能源战略选择做出了重要论述,本书也就此进行了一定的展开论述;习近平同志还提出了"丝绸之路经济带"和"21世纪海上丝绸之路"的宏大构想,上海合作组织成员国基本都处于"丝绸之路经济带"区域中的关键位置,能源合作也将成为"丝绸之路经济带"建设中的重点领域,本书也对此进行了探讨。由此,使得本书对于未来能源发展、能源安全和能源合作有了一定的前瞻性和现实意义。

国内学术界对于中国能源安全以及上海合作组织成员国之间的能源合作已经有了较多的研究成果,但本书将两者能够有机地结合起来进行研究,这在学术上具有一定的独创性,因此本书对我国能源发展战略以及中国的能源国际合作具有一定的参考价值。

(作者为上海社科院国际关系研究所研究员)

目　录

第一章 绪 论

一、问题的提出和研究的缘起

纵观人类社会发展的历史，可以说人类的进步始终和能源的使用相联系，各种新能源的不断被发现和利用是人类文明得以不断发展的重要物质基础。进入21世纪以后，中国面临的能源问题越来越突出，这是与改革开放以后中国经济在世界经济日益全球化的背景下迅猛发展的历史进程相吻合的。首先，能源是中国经济不断发展和人民生活水平日益提高的客观物质基础。现代化经济的发展在所有领域里都需要大量的能源，重工业、轻工业的各个部门每时每刻都需要石油、天然气、煤炭和电力等能源的支持，能源在现代社会经济发展中的基础作用是举足轻重的。其次，在直接的经济发展中的基础作用以外，在提高人民生活水平的社会发展领域，能源所起到的支撑作用也日益突出。航空、航海、公路交通运输以及在我国正在迅速增长的私人汽车的普及使用、各种家用电器的普遍使用，都对我国未来的能源供应提出了越来越高的要求。同时我们可以看到，与我国对能源的需求与日俱增的形势相对比，中国目前的能源供应形势并不乐观。中国虽然地大物博，但由于人口基数庞大,绝大多数资源和矿藏的人均占有量在世界上都处于较低水平,尤其是由于种种原因,中国的各种资源矿藏中的优质高品位矿藏数量较少,使得中国未来能源状况面临数量与质量的双重问题。所以,尽快高效率地解决中国经济迅速发展与能源需求瓶颈之间的矛盾冲突问题将是未来中国经济和社会发展进程中长期面临的重大问题。

在世界经济日益全球化和中国改革开放不断深入发展的背景下,中国的经济发展与整个世界的经济环境的联系越来越密切,中国的经济发展已经成为世界经济中不可忽视的组成部分。考察和解决中国面临的能源问题,从根本上说也必须从整体上掌握世界能源形势发展的脉络。自从20世纪70年代初第四次中东战争以后爆发世界规模的能源危机以来,能源问题,尤其是时常爆发的能源危机日益成为举世瞩目的全球性问题。迄今为止,世界能源危机主要表现为石油危机。这是因为第二次世界大战结束以来,石油已经超过煤炭成为世界能源消费的主要来源,在西方发达国家中这一现象更为突出。欧美各国的能源消费结构中石油和天然气所占的比例要远远高于其他国家。而且从目前情况分析,可以全面替代石油的新能源在短期内尚不可能出现,在未来相当一段时期,石油将依然是世界经济发展所依赖的主要能源,各国对其的需求还会继续增加。随着发展中国家,尤其是以中国、俄罗斯、印度、巴西为代表的新兴国家经济的迅速发展,全球范围内的经济发展与能源需求尤其是石油资源需求之间的矛盾将继续存在,在某些时刻甚至还会进一步突出。

　　自 20 世纪 80 年代起，全球的石油开采量已经超过发现量，总体而言，未来世界的石油供求形势将更加紧张。随着我国经济社会持续快速发展，石油消费也将不断上升，而受自然条件制约，我国未来石油产量难以显著增加。因此，石油战略安全问题将日益严峻地摆在我们面前。中东地区动荡的地缘政治形势、页岩气等新能源技术的发展，意味着世界能源地缘政治格局和世界石油市场格局正在发生着重大变化，并将导致石油地缘政治格局发生变化。要确保我国的石油安全，除了建立战略储备基地之外，特别要注重对石油资源的有效控制。要坚持走石油资源的多元化的道路，广辟来源，创新形式，以避免资源来源地单一可能带来的资源不足风险。

　　随着世界能源局势的变化，国际能源价格在 21 世纪出现了一路上扬的状况。近十年来，石油价格增长了近十倍，2008 年 7 月一度达到 147 美元一桶。2008 年底因受世界金融危机影响，石油价格终于掉头向下，最低至 40 美元一桶左右。由于世界经济形势和地缘政治形势的剧烈波动等因素，在本书写作前及成书中，世界石油价格一直呈剧烈震荡，在 40 至 100 美元间反复。油价波动尤其是长期高位的状况，对能源进口大国中国无疑也意味着挑战，中国将不得不为进口能源而付出更大的经济代价，而且随着中国能源进口数量的不断增加，这种代价将越来越高昂，中国作为世界工厂的制造业成本竞争优势也将遭到削弱。中国石油消费弹性系数高于全球，石油进口对 GDP 的影响大于许多国家，油价高企可能遏制中国经济发展速度，也将增大通胀预期，如何避免 CPI 迅速上升导致人民生活水平下降，已经是当今中国一个很大的问题。

自从"9·11"事件发生以后，中国、美国、日本、欧洲等世界上主要能源消费国家和地区一方面依然重视原有的主要能源生产和出口地区（比如中东和拉美地区），另一方面也开始积极开拓新的能源来源，在这方面也出现了一些激烈的竞争，比如在中亚和高加索地区的大国能源博弈以及中日两国在俄罗斯远东石油管道问题上的竞争。很明显，现在能源资源尤其是石油资源已经成为关系到国际政治、经济、安全等各个领域的格局演变的战略资源。现在，无论是能源进口国还是能源出口国都在大力推行本国的能源多元化战略，进口国力争本国能源进口渠道的多元化，出口国则争取本国能源出口渠道的多元化。能源资源丰富的国家则试图利用自己的优势地位谋求自身的战略利益。面临世界目前这种迅速变化的能源格局，如何确实保障经济发展进程中本国的能源安全，已经成为中国国家总体安全中的重要一环。中国自从 1993 年开始成为石油净进口国，20 多年来对石油进口的依赖度越来越大，随着国际能源局势和地缘政治形势的不断变化，中国在未来相当长一段时间将面临非常严峻的能源安全问题。因此，为了保障中国未来的能源安全，如何从"开源"和"节流"两个主要问题着手努力解决能源问题、规避能源风险是中国在未来必须面临的战略性问题。

解决中国的能源安全问题除了立足于国内的能源开发、提高能源利用效率等手段外，更重要的开展有效的国际合作,寻求多元化的,可靠稳定的进口能源来源。近年来,中国与世界上许多国家开展了能源合作,中国石油企业也积极实行"走出去"的战略。在这种国际合作中,中国与上海合作组织成员国之间的能源合作占有突出的地位。上海合作组织是中国参与主导建立的地区性合作组织,自2001年正式建立以来,各成员国和观察员国之间在政治、经济、安全和人文等各领域的合作中取得了丰硕的成果,有效地保障了中亚地区的和平与稳定,促进了成员国之间的合作与交流。目前阶段成员国与观察员国之间的能源合作已经成为彼此间经济合作的重点。上海合作组织中的成员国和观察员国中有像俄罗斯、哈萨克斯坦、伊朗这样的能源输出大国,也有像中国、印度这样的能源进口大国,而且无论是能源进口大国还是出口大国,都确立了多元化的能源发展战略。因此,在上海合作组织框架内开展能源合作具有较坚实的物质基础,也符合各成员国的共同利益。正因为如此,上海合作组织框架内的能源合作开始逐渐成为相关国家政府、企业和学界关注的焦点。

由于上海合作组织的主要成员国和观察员国大都是中国的陆地邻国,并与中国有着良好的政治、经济、安全和人文合作关系,一些国家与中国还建立了战略伙伴关系,因此与该组织成员国进行能源合作对于中国而言具有天然的地缘优势,它对于帮助中国获得未来可靠稳定的能源来源,改善能源进口环节中的能源运输通道的安全等问题具有重大意义。正是在这种背景下,笔者选择把上海合作组织框架内中国与各成员国之间的能源合作作为研究对象。

二、现时研究状况

能源问题是学术界面临的重大课题,国内外研究能源问题的学术成果可谓是汗牛充栋,无论是中国的能源问题还是世界能源问题,前人已经取得颇为可观的成就。但是上海合作组织框架内的能源合作却是一个最近几年才开始受到较多关注的问题。上海合作组织成立只有十余年,提出在上海合作组织框架内开展有效的能源合作的时间更短。就单独的上海合作组织问题和中国能源安全问题,国内外都已经有不少学者进行专门的研究,而把中国能源安全问题和上海合作组织框架内能源合作结合起来进行分析研究确实是一个比较新的课题。笔者首先分别以上海合作组织和中国能源安全作为关键词在清华同方集团的中国知网数据库中搜索相关论文时,以这两者单独作为研究对象的论文的确为数众多。但当笔者把上海合作组织和能源合作这两个关键词放在一起进行搜索时,却只找到为数不多的十来篇学术性论文,其中包括王海运的《关于上海合作组织能源合作的思考》(载于《西安交通大学学报(社科版)》2008年第1期)、刘朝峰的《新时期上海合作组织能源合作探析》(载于《西伯利亚研究》2007年第2期)、陈小沁的《上海合作组织能源合作机制化问题初探》(载于《教学与研究》2009年第9期)、李葆珍的《上海合作组织的能源合作与中国的能源安全》(载于《郑州大学学报》2010年第4期)、耿晔强和马志敏的《基于博弈视角下的中国与上海合作组织成员国能源合作分析》(载于《世界经济研究》2011年第5期)、孙永祥的《上海合作组织框架内的能源合作》(载于《国际展望》2011 年第 5 期)、王海燕的《上海合作组织成员国能源合作：趋势与问题》(载于《俄罗斯研究》2010 年第 3 期)。通过对上述这几篇论文的相关扩展查询,笔者又找到了一些有着相似内容的文章,其中包括韩立华的《包括国际能源战略格局与地缘政治关系:解读上海合作组织多边能源合作的环境与问题》(载于《新视野》2007 年第 2 期)、车长波和李富兵的《上海合作组织框架内的油气资源合作》(载于《俄罗斯中亚东欧市场研究》2007 年第 5 期)、阿·哈希莫夫的《上海合作组织框架内能源领域的合作前景》(载于《俄罗斯中亚东欧市场研究》2006 年第 1 期)、杨成的《关于在上海合作组织框架内建立统一能源空间的几点思考》(载于《西伯利亚研究》2008 年第 1 期)、张玉国的《上海合作组织能源俱乐部建设:问题与前景》(载于《俄罗斯研究》2007 年第 3 期)、陈小沁的《上海合作组织能源一体化前景探析》(载于《国际经济合作》2008 年第 10 期)等。而当笔者把上海合作组织、能源合作、中国能源安全三个关键词一起进行搜索时,则除了上述李葆珍一文外没有找到任何其他论文,因此本书所进行的研究可能是目前一个尚未得到充分研究的课题。由于上海合作组织框架内的能源合作是一个比较新的问题,因此上述大部分有关论文主要是回顾了上海合作组织框架内各种能源合作的起源、分析了这种合作的现有基础和未来可能的前景。

　　虽然把上海合作组织、能源合作、中国能源安全这三个要素同时进行研究的成果为数稀少,但与本书的研究主题相关的研究比如能源安全、上海合作组织一些成员国的能源状况与能源战略等还是有不少已知的学术成果。

相对而言,西方学者对能源安全问题的学术研究起步较早。20世纪70年代发生的由第四次中东战争引起的战后第一次石油危机对西方国家产生了强烈的冲击,能源安全问题从此成为西方学术界重点关注的问题。国内比较知名的、已经翻译成中文的学术专著,比如瑞典学者博·黑恩贝克撰写的《石油与安全》,美国著名学者约瑟夫·奈编著的《能源与安全》和比利时学者让·雅克·贝雷比撰写的《世界战略中的石油》等诸多著名相关研究成果。这些西方学者主要研究了欧美国家经济和社会生活的发展对进口石油,尤其是对从发展中国家进口石油的依赖,从各种角度分析了世界石油供应和运输的安全问题以及石油价格在国际政治局势变化的影响下大幅波动对西方国家和国际关系所产生的影响。法国学者菲利普·赛比耶-洛佩兹的《石油地缘政治》一书,从地缘政治角度分析了当今世界能源局势,认为能源安全问题很大程度上与地缘政治有关,这是一部不可多得的佳作。最近几年国际能源形势的风云变幻,很大程度上印证了该书关于地缘政治对能源问题具有重大影响的结论。与西方国家相比,中国学者在能源安全问题上的研究则起步较晚。随着经济的日益发展和能源进口依赖的日益加深,中国学者在该领域的研究也越来越深入。1992年,王能全出版的《石油与当代国际经济政治》一书在国内较早地提出了能源安全保障问题的概念,指出中国缺乏能源安全保障的有效措施,"如不对此加以重视,势必会造成重要后果"。①

　　进入 21 世纪以后，国内诞生了相当数量的研究石油安全问题的专著。如，吴磊的《中国石油安全》，王家枢的《石油与国家安全》，徐小杰的《新世纪的油气地缘政治》等。这些专著多从地缘政治的角度研究国内面临的能源供应问题，并且利用比较研究的方法，借鉴国外能源安全政策方面的有效措施，提出了自己的建议。除了这些专著外，相关的学术论文也很多，分别从不同的角度研究中国的能源安全问题。汪海的《构建避开霍尔木兹海峡的国际通道》一文专门从海上石油运输安全这一角度来讨论中国的石油安全问题。而杨中强教授的《中国能源安全与战略选择》则从如何确保能源安全供应的角度来讨论了中国的能源安全战略。也有从国际政治经济学的视角来讨论中国的能源安全的，如查道炯教授的《中国的能源安全：国际政治经济学的视角》，该文以相互依赖理论来解读能源安全，给我们研究石油安全问题提供了新的理论视角。这些文章由于受到篇幅上的限制，并没有全面的论述中国的能源安全问题，都只选取了一个特定的视角来解读中国的能源安全。在这些研究石油安全的专著和论文中，许多学者都提出了要加强国内石油公司的跨国运营，通过跨国运营可以缓解国内面临的日趋严峻的石油安全问题。

　　随着中国石油公司对外投资的活跃，很多学者也开始

---

① 王能全. 石油与当代国际经济政治. 时事出版社，1993. 321 页.

研究中国石油公司的对外投资。这些文献多从直接投资理论的角度来研究国内石油公司对外投资的,有的研究了整个石油行业的对外投资,有的则集中于研究某个石油公司的对外投资和跨国经营。中国学者邵素军在其论文《中国石油公司跨国经营的经济研究——国际生产折中理论的启示》中,利用了国际生产折中理论对中国石油公司的对外投资和跨国经营等行为进行了研究分析,认为与其他国家相比,中国石油公司拥有"较强的所有权、极强的内部化优势以及很强的区位优势",中国的石油公司在这个基础上进行跨国经营,在一定程度上可以有效地应对来自西方国家石油公司的竞争,从而维护中国的能源安全利益。另一位中国学者张心礼撰写的《中国石化跨国并购战略选择》则以中石化公司对外投资案例,研究了中国石油公司的对外投资行为,他认为跨国并购是中石化公司进行对外投资的正确而有效的有效战略。康伊明的论文《对中国石油公司"走出去"战略的思考》则主要从战略和宏观视角对中国能源企业的"走出去"战略进行了分析研究,其结论是中国能源企业实行"走出去"战略、积极开展与其他国家的能源合作对于保障中国的能源安全具有十分重要的战略意义。舒先林、李代福共同撰写的《中国石油安全与企业跨国经营》一文也探讨了中国能源企业实行"走出去"战略、进行国际合作和解决中国能源安全问题之间的关系。

随着能源问题的全球化和政治化趋势的加强,与中国一起同为上海合作组织中最为重要成员国,也是世界能源大国的俄罗斯的能源状况和能源战略越来越成为国际关系研究和俄罗斯外交研究中的热点问题。就国内研究状况看,目前已有专门研究俄罗斯能源问题的专著问世。中国社会科学院的郑羽研究员和中国石油大学庞昌伟博士合著的《俄罗斯能源外交与中俄油气合作》一书于2003年出版。该书从三个部分对俄罗斯能源外交进行了阐述,第一部分《俄罗斯能源外交的国际背景、基本理论与政策目标》,主要分析了能源安全问题的内容和基本观点,阐述了俄罗斯能源外交的理论基础、政策目标和运作手段。第二部分《俄罗斯能源外交在全球各地区的展开》,论述了俄罗斯与欧佩克、美国在石油领域的矛盾与合作,以及俄罗斯能源外交在独联体地区、欧盟和中东欧的作用。第三部分《21世纪中国油气安全与中俄油气合作》,系统阐述了中俄油气合作的现状、问题和前景。

在博士研究生的学位论文方面,最近几年来国内也出现了一些颇有见地的作品。比如华东师范大学国际关系学院袁新华博士的《普京领导下的俄罗斯能源战略与外交》一文,主要就俄罗斯能源战略、能源外交以及影响俄罗斯能源战略的因素进行了系统阐述,文章对俄罗斯石油和天然气公司的能源"外交"政策进行了分析,并为中俄能源合作提出建议。还有一些青年研究人员曾对这一问题进行过研究。①

----

① 如庞昌伟博士的学位论文《俄罗斯能源外交:理论与实践》、中共中央党校王亚栋博士的《能源与国际政治》、黑龙江大学刘永红的硕士论文《俄罗斯石油天然气出口战略研究》、中国外交学院刘晓红的硕士论文《论中国与俄罗斯的石油合作》等。

学术论文方面,最近几年国内也就俄罗斯能源这一话题给予了更多的关注。如冯玉军博士《俄罗斯新能源外交及其影响》一文(刊于《现代国际关系》2002 年第 9 期),就"9·11 事件"之后俄罗斯作为能源大国的重新崛起和开展能源外交的状况及其影响进行了分析。孙永祥研究员的《俄罗斯油气工业近况和加强中俄能源合作的几点建议》(刊于《当代石油石化》2004 年第 10 期),介绍了近期俄罗斯油气工业状况、发展计划和俄罗斯为促进油气工业发展采取的主要措施,并提出中俄油气合作的建议。秦宣仁教授的《国际大环境及大国能源外交运筹》(刊于《国际石油经济》2004 年 1 月号),从国际形势和大国关系格局角度论述了当前大国之间为获取和控制能源的斗争,以及各国为争取更大的利益,不断调整自己的能源外交策略。黑龙江社会科学院的宋魁研究员也就俄罗斯能源战略地缘取向和新的发展态势进行了分析。① 另外,国内的一些著名学术期刊也刊载了一些与俄罗斯能源外交相关的文章。②

---

① 详见宋魁的文章:《新世纪俄罗斯能源战略的地缘取向》和《俄罗斯能源战略新态势》,分别载于《俄罗斯东欧中亚市场》2005 年第 4 期和第 6 期。

② 例如夏义善的《试论中俄能源合作的现状与前景》(《东北亚论坛》2000 年第 4 期),就中俄能源合作的特点、有利因素、合作前景进行了分析。李国玉在《俄罗斯丰富的油气资源及其能源外交》(《世界石油工业》2001 年第 6 期)一文中提出"俄罗斯丰富的油气资源是国家强盛的有利条件,能源外交可能是俄实现长远计划的一个重要支柱"等观点。涉及俄罗斯能源外交的文章还有:A. A. 赫罗莫娃:《俄与欧盟关系中的能源因素》(《西伯利亚研究》2002 年(转下页)

从国际上看,世界著名的能源研究机构对俄罗斯的能源问题均有涉及,如国际能源署(IEA)、国际能源经济研究会(IAEE)、剑桥能源研究会、美国战略与国际问题研究中心(CSIS)、伦敦战略研究所(IISS)、欧佩克组织(OPEC)、英国石油公司(BP)等。在俄罗斯国内,俄政府近几年出台了一系列的能源战略和规划,包括 2003 年颁布的《2020 年前俄罗斯能源战略》、修改了《产品分成协议》以及《俄罗斯东西伯利亚和远东地区油气开发战略》等。学术成果方面,比较著名的是莫斯科国际关系学院教授斯·日兹宁在 2003 年出版的著作《国际能源:政治与外交》,该书系统介绍了能源外交的定义、内涵和能源外交的政治经济基础,分析了世界能源市场和国际能源政治的发展趋势及存在的问题,在全球和地区角度对俄罗斯的能源外交进行了研究。另外,涉及俄罗斯能源外交的作品还散见于各学术期刊,如《世界经济与国际关系》《国际生活》《全球政治中的俄罗斯》《远东问题》等。

(接上页)第 4 期),张晶:《中俄石油管线改道风波透视》(《能源政策研究》2003 年第 2 期),张晶、孙永祥:《政治经济利益的权衡》(《国际贸易》2003 年第 12 期),冯玉军:《国际石油战略格局与中俄能源合作前景》(《现代国际关系》2004 年第 5 期),徐海燕:《俄罗斯"向东"能源出口战略与中俄油气合作》(《复旦学报(社会科学版)》),E. A. 捷列金娜:《亚太地区能源一体化和俄罗斯的能源出口前景》(《石油科技论坛》2005 年第 6 期),罗英杰:《俄罗斯与欧盟的能源合作》(《国际经济评论》2005 年第 4 期),靳会新:《浅析俄罗斯能源外交战略》(《俄罗斯研究》2005 年第 2 期)等。

三、核心概念与基本框架

上海合作组织的能源合作是一个外延非常广阔的概念,它包括上海合作组织各国关于能源合作的设想和各种策略,各国在能源合作问题上的已有成就和规划以及对未来能源合作的设想,上海合作组织成员国以外的国家对上海组织能源合作的考量、政策及其在外交、政治、经济和安全等各个领域的具体行动,上海合作组织能源合作对于世界能源局势的影响等。为了避免面面俱到的空泛论述,本书仅把上海合作组织能源合作这一内涵极为丰富的课题与中国能源安全问题结合起来考察,着重探讨与中国有较多能源合作关系的主要成员国的能源状况、能源战略和政策、中国与这些国家能源合作的现状及其发展、中国在与上海合作组织成员国能源合作中显现出来的特点、中国在与上海合作组织成员国能源合作中暴露出来的问题与矛盾、中国与上海合作组织成员国进行能源合作对于中国未来能源安全的意义与影响等问题,并希望通过对这些问题的分析研究,对未来中国在上海合作组织框架内与有关国家进行各种能源合作的策略以及未来中国能源安全战略进行较深层次的理论思考,尽可能地提供一些较具积极意义的建议选择。

能源的概念本身也是比较广义的,石油、天然气、煤炭、核能、水能、太阳能等皆属于能源的范畴,考虑到当前中国发展的具体情况和面临的主要能源问题,以及世界能源形势发展的特点,本书研究所涉及的能源主要是指石油和天然气资源,因为这两种能源资源是目前世界经济发展中用

途最为广泛的,其作用是其他能源资源所不可替代的,其对
国际能源局势大变化所起的影响权重也是最大的。其他能
源问题如果不与本书主题直接相关则不作更多展开,对于
与本书主题无直接关系的能源问题,比如一些涉及能源勘
探开采运转等纯技术问题一般也不予涉及。

关于参考文献和资料的运用和取舍。本书将主要参考
运用国内外学者的相关学术论文、著作,各国政府相关机构
(比如经济发展部门、能源管理部门、统计部门)以及世界著
名能源企业提供的各种统计数据,相关的学位论文等。文
献的引用以公开出版的各类学术书籍、学术论文、研究报告
为主。另外,权威部门的网站提供的资料也将是本书引用
资料文献的一个来源。① 另外一些重要会议和权威专家的
言论也可能作为参考资料予以引用作为佐证。

本书写作的框架结构主要包括正文五章,其逻辑递进
关系为:第一章为绪论,主要内容为提出问题,介绍国内外
学术界对于本书所研究问题的研究概况,阐述本书选题的
研究意义,说明本书主要采用的研究方法等。第二章主要
论述新中国成立以来,尤其是改革开放后中国的能源发展
状况以及能源战略与政策的演变状况,分析中国目前面临
的比较严峻的能源安全局面,从而说明中国开展国际能源

① 权威网站是指类似中国发改委、外交部、商务部之类的政府
部门网站,类似中石油、中石化、BP 公司等各大能源企业网站,各国
重要智库网站,新华社、人民日报及与此类似的重要官方媒体网站。
一般的门户网站、普通信息类网站和论坛类网站的资料由于缺乏权
威性,本书对其的使用将给予严格慎重地对待。

合作的重要性。第三章主要介绍上海合作组织内与中国有较密切能源合作关系的成员国以及观察员国的能源发展状况及其能源战略和政策的沿革,阐述和分析这些国家与中国进行能源合作的客观基础以及发展和中国的能源合作符合其各自的能源发展战略的主观愿望。第四章主要是对近年来中国在上海合作组织框架内与其他成员国进行各种能源合作的状况和演变进行梳理和分析,从而说明中国与上海合作组织成员国之间进行能源合作事实上已经取得了相当大的效果,是完全可行并且具有发展潜力的。第五章则是对中国在上海合作组织框架内与其他成员国进行的能源合作进行较深入的思考,对其合作过程中显示出来的特点、问题以及未来的合作之路和中国在上海合作组织框架内与其他成员国进行能源合作对于保障未来中国能源安全的意义、保障未来中国能源安全的战略与策略进行分析和研究并提出作者自己的设想和建议。

四、理论工具与一般方法

能源合作与安全问题是一个跨学科综合性问题,跨越了经济、政治、安全、贸易等诸领域,如果仅仅用某一种学科理论,比如国际关系理论或者经济学理论可能都难以完全解释和说明能源合作和能源安全问题的原委,每一种理论都是从某个视角对能源问题进行考察和阐述。本书将主要通过地缘政治视角来观察和分析上海合作组织框架内的能源合作问题,以此作为分析问题的主要理论根据。

所谓地缘政治学,在国际关系研究上一般是指对于地

理环境施加于国际政治影响的研究分析,也即通过对地理
环境因素对于某个国家或某个地区的政治安全和外交行为
的影响程度来进行分析、评估和研判。法国国际关系学者
雷蒙·阿隆给出的最精炼的注解就是地缘政治意味着"从
地理角度对外交—战略关系进行图解"。① 而在现实的国
际关系研究领域,地缘政治研究尤其表现在大国政策与地
理环境的相互作用和相互影响上。因为相对而言,小国往
往本身可能有着非常重要的地理位置,但其力量有限,无法
以此发挥重大作用;而大国由于其所具备的力量以及其国
家利益对于某些特殊地理位置的依赖,使得其政策的制定
与地理环境的相互作用表现得特别明显。美国著名学者索
尔·科恩因此称地缘政治学实际上就是"国际政治大国与
地理环境的相互关系"。②

在当代世界,鉴于能源已经是一个国家维持经济发展、
社会生活、军事行动等不可缺少的资源,能源问题首先是一
个国家经济领域的现象和问题,同时能源问题也不仅仅是
单纯的经济和贸易问题。无论是能源进口国和出口国,对
能源问题的考虑并不是从简单的经济利益出发,甚至有时
候主要不是从经济利益考虑,而是从国家总体战略利益考
虑。地缘政治的考虑是各国制定能源战略的重要依据。剑
桥能源研究会董事长丹尼尔·尤金对石油和地缘政治的关

① [美]詹姆斯·多尔蒂,小罗伯特·普法尔茨格拉夫.阎学
通,陈寒溪等译.争论中的国际关系理论.世界知识出版社,2003.
164页.

② 冯绍雷.国际关系新论.上海社会科学出版社,1994.73页.

系曾经这样表述道:"石油,10％是经济,90％是政治""石油与地缘政治之间的密切关系,是任何其他原材料都无法企及的。这一点在中东、俄罗斯、中国、拉美……乃至世界任何地区都可以得到证实。"[①]纵观历史,我们可以发现,几乎每一次世界重大石油能源危机都与地缘政治的剧烈动荡直接相关,1973年的第四次中东战争,1980年的两伊战争,1990年的海湾战争,2003年的伊拉克战争,2008年的俄格冲突和2014年的乌克兰危机,都引发了国际能源市场的大波动。由于种种原因,2008年前的国际能源市场价格一路高企,在2008年8月一度摸高至147美元/桶,这也是有史以来的石油最高市场价格。然而,在当年8月,俄罗斯和格鲁吉亚爆发了一场短促战争,导致俄罗斯与西方国家关系紧张之后,国际市场石油价格迅速滑入下跌通道,该年末,居然下跌到只有大约40美元/桶。相似的情况在2014年再度出现,由于俄罗斯和西方国家在乌克兰危机中高度对立,美欧对俄罗斯进行了各种政治和经济制裁,同时,国际能源市场石油价格又一次迅速从110美元/桶左右迅速下跌至50美元/桶左右。虽然对此现象有各种不同解释,考虑到能源出口在俄罗斯经济和财政中的地位,我们不能不考虑到地缘政治在国际能源局势变化中所起的作用。

国际市场能源价格跌宕起伏,波诡云谲,在一个相对稳定的时间段内,应该说各国对能源的需求是基本稳定的,但

---

① 转引自[法]菲利普·赛比耶-洛佩兹.石油地缘政治.潘革平译.社会科学文献出版社,2008.1页.

是能源价格却可以相差几倍,这种现象掺杂了市场需求、经济形势影响、各国能源战略考量以及地缘政治影响等多种因素综合作用的结果,各种因素的综合作用最终通过市场供求关系这一最基本因素在能源价格上反映出来,地缘政治影响作为一种非基本因素在其中扮演了重要作用。

以地缘政治理论观察当今世界的能源现状,包括本书的研究主题能源合作与中国能源安全问题,都可以看到地缘政治在表面现象背后起到的作用。比如能源产业的上游,即油田的勘探、开发和生产环节等领域,是地缘政治的典型表现,因为石油的蕴藏区域和贫乏区域是大自然先天注定的,离石油储藏丰富区域的远近将会引发截然不同的地缘政治政策。中亚地区是继中东之后的有一个能源丰富地区,在中亚各国相继独立以后,几乎所有大国都开始进入中亚,而这其中至关重要的因素之一就是能源。在能源产业的中游环节,即能源的运输通道问题上,地缘政治的影响更是决定性的。比如中国现在是石油净进口国,所需进口的绝大多数石油都要经海运回国,海运航线必须经过一些关键通道,例如马六甲海峡、苏伊士运河、好望角等世界著名海上咽喉之地,中国的主要进口对象国大多位于潜在的地缘政治冲突高危地带,例如中东和非洲地区。因此能源运输通道的安全就成为中国能源安全的主要问题之一,而中国开展与上海合作组织成员国的能源合作恰恰可以在一定程度上避免一些尴尬的能源安全问题。

本书的研究方法主要以理论分析和实证研究相结合,以地缘政治理论为主要视角和分析工具,在掌握大量材料的基础上对上海合作组织的能源合作及其与中国能源安全关系的问题进行考察，在此基础上力图得出较为客观的结论，并对中国开展国际能源合作，营造未来能源安全态势进行分析和思考。

第二章 中国能源发展状况及能源战略

中国是世界上最早利用石油资源的国家之一,但是近代石油能源工业在我国形成和发展的历史却为时不长。严格地说,只是在 1949 年中华人民共和国成立以后,中国才开始逐渐建立起了现代能源工业。在 20 世纪 60 年代初以大庆油田的开发为标志,中国进入了能源自给自足的时期,并且逐步建立起独立的、比较完整的能源产业。改革开放后,随着中国经济的迅速发展,中国在经历了短短 30 年的能源自给阶段后再次成为能源纯进口国。从 1993 年以来,中国每年进口的能源(指石油和天然气)数量与日俱增,能源短缺的严峻局面始终威胁着中国的可持续性发展,中国的能源安全问题也逐渐成为政府、企业和学者共同关注的严重问题。

第一节 中国能源发展状况

虽然人类把石油资源作为工业化进程的主要原料进行使用和开发迄今为止只有一个半世纪的历史,但是中国发现和利用石油资源却是由来已久。中国是世界上最早发现和利用石油及天然气能源的国家之一,早在公元1世纪在我国陕北地区即已发现可以燃烧的"水",而在元朝时期,中国陕西地区即已开凿了提取石油的钻井,这也是中国历史上记载最早的油井。当然,由于历史条件的限制,这些历史记载都只是偶然的行为,并不是现代工业化意义上的石油能源产业。

尽管中国是世界上发现和利用石油资源最早的国家之一,但在很长一段时间中,中国却一直被认为是一个石油资源贫乏的国家,石油工业也极其落后。从1904年到1945年间,中国累计生产原油只有278.5万吨,平均年产原油仅仅为6.7万吨,而此间共进口"洋油"2 800万吨。1949年中华人民共和国成立当年,中国原油年产量仅为12万吨,天然气产量仅700万立方米。① 当时中国发展石油工业所需要的物资、装备、技术基本靠国外提供,国家经济建设所需要的石油产品基本依赖进口。之后,由于很长时间内还面临着以美国为首的西方国家对我国实行贸易禁运,停止了包括石油产品和技术的一切产品和技术进口,使中国的能源工业发展面临严重困难局面。

新中国成立后,中国的能源产业经历了艰难曲折的发展历程,取得了巨大的历史成就。随着中国经济的发展和工业化的进程,中国对能源特别是石油资源的需求越来

---

① 中国能源网. 中国石油工业60年变迁史. http://www.china5e. com/show. php? contentid=51245.

大。当时的中国领导人认识到,石油和能源工业是国民经济得以发展的重要基础和关键支柱,石油和能源工业的顺利发展是关系到国民经济能否顺利发展、国家安全能否得以保障的战略性问题。在以毛泽东、周恩来为代表的新中国第一代领导人的指示下,中国的地质科研和勘探人员,石油工业人员为中国能源产业的发展进行了长期艰苦不懈的努力,中国的能源产业,特别是石油工业也快速崛起。

1951年,毛泽东、周恩来观看了石油管理总局组织的石油工业展览。1952年,毛泽东签署命令,将中国人民解放军陆军第19军第57师成建制改编为石油工程第一师。1953年,北京石油学院成立,同年,国家决定引进苏联技术和装备,在兰州建设一个大型现代化炼油厂,连同玉门油田建设一起,纳入"一五"时期国家安排的156个重大建设项目。

1953年底,中国著名地质学家李四光在答复中国领导人的咨询期间,根据数十年来对中国地质的研究,运用其独创的地质力学理论,向中央领导人分析了我国的地质条件,说明中国的陆地一定蕴藏着比较丰富的石油资源。此后中国石油地质工作实施了"战略东移"的重大决策,开始将东北、华北等东部地区的沉积大平原作为主要的勘探对象。从1955年起,国务院决定,除由燃料工业部石油管理总局继续负责石油的勘探开发外,还由地质部、中国科学院分别承担石油资源的地质普查和科学研究工作。同年,一届人大二次会议决定成立石油工业部。

正是石油勘探重点战略的东移,在短短十余年时间里,大庆、胜利、华北、辽河等一系列大型油田陆续被发现并投入生产,从而彻底改变了旧中国石油工业极其落后的面貌,打下了新中国石油工业迅速发展的基础。

1956年,由于新疆克拉玛依油田的发现,新中国石油工业实现了第一个重大突破。同年,甘肃玉门鸭儿峡第一口探井喷油,发现了鸭儿峡油田。1956年,全国石油产量第一次突破了100万吨。1959年,位于中国东北松嫩平原上的大庆油田的发现以及随后的大规模会战和开发,使中国彻底甩掉了"贫油国"的帽子。1963年12月,周恩来总理正式宣布中国已经成为石油能够自给的国家。此后,中国石油产量不断上升。1965年原油产量上1 000万吨以后,1969年上2 000万吨,1972年上4 000万吨,1976年上8 000万吨。到1978年,中国原油产量已经突破1亿吨,猛增到1.04亿吨,平均每年增长689万吨,年均增长速度达到了18.6%。1976年,石油工业上缴国家财政112亿元,占当年全国工业财政总收入的32.8%。89万石油干部职工,为国家提供了1/3的工业财政积累。中国跨入了世界主要产油国行列,不但可以完全满足自给的需要,而且可以向国外出口原油,出口原油一度成为中国主要的外汇收入来源。1972年,中国首次向日本出口原油100万吨,后逐年迅速增加,成为大宗出口创汇产品。石油工业成为这一时期的出口创汇大户,出口最多的一年,石油出口量达到3 775万吨,创汇额占到全国出口创汇总额的26.8%。[①]

---

① 中国能源网. 石油工业六十年巡礼. http://www.china5e.com/show.php? contentid=50789.

　　自1978年中共十一届三中全会后,中国开始了改革开放的历史时期,中国的石油工业也开始进入了迅速发展的全新时期。与此同时,石油工业的迅速发展,也为下游的石油化工产业提供了充分的物质基础和原料保障,从而推动了整个石油化工产业结构的调整,以石油为基本原料的中国现代石油化工工业由此迅速崛起。改革开放30年间,中国的原油生产年均增长率达到2.3%,是同一时期世界原油产量年均增长率的2.5倍;中国的天然气生产年均增长率达到5.6%,是世界同期水平的2.1倍。

　　以大庆油田为龙头的发展引领全国已经形成了24个大型油气生产基地,已建成年产原油超过两亿吨和年产天然气超过1 000亿立方米的生产能力,同时还建立起完善的炼油及石油化工生产技术。2008年原油加工能力就已达到了三亿八千万吨,气、煤、柴油达到了两亿多吨,成为仅次于美国的世界第二大炼油生产国。[①]

　　2013年,中国的原油产量达到2.081亿吨,占世界总产量的5.0%,天然气产量为1 171亿立方米,占世界总产量的3.5%。[②] 中国成为世界上主要能源生产国之一。除了产量的增加外,油气资源的勘探也得到新的发展,21世纪初,在塔里木库车地区发现了克拉尔大气田,发现了塔里木塔河油田,还发现了世界级规模的苏里格大气田。2013

----

　　① 中国能源网.中国油气工业潜力与挑战共存.http://www.china5e.com/show.php? contentid=51479.

　　② *BP Statistical Review of World Energy 2014.*

年底,根据世界著名的 BP 石油公司的统计,中国的石油已探明可开采储量是 25 亿吨,占世界总量的 1.1%,天然气的已探明可开采储量是 3.3 万亿立方米,占世界总量的1.8%。[1]

中国的油气能源开发技术也逐步发展提高,从完全引进国外的技术,到今天完全能够独立自主研发属于自己的高精度仪器,国际领先的钻机,现在中国国内制造的钻机已经达到钻深 9 000 米以上。中国掌握的一些先进技术,例如偏移处理技术,核磁共振成像测井为主的测井解释评价技术,嵌平衡的钻机配套技术等,过去不能开发的低渗透、低产量、低品位的大油田、大气田都闲置在鄂尔多斯,现在利用了这些技术把鄂尔多斯已经建成仅次于大庆油区以后的又一个大油气田区。

同时,为了保障油气资源有效供给,几十年来中国还进行了国家能源输送管道体系的大规模建设,迄今已形成了几乎覆盖全国、并且与国外的油气管道体系相联通的油气运输管道网络。近年来,陆续大规模展开的西气东输等大型管道的建设和落成,不但加快了国家西部大开发的战略进程,也大大缓解了我国东部沿海地区能源短缺的局面。目前已建成石油天然气长输管道 6.7 余万公里,包括原油管道 1.9 万公里、成品油管道 1.4 万公里、天然气管道 3.4 万公里,基本实现了西气东输、川气东送、海气登陆,在全国范围内初步形成油气生产、供需、消费的合理布局。

---

[1] *BP Statistical Review of World Energy 2014.*

　　为了更好地应对国际能源局势的变化,适应新形势下中国能源产业的发展,中国还对能源企业进行了大规模改革。1983年2月19日,中共中央、国务院决定成立中国石油化工总公司。7月12日,中国石化总公司成立大会在人民大会堂举行。1988年4月,第七届全国人民代表大会第一次会议审议通过了《国务院改革方案》,决定把石油部改建为中国石油天然气总公司,并将所属的中国海洋石油总公司分立。同年9月17日,中国石油天然气总公司成立。自此,中国石油工业基本形成以陆上、海洋、石化三大公司为基础,分工较为明确,各自独立经营的格局。1998年中国政府再一次实施石油石化战略重组,通过行政性资产划拨和互换,将原石油天然气总公司和石化总公司改组为两个大型石油石化集团公司,实现上下游、产供销、内外贸一体化经营。这样,中国形成了石油天然气产业的三大"巨头",即中石油、中海油和中石化三大公司。1999年中石油、中石化和中海油按照"主业与辅业分离、优良资产与不良资产分离、企业职能与社会职能分离"的原则,开展企业内部重组,组建了各自的股份公司。2000年和2001年,三家股份公司先后在海外成功上市,成功走上国际资本市场的大舞台,其中中国石油天然气集团公司是目前中国最大石油天然气开采企业。中石油、中石化和中海油三大企业目前都已进入世界前500强企业行列。

　　同时,改革开放的30年间,也是我国能源工业积极实施"走出去"战略,实现国际化经营获得初步成效的时期。自1993年中国开始成为石油净进口国以后,石油和天然气资源在我国国家发展进程中的战略地位日益凸显。随着经济的持续发展,中国对能源的需求大幅度增长,在"九五"计划期间的年均增长速度约为 4%,2005 年,中国的石油消费量达到了 3.2 亿吨。为了保障石油和天然气的供应,中国政府加大了对石油工业管理体制的改革力度,积极推动能源的国际化发展战略,使得我国的石油供应逐渐从以前的"自给自足"开始走向通过国际合作来满足经济发展的需要。近 30 年来,中国开展海外能源合作的地区日益扩大,目前在非洲、中东、拉美、中亚以及俄罗斯等地区都有中国的国际能源合作项目在进行。中国已经和全世界超过 50 个国家与地区开展了各种能源合作。早在 2007 年,海外原油作业产量就已达到 8 800 万吨,天然气作业产量达到 80 亿立方米,原油、成品油进出口贸易量达到 2.1 亿吨。[①] 最近几年,中国还与许多国家签署了各种能源合作协议,俄罗斯远东石油管道的中国支线已经开始建设并将在不久后建成;中国哈萨克斯坦石油管道一期工程已经建成开始输油、二期工程也开始建设;连接中国与土库曼斯坦、乌兹别克斯坦与哈萨克斯坦的中亚天然气管道也开始分阶段建成;中缅油气管道也在 2009 年内开始实施,2013 年基本完成。西北、西南、东北及海上四大石油战略通道基本就绪。初步形成了哈萨克斯坦、印度尼西亚等较大规模的海外油气生产基地,中石化先后成功收购瑞士 Addax 石油公司

---

① 中国能源网. 中国石油工业 60 年变迁史. http://www.china5e.com/show.php?contentid=51245.

和加拿大 Daylight 能源公司等。2012 年 12 月 7 日,加拿大政府决定批准中国海洋石油有限公司以 151 亿美元收购加拿大尼克森公司的申请,标志着中海油乃至中国企业完成在海外最大宗收购案。2013 年 2 月 26 日,中海油完成收购加拿大尼克森公司的交易。在频频走向海外的历程中,中国实现油气供应来源多元化的战略和基础开始得到实施。

石油资源的稳定供应,为中国的下游产业发展壮大也奠定了坚实基础。目前,中国已成为仅次于美国的世界第二炼油大国。按照《石化产业调整和振兴规划》,2011 年我国原油加工量已经超过 4 亿吨,并在现有基础上形成 20 个千万吨级炼油基地。石油下游产品乙烯产量已由 1978 年的 38 万吨猛增到 2008 年的 1 025.6 万吨,增长 26 倍;2008 年合成树脂、合成橡胶、合成纤维产量分别达到 3 129.6 万吨、238.3 万吨和 2 241.3 万吨,分别比 1978 年增长 45.1 倍、22.2 倍和 153.3 倍,已跻身石化产品生产大国。

总体而言,中国的石油工业从无到有,60 多年来已经逐步形成了一个有特色的、完整的石油工业体系,支撑了几十年来中国经济的迅速成长。在我国油气资源并不丰富的情况下,能够确保国内油气逐渐增长和石油市场稳定的供应,其成就是巨大的。

与巨大成就同时存在的,是我国能源产业发展中也面临着不少问题,主要包括有:

1. 能源产业的布局和规模问题。由于历史原因和传统机制的影响,造成一些石油炼厂远离消费中心,影响资源优化配置,所产油品需长距离运输,增加油品运输成本。从地理位置上看,中国的炼油加工业主要集中在北方。中国的大型炼油化工企业共计 20 多家,仅天津以北地区就分布了 10 家,而天津以南沿海地区只有 7 家(包括最近新建的海南炼油厂),其余则分布在长江流域和西北内地。但是,中国的主要石油消费地集中在两个地方,一是长江三角洲,二是珠江三角洲。这就人为形成北油南调的格局。从规模而言,世界最大炼油厂——委内瑞拉的帕拉瓜纳炼油中心的年加工能力已达 4 700 万吨,韩国四大炼油厂中,有三家的规模进入世界前 8 强,年加工能力均在 2 600 万吨以上。作为炼油集团公司,2005 年中国石化集团公司在全球相关领域的企业排名第 4,中国石油天然气集团则排名第 13,但是全世界炼厂年加工量平均规模约 610 万吨,而我国炼厂平均规模仅 410 万吨左右。我国乙烯装置平均规模 35 万吨/年,最大单系列只有 72 万吨/年,而世界最大单系列规模年加工量为 127 万吨。由于装置规模偏小,导致消耗高,生产成本高。还有相当数量的小型炼油厂、化工厂、化纤厂,质量、环保、安全和效益不过关。由于体制、机制等复杂问题,尚未建立合理的退出机制。

2. 能源使用效率问题。中国能源系统的平均效率目前还比较低下,从开采、加工与转换、储运以及终端利用,能源系统总效率不到 10%,只有欧洲地区的一半,比世界先进水平低约 10 个百分点。[①] 根据 2006 年中国能源发展报

---

① 王革华.能源与可持续发展.化学工业出版社,2005.28 页.

告,中国 1995 年的能源效率相当于 OECD 国家 70 年代后期的水平,从单位 GDP 的能源消费上看,中国的能源效率都属于世界上最低的一类。我国能源系统的总效率仅为 9%,不到发达国家的 1/2。中国能源从开采、加工、转换、输送、分配到一直到终端利用各个环节,其间损耗非常之大,终端利用率仅为 41%,能源效率(中间环节和终端利用效率的乘积)仅为 29%,比国际先进水平约低 10 个百分点。主要耗能产品的单位产品能耗比国际先进水平高 30% 以上。[①] 2003 年我国石油消耗 2.7 亿吨,超过日本石油消耗的 2.5 亿吨,但是,日本同年创造的国民生产总值达 4 万亿美元,而我国只生产了 1 万亿美元的国民生产总值。[②] 2013 年,中国消耗石油约 5 亿吨,日本消耗约 2 亿吨,中国的能源消耗是日本的 2 倍半,而同年中国的 GDP 产值大约为日本的 1 倍半,如果考虑到中国消耗的煤炭和其他能源资源大大超过日本,可以看到创造单位 GDP 产值,中国消耗的能源数量要大大多于日本。

3. 石油产品技术含量比较低的问题。中国的石油化工产业主要是依靠国内自身技术建立和发展起来的。多年来基本满足了中国国民经济发展对各类石油化工产品的需求。有些石油化工产品还可以出口到国外。改革开放以后,中国不断引进国外先进技术和设备并加以吸收

---

① 李凌峰等. 中国油气供应安全对策研究. 天然气工业, 2006(2).

② 翟光明. 中国油气前景值得期待. 瞭望, 2004(43).

消化，使中国的石油产品技术含量能够不断提高。但是，也必须看到，中国石油化工产品的技术含量在总体上与同时代发达国家相比仍然处于较低的水平。这其中包括研发能力，设备制造能力以及石油产品技术含量和环保标准等。

4. 中国能源企业的国际竞争力较弱问题。与国际先进水平相比，我国石化企业的竞争力还存在较大差距，主要表现在以下几方面：一是油气资源勘探开发总体技术水平比较低下，针对已探明未动用储量和未探明储量的现代开发技术体系还没有完全形成。由此造成中国石油开采成本高于国际水平。据 2006 年中国能源发展报告，中国的石油开采成本为 12—17 美元/桶，而美国、日本长期依靠的沙特阿拉伯采油成本只有每桶 2 美元。[1] 二是体制机制改革有待深化，劳动生产率和人均经济指标远远落后于国外大公司，企业改革任务仍很艰巨。三是经营管理水平低，生产成本高。由于平均规模小，原油及成品油运输结构不合理，管理层次多，加工成本高。四是盈利能力差。与世界大公司相比，在整体规模实力、技术创新能力、市场开拓能力和经营管理能力方面存在较大差距，最终的体现是持续盈利能力不强。以中石油为例，虽然其总资产回报率近几年来一直处于上升趋势，但平均水平只有埃克森美孚公司、英国石油公司的 1/3，而人均创利水平则更低，仅为埃克森美孚公

---

① 崔民选. 2006 中国能源发展报告. 社会科学文献出版社，2006. 471—472 页.

司、壳牌公司的 1/18，英国石油公司的 1/19。[①] 五是参与国际市场竞争的程度低，石油产业的国际竞争力较为落后。

第二节 中国能源供需现状 及其发展趋势

自新中国成立以来，我国能源的供应与需求状况经历了很大的波折。在新中国成立以后的一段时期，中国被认为是一个"贫油国家"，绝大部分经济发展所必需的原油和石油制品需要进口。20 世纪 60 年代大庆油田会战后，中国石油开始逐步达到自给自足，到七八十年代中国还成为石油净出口国。在"五五计划"到"六五计划"期间，中国出口石油创造的外汇收入分别占到国家外汇总收入的 17% 和 25%。[②]

改革开放以后，随着中国经济的快速发展，中国对各种能源的需求日益加大，石油等能源资源进口的数量与日俱增，中国的能源形势逐渐发生了重大变化，经济发展所需石油消费量的增长速度远远超过了本国自己石油生产的增长速度。1993 年，中国开始成为石油净进口国，在此之后，中国的石油进口一直快速增加，到 2004 年，中国的石油净进口总量达到了 1.6 亿吨。详细数据可参见下表。

---

① 崔民选. 2006 中国能源发展报告. 社会科学文献出版社，2006. 471—472 页.

② 吴磊. 中国石油安全. 中国社会科学出版社，2003. 115 页.

表 2 - 1　1993 年以来中国石油的供需情况　单位：亿吨

年份	石油消费总量	原油生产总量	石油净进口总量
1993	1.472	1.452	0.098
1994	1.495	1.461	0.029
1995	1.607	1.501	0.085
1996	1.744	1.573	0.139
1997	1.969	1.607	0.338
1998	1.982	1.610	0.291
1999	2.107	1.600	0.438
2000	2.244	1.630	0.697
2001	2.284	1.639	0.649
2002	2.478	1.670	0.714
2003	2.713	1.696	0.974
2004	3.126	1.742	1.437
2005	3.110	1.808	1.362
2008	3.757	2.006	1.751

资料来源：根据《中国统计年鉴》(1994—2008 年)整理。

　　到 2013 年，中国的石油消费达到了 5.074 亿吨，占世界总消费量的 12.1%，而原油进口量达到了创纪录的 2.826 亿吨，扣除少量出口后的原油净进口量达到 2.817 亿吨，[①]对外依赖度达到 55.5%。

---

　　① *BP Statistical Review of World Energy 2014*.

通过上表我们可以得到目前中国能源供需状况的一个总体概貌,但是如果我们通过对中国能源供需现状的一些基本指标和未来发展趋势做进一步的观察和分析,我们将看到,在未来,中国的能源需求处在一个相当严峻的局面。

1. 能源的储藏和开采比率(R/P ratio)

所谓能源的储藏与开采比例是指一国某项能源资源的已探明储量和该能源的生产量之比,其比值大约为该项能源的理论可开采年数,从中可以看出一个国家对某项能源资源长远自给能力的强弱。根据最新的《BP 世界能源统计 2014》中的数据,中国到 2013 年底已探明可开采石油储量为 25 亿吨,储采比为 11.9。截至 2013 年底,全球已探明石油储量为 2 382 亿吨,储采比为 53.3。[1] 在 BP 公司的统计数据中,一些主要石油出口国的储采比大于 40,大部分产油国的储采比在 10—20 之间。而中国的储采比为 11.1,也就是说,理论上如果没有新的油田发现并马上可以开发的话,中国现有的石油资源只能继续开采不到 12 年。由此可见,中国的石油资源储藏开采比率在世界上是处于比较低下的水平。

2. 储量接替比率

所谓储量接替比率,是指一个国家和地区一年新增已探明可开采储量的石油资源和当年消耗的储量的比率。根据这一定义,要准确计算中国的储量接替比率,就有必要考

---

① *BP Statistical Review of World Energy 2014.*

察每年新增已探明可开采的石油储量以及历年的石油消费量。参考历年的数据，我们制成如下表格：

表 2-2　中国的储量接替比率

年份	新增探明可采储量（亿桶）	当年消耗的储量（亿桶）	储量接替率
1993	22.948	10.543	2.18
1994	8.922	10.693	0.83
1995	11.878	10.908	1.09
1996	12.465	11.572	1.08
1997	17.484	11.722	1.49
1998	15.733	11.725	1.34
1999	16.053	11.728	1.37
2000	13.008	11.871	1.10
2001	15.614	12.066	1.29
2002	−10.551	12.215	−0.86
2003	12.048	12.414	0.97
2004	13.218	12.706	1.04

资料来源：*BP Statistical Review of World Energy 2006*。

　　由上表我们可以看到，在 21 世纪初期中国石油资源的储量接替比率基本在 1—1.5 之间上下波动，极少数年份达到 2 以上和 1 以下，这也就是说中国每年新探明的石油储量基本上只能够刚刚接替每年消耗的石油储量。而最新的统计数字表明，中国 2013 年与 2012 年相比新增探明可开采储量为零，依然是 181 亿桶（25 亿吨），也就是该年中国石油资源的储量接替比率为零。[①] 这项指标反映出的一个严峻的现实是现阶段中国石油生产的可持续性处于一个非常脆弱的平衡状态,如果中国石油消费量继续增加(这几乎是必然的),与此同时中国新探明的可开采石油储量又不能同步增加,那么未来中国本国石油生产的形势就将逐渐难以为继,虽然这只是一个理论上的假设,未来中国在陆上和海洋必然会发现新的油气天,但现时的储量接替比状况依然表明了中国能源面临的严峻态势。

3. 石油战略储备问题

1993 年以前,中国还是石油净出口国,在此之前,中国似乎并不需要考虑石油战略储备的问题,因为本国有充分的石油资源储备。1993 年以后,虽然中国成为石油净进口国,但是世界能源局势总体处于平静时期,石油价格也长期在低位徘徊,在国际能源市场可以比较容易地获取足够的石油,因此石油战略储备也不是中国急于考虑的问题。但是进入 21 世纪以来,国际能源市场开始出现剧烈动荡,能源价格也急剧上涨,即便有足够的资金,从国际能源市场获取本国需要的足够石油资源也会面临各种不可知因素的干扰。在这种背景下,中国的有关政府部门和许多学者开始提出石油战略储备问题,并着手研究建立战略储备机制。按照国家统一部署,第一批 4 个战略石油储备基地于 2005年开始开工建设,分别位于浙江舟山和镇海、辽宁大连及山东黄岛。到 2006 年 10 月,中国的第一批用作战略储备的

---

① *BP Statistical Review of World Energy 2014.*

石油开始注入宁波镇海石油储备基地。2007 年 12 月 18 日,国家发改委宣布,中国国家石油储备中心正式成立,旨在加强中国战略石油储备建设,健全石油储备管理体系。决策层决定用 15 年时间,分三期完成石油储备基地的建设。

由政府投资的中国首期 4 个战略石油储备基地已于 2008 年全面投用。储备总量 1 640 万立方米,约合 1 400 万吨(按照 BP 统计资料的换算标准,1 立方米原油相当于 0.858 1吨),相当于我国 10 余天原油进口量,加上国内 21 天进口量的商用石油储备能力,我国总的石油储备能力可达到 30 天原油进口量。在国际上,对于一国石油战略储备有一定的标准,按照国际能源机构(IEA)对其成员国的应急储备规模的要求一般是不低于相当于该国 90 天的石油净进口量。而中国不仅在建造新的石油战略储备基地前远远达不到这个标准,即便在 4 个基地建设完成,石油战略储备的保障指标依然处在一个偏低、某种程度是比较危险的水平。只有等到 2020 年前后,第三期石油战略储备基地完成后,才可能达到这个标准。

4. 能源对外依存度

自 1993 年起中国开始成为石油净进口国,十多年来,随着中国经济的迅速发展及其对能源需求的急剧膨胀,中国的石油进口量逐年迅速攀升,到 2013 年,中国的石油对外依存度达到了 55.5%,远远超过了国际上一般认为的 30%的安全线。下表反映了自 20 世纪 90 年代初以来中国石油对外依赖程度的变化过程:

表 2-3　中国石油生产进口和进口依存度的统计与预计表

年　份	产量/ 亿吨	年消费量/ 亿吨	年进口量/ 亿吨	进口依 存度(%)
1991	1.410	1.238	−0.172	
1992	1.421	1.335	−0.086	
1993	1.452	1.472	0.020	1.36
1994	1.461	1.496	0.035	2.33
1995	1.501	1.606	0.105	6.54
1996	1.573	1.744	0.171	9.80
1997	1.607	1.969	0.362	18.38
1998	1.610	1.982	0.372	18.77
1999	1.600	2.113	0.513	24.28
2000	1.630	2.115	0.485	22.93
2001	1.650	2.300	0.650	28.26
2002	1.670	2.390	0.720	30.13
2003	1.70	2.520	0.9735	38.63
2005	1.80	2.80	1.00	35.71
2010	1.95	3.40	1.45	42.64
2015	1.90	3.98	2.08	52.26
2020	1.55	4.84	3.00	61.98

资料来源包括：国家统计局《中国统计摘要 2001》，2002 年国民经济和社会发展统计公报，中国历年《海关统计》，中国经济信息网。单卫国文"中国石油：事关战略安全"，刊载于《世界知识》2002 年第 21 期，2010 年以后数字为估计数字。

从表 2-3 可以看出，自 1993 年中国成为石油净进口国以来，石油进口依存度连年持续上升。2008 年的净进口量已经达到了消费量的 46.6%，而到 2013 年，中国的石油消费量已经超过了原来预计的 2020 年的消费量，而进口量达到了创纪录的 2.826 亿吨，也已接近原来预计的 2020 年进口数量。石油对外依存度则逐年递升，2013 年已经超过原来预计的 2015 年水平，2020 年更将可能突破 60%。

5. 石油进口地区集中度

所谓石油进口地区集中度是指一国石油进口来源的分布状况和进口量的集中度。这个指标越高，就说明该国的能源安全的隐患越大。现在，中国的进口石油来源地分布并不十分广泛，主要来自中东地区和非洲地区。2008 年，中国一共进口原油 2.178 亿吨，其中从中东和非洲进口 1.459 亿吨，占 67%。① 2013 年，中国从中东和非洲进口原油 2.069 亿吨，达到当年原油进口总量 2.826 亿吨的 73%。虽然近年来中国开始注重能源多元化来源，开始不断设法开拓新的石油进口来源，但短期内这种状况还难以从根本上得到改变，因此中国的石油进口地区集中度指标依然偏高，这种状况使得我国能源安全始终存在一定隐患。

6. 能源进口的增长速度

能源进口的增长速度指标反映的是一国能源进口数量攀升的幅度大小，从某种程度上也反映了一国的能源消费和对外依赖关系。中国最近十多年来能源的进口增长速度尤其是石油进口增长速度幅度大，波动也大，其主要影响因素是国内的宏观经济形势。由于现阶段中国的经济发展和

---

① *BP Statistical Review of World Energy 2009.*

增长主要依靠投资拉动,因此当经济增长速度较快时,对能源需求旺盛,石油进口增长的幅度就大,增长速度也就较快。当投资受到一定抑制,经济发展对能源需求就会减少,此时能源进口增长幅度和速度就会趋缓,甚至出现负增长现象。2004年,中国的石油进口增长幅度曾经达到50%左右。2013年,中国石油进口量为2.826亿吨,比2012年的2.713亿吨增加4.2%。这表明随着近年来世界和中国经济形势的变化,中国能源进口增长的绝对总量依然在大幅度增加,但相对增长幅度有所缓和。

7. 石油消费占一次能源消费比率

这个指标概念反映的是一个国家一次能源消费总量(包括石油、天然气、煤炭、核能、水力、风力等总消耗)中石油所占的比率大小,一般越高则对石油依赖越大,如果再结合对外依存度等指标来看,就可以大致表明一个国家的能源安全状况。中国的人口和经济规模决定了中国必然是一个能源消费大国。但是由于种种原因,特别是传统上煤炭在中国能源消费中的重要地位,因此在目前的能源消费结构中,石油还没有占据主导地位。一般而言,中国国内石油占一次能源比重保持在25%以下,2004年石油占一次能源的比重为22.7%。[①] 而西方发达国家这一指标明显高于中国,一般石油均超过30%,日本更是接近50%。这一指标中国相对较低,表明中国的能源安全问题还有着一定的替

---

① 中国国家统计局网站. 中国统计年鉴 2005. http://www. stats. gov. cn/tjsj/ndsj/2005/indexch. htm.

代和回旋余地。

8. 石油消费增长速度

所谓石油消费增长速度是指一国绝对的石油消费量增加的大小和快慢。一般而言,在一国经济迅速发展时这一增长速度时常超过了该国 GDP 的增长速度。国内曾有学者认为石油消费增长速度的临界安全点为 6%[①],而我国在 21 世纪初期该指标一直大大超越这个标准,还在 2004 年就已经超过了 15%,这个增长速度如果太快,也会给一国的能源安全带来问题。近年来随全球和国内经济形势变化,这一指标增长速度有所减缓。2013 年中国消费石油 5.074 亿吨,比起 2012 年的 4.901 吨增长了 3.5%,这在全世界各国中属于中间偏上的增长速度,而绝对增长量占了当年世界绝对增长量的 12.1%,为世界第一。[②]

9. 能源使用效率问题

中国能源系统的平均效率目前还十分低下,从开采、加工与转换、储运以及终端利用,能源系统总效率不到 10%,只有欧洲地区的一半,比世界先进水平低约 10 个百分点。[③] 根据 2006 年中国能源发展报告,中国 1995 年的能源效率相当于 OECD 国家 70 年代后期的水平,从单位 GDP 的能源消费上看,中国的能源效率都属于世界上最低的一

---

① 张华林,刘刚. 我国石油安全评价指标体系. 国际石油经济, 2005(5). 46 页.

② *BP Statistical Review of World Energy 2014.*

③ 王革华. 能源与可持续发展. 化学工业出版社,2005. 28 页.

类,主要耗能产品的单位产品能耗比国际先进水平高30％以上。[①] 2003年我国石油消耗2.7亿吨,超过日本石油消耗的2.5亿吨。但是,日本同年创造的国民生产总值达4万亿美元,而我国只生产了1万亿美元的国民生产总值。[②]现在我们以超过日本一倍以上的能源消费量仅仅产出了与日本相当的GDP。2013年,中国消耗石油约5亿吨,日本消耗约2亿吨,中国的能源消耗是日本的2倍半,而同年中国的GDP产值大约为日本的1倍半,如果考虑到中国消耗的煤炭和其他能源资源大大超过日本,可以看到创造单位GDP产值,中国消耗的能源数量要大大多于日本。

10. 除了能源产业本身的问题外,近年来中国严重依赖石油资源的交通运输产业增长迅速和居民生活水平提高较快也对未来我国能源供需状况形成了非常严重的影响

近年来的经济增长,主要依赖于房地产、汽车、电子通讯和基础设施建设等行业的高增长和带动,其中房地产和汽车产业又起到主导作用。而中国普通居民的私人汽车的购买量和保有量也在急剧上升。据中国汽车工业协会的数据,2008年,汽车产销分别达到934.51万辆和938.05万辆,同比分别增长5.21％和6.70％,[③]2009年尽管发生了全球性金融危机的冲击,但中国的汽车销售量首次突破了

---

① 李凌峰等. 中国油气供应安全对策研究. 天然气工业,2006(2).

② 翟光明. 中国油气前景值得期待. 瞭望,2004(43).

③ 中国汽车工业协会网站. http://www.caam.org.cn/zhengche/2009/37/093714912A24234EGDCIEJIHJ39BB.html.

1 000万辆，达到1 033.13万辆。[1] 而2013年，汽车产销达到2 211.68万辆和2 198.41万辆，[2]汽车销量仅仅4年就增加了一倍多。汽车产业的高速增长必然导致石油消费的大幅度增长。

通过以上十个指标的数据进行详细的考察和分析后，我们可以看到除了极少数指标比重还勉强可以称作正常之外，大部分指标都处于比较危险的境地。综合来看，中国的能源，尤其是石油资源的安全状况较差，供需趋势显得非常紧张，整体上处于一个比较严峻的状况。能源安全已经成为制约中国经济长期可持续性发展的一个重要瓶颈。

第三节 中国能源管理体制的完善与能源发展战略的制定

一个国家的能源战略和能源政策是该国处理和解决本国面临的各种能源问题的较长期基本政策，它一般与国家当时所面临的主要能源问题和经济发展目标相适应。新中国成立以来，所面临的能源局势几经起落和大变，从"贫油国"到自给自足乃至可以部分出口石油资源，然后随着经济的发展再次成为必须大量进口能源的国家。与此相对应，

---

① 中国汽车工业协会网站. http：//www. caam. org. cn/zhengche/20100114/1405034498. html.

② 中国汽车工业协会网站. http：//www. caam. org. cn/zhengche/20140109/2005112039. html.

中国的能源战略和能源政策乃至能源管理机构都发生了重大变化。

一、中国能源管理体制的完善

新中国成立以后,为加强石油勘探力量,国务院决定,1955 年起,除由燃料工业部石油管理总局继续负责石油的勘探开发外,还由地质部、中国科学院分别承担石油资源的地质普查和科学研究工作。同年,一届人大二次会议决定成立石油工业部。自此,一个"两部一院"联合作战,在全国范围内展开大规模石油地质普查勘探的社会主义大协作局面迅速形成。

与中国不同的能源发展阶段相对应,中国的能源管理体制也在不断调整。在新中国成立之初,中国首要的问题是尽快改变"贫油国"的状况,实现石油资源的自给自足。由于当时技术条件所限,勘探开发石油是极为艰巨困难的任务,因此当时中国对石油部门采取的是准军事化的管理。20 世纪 50 年代中期,中国成立石油工业部,第一任部长是中国人民解放军高级将领李聚奎(后被授予上将军衔),部分解放军部队成建制地转建为石油工业部所属部门。50 年代末,中国石油工业进入关键性的转折时期,余秋里成为第二任石油工业部部长。也正是在这个时期,中国甩掉了贫油国的帽子,在 60 年代初成为石油可以自给自足的国家。

在 20 世纪 70 年代十一届三中全会决定实行改革开放后,中国经济进入新的发展时期,中国的能源发展也进入了一个全新的发展时期,原有的能源管理体制已不能适应新的情况。在这种背景下,国家能源委员会在1980年应运而生,委员会主任由当时的国务院副总理、原石油工业部部长余秋里担任,主管国务院所属的石油、煤炭、电力三个部。1983年2月19日,中国政府决定正式组建中国石化总公司,把全国原来分属石油部、化工部、纺织部等部门管理的炼油、石油化工和化纤等39个大中型企业联合起来,实行集中领导,统筹规划,统一管理。产供销、人财物、内外贸,进行统一管理。5个月后,中国石化总公司在北京正式成立,陈锦华出任首任总经理。在1988年的国务院机构改革中,包括石油工业部在内的煤炭工业部、水利电力部、石油部、核工业部等部门全部撤销,改组为中国石油总公司、煤炭总公司、核工业总公司等企业,同时组建成立了我国历史上唯一一个能源部。自此,中国石油工业基本形成以陆上、海洋、石化三大公司为基础,分工较为明确、各自独立经营的格局。

当时的中国社会经济发展正处在一个大变革的时期,因此,我国的能源管理体制也在不断摸索适合经济发展和能源需求的模式。1993年第八届全国人民代表大会第一次会议决定撤销能源部,重组煤炭工业部、电力工业部。而后,1998年第九届全国人民代表大会第一次会议决定撤销煤炭工业部、电力工业部。最后,2004年成立了国家发展和改革委员会所属的能源局,2005年成立了国家能源领导小组,温家宝总理兼任小组组长,副总理黄菊和曾培炎担任副组长。国家能源领导小组是我国目前能源方面最高层次的议事协调机构,可见随着能源对我国经济和社会可持续发展的制约加深;决策层已经开始在国家层面的新高度上审视并力求统筹解决能源问题。成立国家能源领导小组可以说是在全局和国家层面上统筹管理能源问题走出的突破性的一步,标志着能源问题对于我国而言已经不是简单地找油、买油或者卖油的问题,而是关系到国计民生,国家长远发展的战略性议题。2008 年实施的国务院机构改革决定组建国家能源局。同时,决定设立高层次议事协调机构国家能源委员会。2008 年 8 月,国家能源局正式挂牌运行。作为 2008 年国务院机构改革的后续,经过近两年时间的筹备后,国家能源委员会这个更高层次的能源议事协调机构终于正式成立。2010 年 1 月,为更好地协调国家能源战略和政策,国务院决定成立国家能源委员会,负责研究拟订国家能源发展战略,审议能源安全和能源发展中的重大问题,统筹协调国内能源开发和能源国际合作的重大事项。国务院总理温家宝出任主任,国务院副总理李克强任副主任,其成员包括外交部部长、发改委主任、科技部部长、工信部部长、安全部部长、财政部部长、国土资源部部长、环境保护部部长、交通运输部部长、水利部部长、商务部部长、人民银行行长、国资委主任、税务总局局长、安全监管总局局长、银监会主席、电监会主席、总参谋部副总参谋长等几乎中国所有与能源事务相关的部级机构领导人,如此高规格的国家能源委员会的成立充分说明了能源在中国目前发展环境中的突出重要地位以及中央政府对能源问题的高度重视。2013 年 7 月,国家能源委员会领导成员进行调整,国务院总理李克强任主任,国务院副总理张高丽任副主任,其成员包括国务院副秘书长、中央财办主任、外交部部长、发展改革委主任、科技部部长、工业和信息化部部长、安全部部长、财政部部长、国土资源部部长、环境保护部部长、交通运输部部长、水利部部长、商务部部长、人民银行副行长以及国资委主任、税务总局局长、安全监管总局局长、银监会主席、解放军副总参谋长、发展改革委副主任兼能源局局长等国家干部，国家能源委员会办公室主任由发展改革委主任兼任，副主任由能源局局长兼任，办公室具体工作由能源局承担。显然，2013年的国家能源委员比起2010年的国家能源委员会其成员组成和运作机能都更为完善。

同年3月，国务院通过《国务院关于提请审议国务院机构改革和职能转变方案》，将国家能源局、国家电力监管委员会的职责整合，重新组建国家能源局，由国家发展和改革委员会管理；不再保留国家电力监管委员会。作为中国能源常设工作部门，国家能源局的主要职责包括：

（一）研究提出能源发展战略的建议，拟订能源发展规划、产业政策并组织实施，起草有关能源法律法规草案和规章，推进能源体制改革，拟订有关改革方案，协调能源发展和改革中的重大问题。

（二）负责煤炭、石油、天然气、电力（含核电）、新能源和可再生能源等能源的行业管理，组织制定能源行业标准，监测能源发展情况，衔接能源生产建设和供需平衡，指导协调农村能源发展工作。

（三）负责能源行业节能和资源综合利用，组织推进能源重大设备研发，指导能源科技进步、成套设备的引进消化创新，组织协调相关重大示范工程和推广应用新产品、新技术、新设备。

（四）按国务院规定权限，审批、核准、审核国家规划内和年度计划规模内能源固定资产投资项目。

（五）负责能源预测预警，发布能源信息，参与能源运行调节和应急保障。

（六）负责核电管理，拟订核电发展规划、准入条件、技术标准并组织实施，提出核电布局和重大项目审核意见，组织协调和指导核电科研工作，组织核电厂的核事故应急管理工作。

（七）拟订国家石油储备规划、政策并实施管理，监测国内外石油市场供求变化，提出国家石油储备订货、轮换和动用建议并组织实施，按规定权限审批或审核石油储备设施项目，监督管理商业石油储备。

（八）牵头开展能源国际合作，与外国能源主管部门和国际能源组织谈判并签订协议，协调境外能源开发利用工作，按规定权限核准或审核能源（煤炭、石油、天然气、电力、天然铀等）境外重大投资项目。

（九）参与制定与能源相关的资源、财税、环保及应对气候变化等政策，提出能源价格调整和进出口总量建议。

（十）承担国家能源委员会具体工作。

（十一）承办国务院及国家发展和改革委员会交办的其他事项。

二、中国能源发展战略的制定

与管理机构的不断改建和完善同步的是，我国的国家能源政策和战略也随着我国经济社会发展的进程而在不断调整。

中华人民共和国成立以后中国政府主导的能源发展战略和政策大致可分为三个时期。

1. 第一时期:从建国到改革开放前大约30年。这一时期中国的能源政策比较简单,在某种程度上甚至难以界定为是战略还是策略,其核心任务就是找油、采油以解决经济发展的急需。在实现石油资源自给自足后,出口石油赚取外汇也成为20世纪70年代中国能源政策的一个目的。当时中国尚处于计划经济阶段,因此能源供应和消费都由国家计划调拨,能源政策是以产定销,无论能源生产企业的生产经营业绩如何都可以确保生存。这个阶段的主要特点是自给自足,计划单一,政策简单,能源效率较低,能源技术较落后,环保意识较薄弱。

2. 第二时期:改革开放后到21世纪初(即十五规划前)。改革开放以后,国家开始把能源作为经济社会发展的战略重点,能源工业从计划经济开始转向市场经济,逐渐尝试运用市场机制调节能源生产和消费。能源政策的制定借鉴了国外经验,积极改革了过去的能源管理体制,例如开展煤炭体制改革,重组三大石油公司并建立股份公司,以及实行电力政企分开等。同时允许能源领域投资多元化,1982年颁布了《中外合作开采海洋石油资源条例》,积极开展能源对外合作。在注重能源发展的过程中开始重视节能工作,提出"能源开发与节约并重,把节约放在优先位置"的方针,先后颁布了《中华人民共和国节约能源法》、《中国节能产品认证管理办法》等法律、法规。①

3. 第三时期：21世纪初以来的十余年。这一阶段中国的能源发展战略与政策开始走向全面化和成熟化。国家制定了"十五"能源专题规划，明确了中国在"十五"期间能源发展的总体目标，并提出总体能源政策是"保障能源安全，优化能源结构，提高能源效率，保护生态环境，继续扩大开放，加快西部开发"。为减缓能源资源环境压力，2004年国务院原则通过了《能源中长期发展规划纲要（2004—2020）（草案）》，提出2020年中国能源需求尽量控制在30亿吨标准煤以内，同时提出了建设节约型社会的理念和目标。之后，国家颁布了《可再生能源法》等法律，实施《节能中长期专项规划》，推行工业设备、家用电器等19项强制性国家能效标准，并启动了一批节能项目。

这一时期，随着中国经济和社会生活的迅速发展，能源越来越成为全局性的问题，而国家对能源政策的指导也越来越系统化，并在此基础上最终开始形成比较明确的国家能源发展战略。2007年12月，中国政府发表了《中国的能源状况与政策》白皮书，详细阐述了中国目前能源发展的状况、面临的能源问题以及未来的能源政策等，可以说是当今中国能源发展战略的基本展示。

该白皮书由前言、正文和结束语三部分组成，其中正文由八章组成，即能源的基本状况、能源发展战略和目标、全

---

① 赵芳. 中国能源政策：演进、评析与选择. 现代经济探讨，2008(12).

面推进能源节约、提高能源供应能力、加快推进能源技术进步、促进能源与环境协调发展、深化能源体制改革和加强能源领域的国际合作。

纵观白皮书，可以看到未来相当一段时间中国能源发展战略的清晰脉络。

首先是关于中国能源发展的基本战略和目标的阐述，其基本内容包括：在能源问题上将坚持节约优先、立足国内、多元发展、依靠科技、保护环境、互利合作等原则，努力构筑稳定、经济、清洁、安全的能源供应体系，以能源的可持续发展支持经济社会的可持续发展。而为了实现这一发展目标，中国的基本策略是在科学发展观理论的指导下，努力实现能源产业的全面、协调和可持续地发展，中国的能源发展将坚持立足国内的基本方针，坚持对外开放的基本策略。

其次是中国未来能源发展的重点。当今世界，由于碳能源的过度利用，已经给世界的环境和气候带来了严重影响，引起世界各国的巨大关注，人类如何在自身发展中为自己保持一个健康的生存环境已经成为世界焦点。因此，保持能源与环境协调发展将是未来中国能源发展战略的重点。为此，该白皮书明确表示：正确处理能源的开发利用与环境保护和气候变化之间的关系，是当今世界各国迫切需要解决的重要问题。作为负责任的发展中国家，中国历来高度重视环境保护和气候变化问题。中国政府一直将重视环境保护问题作为一项基本国策，已经签署了《联合国气候变化框架公约》，成立了国家气候变化对策协调机构，提交了《气候变化初始国家信息通报》，建立了《清洁发展机制项目管理办法》,制订了《中国应对气候变化国家方案》,并制定了一系列旨在保护环境和应对气候变化的相关政策和措施。中国在未来将全面控制温室气体排放、大力防治生态破坏和环境污染、积极防治机动车尾气污染、严格能源项目的环境管理。

第三是未来中国解决能源问题的主要方法,其中包括:

1. 把节约能源视为未来我国发展历程中的长期战略任务,坚持以政府为主导、以市场为基础、以企业为主体,在全社会共同努力参与下,全面推进节约能源的政策。其基本原则是推进结构调整、加强工业节能、实施节能工程、加强管理节能、倡导社会节能等。

2. 将大力提高能源供给能力和使用效率,努力减少对于某一种能源的进口依赖。比如有序发展煤炭、积极发展电力、加快发展油气、大力发展可再生能源、加强农村能源建设等。白皮书还认为科学技术是第一生产力,是能源发展的动力源泉。今后中国将大力推广节能技术、推进关键技术创新、提升装备制造水平、加强前沿技术研究、开展基础科学研究等。

3. 未来将大大加强能源领域的国际合作。随着世界经济全球化的进一步发展,中国在能源领域与世界各国的联系日益紧密。中国能源的发展,将不仅满足自身经济与社会发展的需要,而且也将给世界带来广阔的发展机遇和发展空间,中国将是国际能源合作积极的参与者。现在中国已经参加了许多多边和双边合作的机制。在多边合作机制方面,中国已经是亚太经济合作组织能源工作组、东盟与中日韩(10+3)能源合作、国际能源论坛、世界能源大会及亚太清洁发展和气候新伙伴计划等合作机制的正式成员国,同时也是能源宪章的观察员,并且与国际能源机构、石油输出国组织等国际组织保持着密切联系。在双边合作机制方面,中国与美国、欧盟、俄罗斯、日本以及中亚国家等许多能源消费国和能源出口国建立了能源对话与合作机制。中国与这些国家在能源开发和利用、能源技术与环境保护、新能源研发等领域加强对话与合作,在能源政策和信息数据等领域开展沟通与交流。在国际能源合作中,中国既承担着广泛的国际义务,也发挥着积极的建设性作用。同时,白皮书也认为为维护世界能源安全,国际社会应着重在以下三个方面进行努力:(1)加强开发利用的互利合作。实现世界能源安全,必须加强能源出口国与消费国、能源消费国之间的对话与合作,实现能源供应全球化和多元化,保证稳定和可持续的国际能源供应,维护合理的国际能源价格,确保各国的能源需求得到满足。(2)形成先进技术的研发推广体系。节约能源,促进能源多元发展,是实现全球能源安全的长远大计。国际社会应大力加强节能技术研发和推广,推动能源综合利用,支持和促进各国提高能效。(3)维护安全稳定的良好政治环境。维护世界和平和地区稳定,是作为实现全球能源安全的前提条件。白皮书呼吁国际社会应携手努力,共同维护能源生产国和输送国,特别是中东等产油国地区的局势稳定,确保国际能源通道安全和畅通,避免地缘政治纷争干扰全球能源供应。各国应通过对话与协商解决分歧、化解矛盾,不应把能源问题政治化,避免动辄诉诸武力,甚至引发对抗。①

　　2007 年版的中国能源白皮书将是今后相当一段时期内中国能源发展战略的基础,节能、环保、合作将是未来中国能源战略的核心内容。中国将以开放合作的心态来面临自己在迅速发展阶段中所面临的能源问题。中国国家发改委负责人在解读该白皮书时用三句话对中国未来能源战略做了精炼的描述,即国际社会应充分尊重并维护中国的发展权、中国能源的可持续发展有利于维护世界能源安全、能源合作是世界能源发展的趋势和潮流。②

　　随着国内外能源形势的不断变化和中国自身发展的需要,中国能源发展战略也在不断进行调整以适应新形势的需要。2014 年 6 月 13 日,中共中央总书记、国家主席、中央财经领导小组组长习近平主持召开中央财经领导小组第六次会议,研究我国能源安全战略。习近平同志就中国能源发展战略发表了重要讲话,强调能源安全是关系国家经济社会发展的全局性、战略性问题,对国家繁荣发展、人民生活改善、社会长治久安至关重要。经过长期发展,我国已成为世界上最大的能源生产国和消费国,形成了煤炭、电力、石油、天然气、新能源、可再生能源全面发展的能源供给体系。同时我国能源也面临着能源需求压力巨大、能源供给制约较多、能源生产和消费对生态环境损害严重、能源技术

---

①　白皮书全文参见中国政府网站. http：//www. gov. cn/zwgk/2007 - 12/26/content_844159. htm.

②　新华网. http：//news. xinhuanet. com/newscenter/2007 - 12/26/content_7315555. htm.

水平总体落后等挑战。面对能源供需格局新变化、国际能源发展新趋势，保障国家能源安全，必须推动能源生产和消费革命。

习近平就未来推动能源生产和消费革命提出五点要求：第一，推动能源消费革命，抑制不合理能源消费。坚决控制能源消费总量，有效落实节能优先方针，把节能贯穿于经济社会发展全过程和各领域，坚定调整产业结构，高度重视城镇化节能，树立勤俭节约的消费观，加快形成能源节约型社会。第二，推动能源供给革命，建立多元供应体系。立足国内多元供应保安全，大力推进煤炭清洁高效利用，着力发展非煤能源，形成煤、油、气、核、新能源、可再生能源多轮驱动的能源供应体系，同步加强能源输配网络和储备设施建设。第三，推动能源技术革命，带动产业升级。立足我国国情，紧跟国际能源技术革命新趋势，以绿色低碳为方向，分类推动技术创新、产业创新、商业模式创新，并同其他领域高新技术紧密结合，把能源技术及其关联产业培育成带动我国产业升级的新增长点。第四，推动能源体制革命，打通能源发展快车道。坚定不移推进改革，还原能源商品属性，构建有效竞争的市场结构和市场体系，形成主要由市场决定能源价格的机制，转变政府对能源的监管方式，建立健全能源法治体系。第五，全方位加强国际合作，实现开放条件下能源安全。在主要立足国内的前提条件下，在能源生产和消费革命所涉及的各个方面加强国际合作，有效利用国际资源。

在讲话中，习近平强调，要抓紧制定 2030 年能源生产和消费革命战略,研究"十三五"能源规划。抓紧修订一批能效标准,只要是落后的都要加快修订,定期更新并真正执行。继续建设以电力外送为主的千万千瓦级大型煤电基地,提高煤电机组准入标准,对达不到节能减排标准的现役机组限期实施改造升级,继续发展远距离大容量输电技术。在采取国际最高安全标准、确保安全的前提下,抓紧启动东部沿海地区新的核电项目建设。务实推进"一带一路"能源合作,加大中亚、中东、美洲、非洲等油气的合作力度。加大油气资源勘探开发力度,加强油气管线、油气储备设施建设,完善能源应急体系和能力建设,完善能源统计制度。积极推进能源体制改革,抓紧制定电力体制改革和石油天然气体制改革总体方案,启动能源领域法律法规立改废工作。[①]

第四节 中国能源安全问题辨析

近年来,随着中国面临的能源形势越来越严峻,能源安全成为我国政府、企业和学者共同关注的焦点问题。中国能源安全已经成为一个关系到国家长远发展的战略性议题。

一、能源安全概念的辨析

就以石油为代表的能源资源而言,随着石油成为现代工业不可或缺的润滑剂以后,能源安全便成为国际政治的

---

① 新华网. 习近平:推动能源生产和消费革命. http://news. xinhuanet. com/mrdx/2014-06/14/c_133406376. htm.

一个焦点问题。在第二次世界大战以前,虽然石油已经被广泛使用,但当时所谓的能源安全问题主要还是军事意义上的,特指以石油为动力的军事燃料供应安全问题,因此更多的是和战争联系在一起。比如第二次世界大战中,石油的确成为许多战役的考虑重心。日本偷袭珍珠港,美国对日本实施的石油禁运是其一个考量因素。在20世纪70年代开始出现的石油危机,造成西方国家石油严重匮乏,石油价格暴涨,经济增长减缓甚至停滞,经济陷入萧条,真正使得石油能源在和平时期也成为一个安全话题。

能源安全,起初被认为仅仅是供应安全的问题,认为是消费者可以在经济承受能力范围内稳定而可靠地获得所需要的能源资源的一种状态,是满足国家生存与发展正常需求的能源供应保障的连续与稳定程度。20世纪80年代以后,随着全球气候变暖和大气质量的急剧恶化,人们日益重视环保问题,发达国家在能源安全的总体框架中,开始重视能源使用安全问题。从而能源使用安全,也就是生态安全性问题日益突出,这主要是指能源消费及使用不应对人类自身生存与发展的生态环境构成威胁。这样,能源安全就与可持续发展紧密联系在一起。

一般来说,以石油为代表的能源安全问题主要体现在供应中断和价格暴涨这两个能源链条上最为严重的问题。中国著名的能源学者吴磊认为,石油安全的内涵是合理价格水平范围内能源的可靠、安全和稳定供应以及需求保障。[①] 也

---

① 吴磊. 中国能源安全. 中国社会科学出版社, 2003. 1页.

有学者认为,实现能源安全,就是要减少能源消费和进口依赖性。能源供应安全度,一般可以用能源对外依存度来表示。能源对外依存度越高,能源供应安全度越低。还有人认为,能源安全,应该包括能源供应安全和使用安全这两个方面,所谓能源供应安全,是指能源资源供应保障的连续性和稳定程度,所谓能源使用安全,是指能源消费及使用不应对人类自身生存与发展的生态环境构成大的威胁。保障能源资源的连续与稳定供应是国家能源安全的基本目标,是个"量"的概念,为后者的发育提供着必要的物质基础;油气资源使用安全则是国家能源安全更高目标的追求,是个"质"的概念,为前者的发展提供着不断地创新动力。①

从本质上而言,能源安全的基本条件是实现供需平衡,而供需平衡的焦点在于均衡价格。换言之,能源的持续供应和价格稳定问题是能源安全的核心问题。石油资源在相当长的一段时期内仍将是世界的主要能源,因此,制定能源政策,必须从能源安全的战略高度来考虑,积极应对能源供应暂时中断的局面和油价大幅波动对经济的损害。高油价是一柄"双刃剑",不仅伤害能源消费国,也伤害能源供应国。因为高油价既能使能源出口国获得更多的利润,也会促使消费国提高能源效率,发展可再生能源及替代燃料,从而加速改变能源在世界能源消费结构中的主导性地位。目前,能源安全已成为能源进口国和出口国共同面临的问题。

---

① 余际从,雷涯邻.经济全球化与国家油气安全战略.地质出版社,2003.32—33页.

大部分能源进口国,渴望有可持续供应的资源和稳定的市场,以保证其能源供应安全;而能源出口国,也渴望有一个稳定的出口市场,以保证需求安全和可持续的收入增长。

一般而言,能源产业可分为上游、中游和下游三个环节。上游主要是指能源的勘探、开发和开采等环节;中游是指能源开采后从产地运往各需求地的运输环节中的各个领域;下游则是指能源在到达需求地后的分配、储藏以及加工领域。在上中下游的所有环节都可能出现上文所分析的安全问题。

总而言之,能源安全问题是一个复杂的系统工程,涉及诸多因素,其中主要包括:

1. 能源供应安全。一个国家能不能得到维持国家经济和社会生活正常运转以及军事力量有效行动所需的能源资源是最基本的能源安全问题,这种供应可以来自国内资源和进口资源,但必须可靠和稳定的。当然,在和平时期和在战争时期,这种基本安全所面临的问题可能有所不同。和平时期更多是考虑本国生产以及通过贸易手段从他国进口能源,而在战争时期除了考虑本国生产的安全以外,还可能以强力夺取他国的资源并且以强力阻止敌对国家获得能源。

供应安全问题还包括尽可能保证本国的能源产地的安全和维持以及尽可能稳定地获得可靠的进口能源来源。

2. 能源运输安全和通道安全。世界能源消费主要集中于北美、欧洲及亚太地区,而生产主要集中在中东、俄罗斯、西非和南美,大量贸易在国家间进行,而国际能源运输是国际能源贸易的重要组成部分。能源的稳定供应既包括能源产地能够保证稳定、充足的供应,也包括能源能否安全及时运到消费地。国际能源的运输方式主要有海运、管道、铁路和公路运输,由于海运成本较低、管道相对安全,海运和管道是国际能源贸易的主要运输方式。对能源运输通道的威胁主要有战争、地区冲突、恐怖活动、非法武装及有组织犯罪等。无论是能源进口国还是出口国都需要保障能源运输和通道的安全。

3. 能源价格和储备安全。能源作为一种特殊商品,其价格波动极为频繁,其涨落幅度之大,其变化规律的不可预见,已经远远超出了人们的意料程度。供求因素、政治因素、战争因素、自然灾害、人为炒作等都会对能源价格产生巨大影响。因此,国家能源安全的核心问题不仅在于能源的储量、产量、稳定的进口来源和安全的运输通道,还在于国家是否能够以合理的价格稳定地获得能源供应。这种稳定价格可以认为包含两层含义,一是国际能源价格不超出自己能够承受的范围,二是自己能够对国际能源价格产生一定影响力以尽可能地控制价格不违反自己的意愿。

至于能源储备,是指为防范国际市场能源供应突然中断,为保障国家、社会与企业的能源供应安全而储备能源。能源储备是稳定供求关系、平抑油价、应对突发事件的有效手段,是保障国家能源安全的核心措施。能源储备包括国家储备与企业储备两种。国家储备由中央政府直接掌握,主要功能是防止和减少因能源供应中断、油价大幅度异常波动等事件造成的影响,保证稳定供应。企业储备是企业在与生产规模相匹配的正常周转库存的基础上,按有关法律法规承担社会义务和责任所必须具有的储存量。其主要功能是稳定市场价格、平抑市场波动。从长远战略出发,保持一定数量的能源储备,可以避免因突发事件引起的能源供应中断和价格的剧烈波动,以免对国家政治、经济和社会造成重大冲击。保持适度的能源储备成为各能源消费国的战略举措。

总而言之,能源安全是实现一个国家或者地区国民经济持续发展和社会生活正常运转所必需的能源保障,既包括能源供应安全,也包括对能源的勘探、开发、生产、运输和使用所造成的环境污染的预防与治理,是供应安全、运输安全和使用安全的有机统一。能源安全的保障程度与一个国家的政治、经济、军事、科技等综合国力有密切关系,也与一个国家的能源资源供应能力及其结构有关系。

二、中国能源安全问题辨析

根据上文的分析,今后中国能源安全主要将面临如下主要问题:

1. 能源供需不平衡问题

在众多影响能源安全的因素中,供求矛盾是影响能源安全的主要因素。能源安全问题的起源,就在于能源供求出现缺口,导致相关矛盾凸显和激化。如果能源的生产量能够稳定持续的满足需求,就不会有能源安全问题。进口能源,是解决国内能源供求缺口问题的必然选择。如果大量依靠进口能源满足国内需求,就会带来一系列问题,比如国际能源市场价格波动影响国内经济平稳发展、国内油品市场价格形成机制如何协调国内能源产生成本和进口能源成本以制定合理价格、如何保障稳定可靠的进口来源、如何保障安全的运输通道等问题。中国虽然不是贫油国家，但是国内能源生产远远不能满足经济发展的需要，对进口能源的需求与日俱增，因此能源供需不平衡是中国目前面临的能源安全的首要问题。

2. 能源利用效率低下的问题

改革开放以来，我国经济的高速增长成就举世瞩目。但我国经济增长方式的转变并不十分顺利，维持我国高速经济增长的模式仍然是以粗放型为主。这种方式的特征之一，就是低能源利用效率低下，单位产值的能耗是发达国家的 3—4 倍，主要工业产品单耗比国外平均水平高 40%，能源平均利用率只有 30%左右。[①] 另外，我国能源利用中间环节(加工、转换和贮运)的损失量也很大。经济增长越快，产值越高，能源浪费量越是巨大。从表面看，导致我国能源安全问题发生的根本原因似乎是国内能源生产能力不足，不得不以进口能源来满足需要。但实际上能源利用效率低下也是威胁国家能源安全的重要因素。

3. 进口能源来源比较单一的问题

随着中国经济持续高速发展，进口能源量不断增加，进口能源来源与产地安全成为突出的问题。对于能源来源和产地安全，最好是选择政治经济稳定地区，并且做到来源地

---

① 倪健民主编. 国家能源安全报告. 人民出版社,2005.29 页.

域多元化,这样可以分散风险,以防止单一化的能源来源地一旦出现动荡情况而影响能源进口。而我国目前的状况是能源进口来源较为单一,原油进口来源地主要是中东地区和非洲地区。我国能源进口最多的前5位国家分别是伊朗、沙特、阿联酋、安哥拉和俄罗斯,其中三个来自中东海湾地区,一个非洲地区和一个欧亚大陆邻国。众所周知,中东和非洲地区向来是国际政治军事冲突不断、战乱频繁的地区。尤其是中东地区,一直是各种国际力量明争暗斗、较量争夺的竞技场,因此我国在这一地区的能源权益很容易受到威胁与损害。虽然为了降低我国能源进口来源的单一化的风险,我国扩大了能源来源地的多元化程度,但是近期从中东进口能源的比例仍然难以下降。

4. 能源运输安全问题

这个问题涉及陆上进口能源通道和海运通道两个方面的安全问题。现在我国陆上能源运输通道有限,与俄罗斯等上海合作组织成员国合作修建的陆地输送管道很多还处于计划之中,还没有完全发挥效用,绝大部分进口能源需要通过海上通道运回国内。大多数进口能源必须通过海运由中东、非洲、美洲等地进口。这些海运通道必须经过马六甲海峡、苏伊士运河、巴拿马运河、好望角等诸多世界海洋咽喉之地,而这些咽喉之地很多都处在与中国有潜在地缘政治冲突危险的国家的海权控制之下,有的还处于海盗活动猖獗地区,中国目前的军事力量在关键时刻难以对这些海上运输要道发挥有效保护作用。另外,虽然我国进口能源数量巨大,但我们目前尚没有一支与之规模相称的能源运输船队。我国远洋运输企业的油轮运量偏小,船龄老化。我国大量进口原油主要外国船队运输到中国的。陆地运输管道缺乏,海上运输通道存在诸多隐患,是目前我国面临的非常严峻的能源安全问题。

5. 国际与地区的局部动荡与争端对我国能源安全造成的威胁

虽然当今世界处于和平与发展的大环境下,但霸权主义与强权政治并没有消失,甚至有加强之势。目前中国本身面临这诸多周边安全问题,比如我国台湾问题尚难在近期内解决,南海和东海海洋权益争端问题有愈加复杂的趋势,另外我国还与一些周边国家存在着领土争端,因此我国的国际政治、军事环境也还存在着一定时期恶化的可能,这将会直接影响我国的能源安全问题。而我国对外能源依存度不断提高的状况,本身也会被潜在敌对或竞争国家所利用,用以遏制中国的发展,因为能源本身就是一种"武器"。某大国在我国周边地区建立了众多的军事基地,其军事力量在我东南西三个方面形成包围威慑之势,中国大部分进口能源输送线路都在这些军事基地的监控之下。另外我们也可发现,只要是较为重要的能源产地,一般就会有多种国际势力参与角逐,从而影响到我国的能源安全。

6. 国家战略能源储备体系建设滞后问题

能源战略储备体系是已被证明能够行之有效地平抑油价波动、缓解能源供应中断的重要安全保障手段。国家战略能源储备体系的设想出现很早,现在大多数发达国家都建立有较为完善的战略能源储备体系,其中美国能源战略储备规模最大。一般而言,3个月的消费量是被认可为安全的储备系数。美国能源储备通常维持在全美国150天的消费量;日本国家战略能源储备约85天,民间储备约为84天,二者合计相当于170天的能源消费量;德国的战略能源储备体系是官民结合、以民为主,拥有相当于90天消费量的能源战略储备;法国的能源战略储备由国家储备、非官方储备、机构储备构成,有100天左右的消费量。① 而中国的石油储备基地刚刚开始兴建,曾经出现最危急的时刻只有能够满足7天消费量的石油储备的时刻。

中国的能源安全问题已成为国民经济发展的战略问题,并成为和国家安全紧密相关的问题,上述所举六点只是目前最为突出的问题,这些问题出现在能源安全链条的上游、中游和下游所有领域,体现出中国目前面临的能源安全问题是全方位的。

---

① 王晶. 中国能源安全的经济学分析. 中央民族大学 2006 年博士论文. 41 页.

第三章　上海合作组织成员国能源
发展状况及其能源战略

　　上海合作组织自 2001 年正式成立以来,已经拥有中国、俄罗斯、哈萨克斯坦、吉尔吉斯斯坦、塔吉克斯坦和乌兹别克斯坦 6 个正式成员国以及印度、伊朗、巴基斯坦、阿富汗、蒙古和白俄罗斯 6 个观察员国,在 2015 年 7 月上海合作组织乌法峰会上决定启动吸收印度和巴基斯坦为正式成员国的程序。另外,每次上海合作组织元首会议举行时,还会有一些国家和国际组织会被作为对话伙伴或主席国客人邀请出席会议,比如土库曼斯坦、斯里兰卡和独联体等。除中国外,在上海合作组织成员国和观察员国中,俄罗斯、伊朗和哈萨克斯坦都是世界著名的能源生产和出口大国,他们拥有丰富的石油和天然气资源和规模较为庞大的能源产业,其能源出口对于整个国际能源局势有着相当重要的影响力。另外,正在申请成为上海合作组织正式成员国的印度作为一个新兴发展国家、金砖五国成员,则是上海合作组织成员国中进口能源数量仅次于中国的国家。所有这些国家的能源发展状况及其能源战略的演变,对于上海合作组织内部成员国互相之间的能源合作都具有举足轻重的影响和作用。

第一节　俄罗斯能源发展状况及能源战略

俄罗斯面积约 1 709.82 万平方公里,是世界上领土面积最广大的国家。俄罗斯位于欧洲东部和亚洲北部,其欧洲领土的大部分是东欧平原。东濒太平洋,西接波罗的海芬兰湾,横跨欧亚大陆,东西最长 9 000 余公里,南北最宽 4 000 余公里。陆地邻国西北面有挪威、芬兰,西面有爱沙尼亚、拉脱维亚、立陶宛、波兰、白俄罗斯,西南面是乌克兰,南面有格鲁吉亚、阿塞拜疆、哈萨克斯坦,东南面有中国、蒙古和朝鲜。东面与日本和美国隔海相望。海岸线长全长达 33 807 公里。俄罗斯联邦现有 83 个联邦主体,包括 21 个共和国、9 个边疆区、46 个州、两个联邦直辖市(莫斯科和圣彼得堡)、1 个自治州和 4 个自治区(2008 年 3 月 1 日)。俄罗斯总人口为 1.42 亿(截至 2009 年上半年),其中俄罗斯族占 79.8%。

俄罗斯地大物博,是世界上自然资源最丰富的国家之一。其特点是种类多、储量大、自给程度高。除了丰富的石油天然气资源,森林覆盖面积为 8.67 亿公顷,占国土面积的 51%,居世界第一位。木材蓄积量为 807 亿立方米。煤蕴藏量为 2 000 亿吨,居世界第二位。铁蕴藏量居世界第一位,约占世界总量的 30%。铝蕴藏量居世界第二位。水力资源 4 270 立方千米/年,居世界第二位。铀蕴藏量占世界探明储量的 14％。黄金储量居世界第四至第五位。此外，俄还拥有占世界探明储量 65％的磷灰石和 30％的镍、锡。丰富的资源为俄罗斯工农业发展提供了坚实后盾。俄工业基础雄厚，部门齐全，以机械、钢铁、冶金、石油、天然气、煤炭、森林工业及化工等为主。

一、俄罗斯能源发展状况

俄罗斯是世界上石油天然气资源最丰富的国家之一，也是世界上较早开始发展油气能源产业的国家之一。在第二次世界大战之前，俄罗斯已经是世界上最大的油气能源生产与出口国之一。第二次世界大战后，石油天然气工业更是成为苏联和俄罗斯的国家经济主要命脉和重要支柱。苏联解体后，俄罗斯继承了其主要的能源工业，其能源基础雄厚，能源工业具有强大的实力和后劲，俄罗斯作为欧佩克之外最具潜力的能源生产和出口国，其能源产业对世界能源地缘政治格局产生深远的影响。

1991 年苏联解体、俄罗斯独立后，俄经济很长一段时间处于滑坡和困难之中，与此相对应，在 20 世纪 90 年代前期俄罗斯能源产业也遇到严重困难，出现大幅下降趋势。1994 年与 1990 年相比较，俄罗斯的石油生产、石油加工和天然气的开采的下降幅度分别为 28％、34％、13％。[1]

出现这种状况的主要原因包括：由于苏联的解体，使

---

[1]　戚文海. 俄罗斯的石油天然气工业. 东欧中亚市场研究，2002(5).

得历史上形成的俄罗斯与原苏联其他加盟共和国能源工业相互之间的内在联系被割裂,苏联境内各加盟共和国彼此间的行业分工也不复存在,俄罗斯必须在自己国内重建行业分工体系;20世纪90年代初的转轨时期俄国内分工转换进程的缓慢滞后导致俄石油天然气工业对外依赖的增强。由此,苏联时期国家内部的地区利益协调关系转变成了俄罗斯与其他国家之间的利益分配关系,从而大大增加了利益相互协调的矛盾。俄经济上采取异常激进的转轨政策,从原来苏联时期主要依靠国家进行投资转变为主要依靠企业进行投资,使得资金短缺问题开始严重制约俄罗斯石油天然气工业的扩大和更新进程。另外在客观条件上,俄罗斯较为恶劣的自然环境使得油气资源的开采难度增大,开采成本也大大增加。西西伯利亚地区许多老旧油气田的逐渐枯竭,使得俄不得不开发一些油气资源埋藏较深、储量较少、开采难度较大的小油气田,由此带来生产成本明显上升的问题。另外,随着俄对油气田地质勘探的工作逐渐向俄罗斯北部地区的推移,新开发的许多项目都处在接近北极地区的永久冻土带或者是高寒气候地区,勘探开发的技术难度与成本都大大增加,与油气开发相关的基础设施的建设费用大大提高,从而使得开发总成本也水涨船高。同时在能源开发技术上,俄罗斯与西方发达国家相比落后较多,这也降低了俄能源开发的效率和竞争力。技术上的落后导致当时俄能源产业缺乏持续发展的基础。

进入20世纪90年代后期,俄罗斯能源产业逐渐趋于稳定和恢复。从1995年起,俄罗斯政府开始实行投资倾斜政策,增加了向石油天然气等能源工业的投资力度。俄油气工业投资占国民经济总投资的比重由1991年的9.7%上升到1995年的12.7%、1996年的13.2%、1997年的14.0%,明显高于其他工业部门。与此同时,俄以油气为主的能源出口规模不断增大,出口数量在生产总量中的比重也不断提高,原油、石油产品、天然气分别由1992年的35.4%、14.8%、30.2%提高到1997年的42.7%、34.0%、36.9%。1993年俄出口转为正增长,1994年增长8%,1995年增长18%,1996年增长15.8%。[①] 对油气工业投资的倾斜和能源出口的迅速扩大,使得俄油气工业部门的生产条件的改善明显领先于其他工业部门,在20世纪整个90年代俄罗斯经济水平总体下降的条件下,俄油气工业部门生产的降幅则低于同期其他工业部门的下降幅度,其在俄工业总产值中所占的比重则逐渐增大,已经超过其他各工业部门而位居首位。

2000年普京成为俄罗斯总统后,能源产业作为俄罗斯的支柱产业的特征益发突出,同时,这一时期国际能源市场正处于一个上升周期,能源价格的急剧上涨,使得俄罗斯能源产业得到了强大的刺激,油气资源的生产量和出口量都逐步攀升,而其为俄罗斯国家财政带来的收益更是为俄罗斯经济摆脱独立后的困境,迅速成为"新兴发展国家"和"金

---

① 戚文海. 俄罗斯的石油天然气工业. 东欧中亚市场研究, 2002(5).

砖五国"的一员奠定了基础。

目前,俄罗斯能源发展状况的主要特点包括如下几个方面:

1. 能源资源基础雄厚

俄罗斯是世界上为数不多的资源种类齐全储量丰富的国家之一,尤其是石油天然气资源储量均居世界前列,在世界占有举足轻重的地位。据统计,2013年俄罗斯已探明的可开采石油蕴藏量为 127 亿吨,占世界总量的 5.5%,储采比为 23.6,而天然气储量也位居世界前列,已探明可开采蕴藏量达 31.3 万亿立方米,占世界总量的 16.8%,储采比达到 51.7。[①] 至于专家估计的尚未探明的石油和天然气储存量数字更是巨大。总体而言,俄罗斯专家认为俄罗斯能源资源探明储量与伊拉克、伊朗、科威特和阿联酋一起顺序排为世界的第 2 位到第 6 位,紧跟在占世界首位的沙特阿拉伯之后。[②]

值得注意的是,除了传统的能源生产基地外,近年来,由于北冰洋海冰融化速度加快,北极地区的气候变暖趋势明显,北极地区的能源资源逐渐成为世界瞩目的焦点。据估计,北极地区(主要是北冰洋大陆架地区)蕴藏着相当于世界已探明石油蕴藏量的 1/4。俄罗斯拥有北冰洋最长的海岸线和最广阔的大陆架,大部分北冰洋的油气资源位于俄罗斯主张的主权范围内。因此,在将来,俄罗斯的北极地

① *BP Statistical Review of World Energy 2014*.
② 〔俄〕C. 3. 日兹宁. 俄罗斯能源外交. 人民出版社,2006. 9 页.

区能源发展将进一步加强俄罗斯的世界能源地位。2014
年4月17日,俄罗斯油轮"米哈伊尔·乌里扬诺夫"号从普
里拉兹洛姆内油田(Prirazlomnoye)运送首批7万吨北极石
油前往欧洲,俄罗斯总统普京将其称为里程碑事件,是俄罗
斯大规模开采北极石油的一个开端。在当今世界能源市
场,俄罗斯能源强势地位的日益稳固将对这一市场的稳定
性产生深刻影响,进而影响到世界能源格局、一定程度上也
会影响世界地缘政治格局的走势。

　2. 能源产业生产规模庞大

　雄厚的资源优势为俄罗斯的工业发展提供了强有力的
自然物质基础,俄罗斯的天然气石油等能源工业得到了良
好的发展,成为其主导产业和支柱产业之一,俄罗斯能源工
业产品产量巨大,多年来其天然气产量一直位居世界第一
位,石油产量仅次于沙特阿拉伯居世界第二位。下面所列
表格说明1998年以来俄罗斯的石油产量和天然气产量:

表 3 - 1　1998—2008 年俄罗斯历年石油天然气产量

年　份	石油产量(亿吨)	天然气(亿立方米)
1998	3.043	5 348
1999	3.048	5 346
2000	3.233	5 287
2001	3.481	5 262
2002	3.796	5 388
2003	4.214	5 614
2004	4.588	5 733

年　份	石油产量(亿吨)	天然气(亿立方米)
2005	4.700	5 801
2006	4.805	5 938
2007	4.913	5 920
2008	4.885	6 017
2009	5.008	5 277
2010	5.118	5 889
2011	5.185	6 070
2012	5.262	5 923
2013	5.314	6 048
2013 年产量占世界总量百分比	12.9%	17.9%

资料来源：*BP Statistical Review of World Energy 2014.*

由上表可见，俄罗斯能源产业的产能是极其庞大的，一般而言，其石油年生产量占世界年产量的 1/8，而天然气产量更是达到了近 1/5。巨大的产能和产量使得俄罗斯成为当今世界能源博弈场上的巨无霸级玩家。

俄罗斯巨大的能源产能来自其庞大的能源产业。在苏联时期，其能源产业完全由国家掌控。现在，俄罗斯的能源产业的性质主要有国家和私人两种企业形式并存，其中有一批世界能源巨头企业，主要有：俄罗斯天然气工业股份公司（ГАЗПРОМ）、俄罗斯石油公司（РОСНЕФТЬ）、鲁科伊石油公司（ЛУКОЙЛ）、苏尔古特石油天然气公司

（СУРГУТНЕФТЕГАЗ）、秋明-英国石油公司（ТНК－ВР）、鞑靼石油公司（ТАТНЕФТЬ）、罗斯石油公司（РУСCНЕФТЬ）、巴什基尔石油公司（БАШНЕФТЬ）等。这些能源巨头公司尽管每年的排名略有变动,但都拥有对俄罗斯经济乃至世界能源市场产生重大影响的能力。例如其中俄罗斯石油公司在收购了尤科斯的开采和加工厂后,公司实力迅速提高,一跃成为石油领头企业。鲁科伊石油公司在机油润滑油生产上占有绝对优势,国内市场占有率达到 40%,超过俄罗斯石油公司。除了在国内继续开拓外,鲁科伊还大力加强国际上的合作和开拓,曾与中国中石化公司签署了战略合作协议。此外,在印度尼西亚,利比亚,埃及,沙特阿拉伯等地均有其巨大的利益。苏尔古特石油天然气公司是著名的私人石油公司,其生产潜力估计能够达到年度 7 000—8 000万吨石油,东西伯利亚地区是该公司发展的重点方向。秋明-英国石油公司则是合资公司,公司打算在2007—2011 年期间每年开采 3 100 万吨石油。在国际上,秋明-英国石油公司与委内瑞拉有合作关系,此外对哈萨克斯坦,土库曼和吉尔吉斯的油气工程深感兴趣。俄罗斯天然气工业股份公司更是世界上首屈一指的巨型天然气公司,其天然气产量和出口量都占世界首位。

3. 能源工业基地分布具有优势地位

俄罗斯地域辽阔,在很多地方都有丰富的石油天然气储藏。在苏联早期,高加索巴库地区是主要的石油产地。战后,乌拉尔地区成为俄罗斯主要的能源工业基地。现在,俄罗斯能源产地和工业基地正逐渐向东延伸分布,西西伯利亚和远东地区正日益成为俄罗斯新的能源基地。在东部地区这里集中了全俄约85％的天然气储量、约65％的石油储量。与此同时,虽然较老的能源基地已经开始出现产能难以继续上升,油田陆续进入老化期等问题,但俄罗斯新老能源基地的总数依然非常可观,而且分布广泛。同时,俄罗斯周边地区又大多是主要能源消费地区(欧洲、日本、中国和亚太地区),从而使得俄罗斯在能源地缘政治上居于非常有利的地位,可以根据不同的形势需要和轻重缓急选择开发战略和进出口通道。

4. 能源出口能力强劲

能源出口是苏联和俄罗斯对外经济贸易的主要内容,苏联是冷战时期世界主要的石油和天然气资源出口国,欧洲是其主要出口对象,石油和天然气资源的出口是苏联财政收入的重要来源。苏联解体后,俄罗斯仍然一直是世界上最大能源出口国之一。自20世纪90年代后期俄罗斯能源产业逐渐恢复以来,俄罗斯对外能源出口一直稳步回升,体现了其强劲的出口能力。1998—2000年原油的输出总量逐年递增,每年达到1.3亿—1.5亿吨(占世界原油贸易总量的6.5％—7％)。2004年接近2.5亿吨,占世界原油贸易总量的8％。2006年俄罗斯原油出口量为2.48亿吨。[1] 2008年俄罗斯石油产量为4.885亿吨,本国消费为1.304亿吨,出口超过3亿吨。[2] 最近的2013年,俄罗斯石

---

① 〔俄〕C. 3. 日兹宁. 俄罗斯能源外交. 人民出版社,2006. 51、72、73和111页.

② *BP Statistical Review of World Energy 2009.*

油产量为5.314亿吨,其中出口达到3.825亿吨。[①]

相对于石油而言,俄罗斯在世界天然气市场中的出口地位更加强势。俄罗斯和伊朗、委内瑞拉等国一样,是拥有世界上最丰富天然气储量的国家之一,在统计中,其境内已探明天然气储量一直占世界储藏量的1/6至1/4,产量则达到世界的近1/5。2006年俄罗斯共出口天然气1 999亿立方米,同比增长17%;2013年,俄罗斯天然气出口达到2 583亿立方米。[②]

俄罗斯的能源产品主要是向西方出口,欧洲是其最大的消费者,占俄罗斯能源总出口量的60%左右。据统计俄罗斯天然气的1/3输往欧盟,1/4输往东欧和中欧。此外由于其能源的输出大部分都经过乌克兰和白俄罗斯的领土,并且由于在苏联时期乌克兰和白俄罗斯的能源消费也主要来自西西伯利亚,因此如今的乌克兰和白俄罗斯也是俄罗斯能源的主要进口国。苏联解体后,德国、意大利等国在俄罗斯能源贸易中的地位迅速上升,现已成为独联体国家以外的俄罗斯能源的最大进口国。

俄罗斯油气资源的出口主要是通过管道运输来实现的。大量的油气从西西伯利亚进入管道,经管道网络系统输向西部边界进而出口到独联体国家和欧洲的一些国家。主要的石油输出管道是建于1964年的友谊油管,从乌拉尔的阿尔美奇夫斯克出发至莫济里,有两条支线,北线经白俄

---

① *BP Statistical Review of World Energy 2014.*

② 同上。

罗斯的布列斯特通向波兰与德国,南线经乌克兰的乌旦戈罗德通往匈牙利与捷克。20世纪80年代以后伏尔加—乌拉尔地区由于资源枯竭,其油气资源的出口地位越来越弱,之后西西伯利亚已取代了伏尔加—乌拉尔地区成为俄罗斯最大的石油出口基地,与此相适应,友谊油管从西西伯利亚的下瓦尔托夫斯克通往莫济里,并在北侧又增加了一条支线通往波罗的海沿岸的最大石油输出港波洛茨克。俄罗斯最大的天然气输出管道是1984年建成的西西伯利亚—欧洲管道系统,至今仍是俄最重要的天然气输出通道,它从乌连戈伊至乌日戈罗德,全长4 500公里,是俄罗斯向中欧和西欧供应天然气的出口通道。另一条较大的天然气输出管道是联盟管道从奥伦堡至乌日戈罗德,全长2 750公里。目前,俄罗斯和其周边能源合作伙伴正在修建一系列的油气资源管道,以现成更为完备的管道网络系统,为俄罗斯未来的能源战略服务,其中包括穿过波罗的海连接俄罗斯和德国的"北溪"管道、穿过黑海连接俄罗斯和欧洲的"南溪"管道、连接中俄两国的石油管道和天然气管道、通往太平洋沿岸的石油管道等。

雄厚的能源资源基础、有利的能源地缘政治地位、加上发达的能源输送管道使得俄罗斯的能源出口能力强劲,并由此获得了世界能源地缘政治博弈中一定的优势地位。

除上述巨大的优势地位,俄罗斯在国际能源格局中也存在一定的薄弱之处,其中很大一项就是俄罗斯经济对能源出口的依赖依然巨大使得其对国际能源市场价格极为敏感,而国际能源定价权利恰恰与俄罗斯关系不大,虽然俄罗斯是世界最大能源出口国之一，但对石油和天然气价格却缺乏影响力。俄罗斯在国际能源市场定价权上的虚弱地位，导致其在特定时刻容易受到地缘政治对手的"定点攻击"。在苏联解体前夕，国际能源市场价格大跌，使得通过出口能源获得大量外汇收入的苏联财政状况恶化。2008年俄格战争和2014年初的乌克兰危机使得俄罗斯与西方关系恶化后，国际能源市场价格都出现持续大幅度下跌，这些现象显然不能排除其地缘政治竞争对手幕后战略操作的因素。

二、俄罗斯能源发展战略

俄罗斯作为世界主要能源生产大国和出口大国，其能源发展战略不仅对于俄罗斯本身的政治经济发展起着重要影响，同时对世界局势也有着相当重要的影响。

自从苏联解体、俄罗斯独立以后，原有经济体系瓦解，俄罗斯总体经济形势不断恶化，能源被视为俄罗斯经济的主要支柱，同时也是俄罗斯在国际政治和地缘政治中与其他国家和力量集团进行博弈的重要手段。能源不仅成为国家经济发展的支柱，而且成为国家外交和安全的重要工具，这一趋势在1999年普京执政后变得越来越明显。

俄罗斯能源战略形成于20世纪90年代早期。1992年10月10日，俄罗斯联邦政府通过了《新经济条件下俄罗斯能源政策的基本构想》，这是苏联解体独立以后俄罗斯第一个比较系统的关于能源发展战略的政策性文件。但是这个文件在很大程度上依然建立在苏联的燃料动力系统管理模式的原则、规则和传统基础之上的。随着俄罗斯私有化进程的发展,俄罗斯逐渐根据本国经济体制的发展情况,开始制定明确的国家能源战略。1995 年,俄罗斯制定了《2010年前俄罗斯能源战略纲要》以及《1996—2000 年动力与燃料》的联邦目标性计划。1997 年俄政府批准了《关于自然垄断领域的结构性改革、私有化和加强监控的措施纲要》。这些文件共同确定了俄罗斯能源政策的主要方向及其实施的目标、优先方向和机制。由于 20 世纪 90 年代俄罗斯处于政治动荡和经济危机之中,俄罗斯国家能源战略的政策性文件中提出的目标大多未能实现。

自 2000 年起,俄罗斯进入了普京时代。俄罗斯在政治、经济、外交和安全等诸领域的战略与政策都发生了重大变化,与此同时,世界能源局势出现了急剧变化,国际能源市场上石油价格开始以极快的速度攀升,也从普京上台时的 20 美元左右一直到 2008 年普京第一次任职期满后离职时的 120 美元左右。石油价格的迅速上涨为俄罗斯带来了巨大的出口利润,也成为普京时代俄罗斯经济迅速恢复的主要基础之一。同时,俄罗斯政府也更加重视从总体上制定未来国家能源发展的战略,以使得俄罗斯的能源天赋能成为俄罗斯国家发展的现实优势。2003 年 5 月,俄罗斯正式颁布了《2020 年前俄罗斯能源战略》,该战略的基本要旨是俄罗斯将充分利用本国的能源优势,通过外交努力来获取最大的国家利益。《2020 年前俄罗斯能源战略》共分为10 章,其中包括"能源战略的目标与重点""燃料能源综合体发展的问题与主要因素""未来俄经济发展的主要趋势与

预测""国家能源政策""对俄能源的需求前景""燃料能源综
合体的发展前景""能源产业发展的地区特点""燃料能源综
合体的科技与革新政策""燃料能源综合体与相关产业的协
作""能源战略的预期成果与实施体系"等。这一文件基本
确立了 2020 年前俄罗斯能源战略的方向。

1. 确立了俄罗斯未来能源战略的目标。俄罗斯是世
界上举足轻重的能源国家,其能源战略的基本目标对于整
个国际能源局势有着重要影响。按照《2020 年前俄罗斯能
源战略》的诠释,在未来能源将是俄罗斯发展经济的基础、推
行内外政策的工具。2020 年前俄罗斯能源战略的主要任务
将是:规划能源综合体高效发展、增强国际竞争力的途径,确
定能源综合体发展的优先方向,建立落实国家能源政策的措
施和机制。能源战略的优先方向是:有效保障国民与国家
经济对能源的需求;降低国家能源保障风险;降低能耗;提高
能源行业的财政稳定性;减少能源行业对环境的损害。俄罗
斯虽然在近十年经济恢复较快,成为所谓"新兴发展国家"和
"金砖五国",但总体而言,俄罗斯的经济结构比较落后,科学
研发和创新能力比起西方发达国家有很大距离。因此,俄罗
斯未来能源战略纲领把能源作为了俄未来经济发展的核心,
一方面是以俄罗斯的自然禀赋优势作为俄罗斯继续复兴的
经济基础,另一方面也有不得已而为之的原因。

2. 明确了执行未来能源战略的主要政策。在俄罗斯能
源发展战略纲领中,未来执行能源战略的基本政策主要包括
国家层面的能源政策、地区层面的能源政策以及对外能源
政策。

　　首先在国家层面,俄罗斯的能源政策主要包括:保护俄罗斯公民和各种经济主体的合法利益,保障俄罗斯国家的国家安全,对相关国有资产进行有效管理,推动俄罗斯能源产业的质的提升。俄罗斯国家能源政策的基本原则是:确保能源政策的连续性;鼓励建立具有较大规模、具有可持续发展潜力并能够与政府进行建设性对话的石油天然气等能源公司;保证政府调节私营能源企业在实现俄罗斯国家能源政策的合理性与前瞻性。俄罗斯国家长期能源政策的重点主要是能源安全、能源有效性、预算效率及能源生态安全。

　　其次,在地区层面,俄罗斯的能源政策导向是:建立起顾及俄国内各地区能源保障差异性的能源平衡体系,这是保障俄罗斯不同地区能源安全的基本条件。地区能源政策的基本原则包括:将俄联邦各主体(即各州、共和国、边疆区以及莫斯科和圣彼得堡两个特别市)的宪法原则与维护俄罗斯国家统一经济空间的原则相结合。该战略认为俄罗斯不同地区有着自身的能源发展特点,正确地总结这些特点是实施俄罗斯国家能源战略的基础。按照此战略思路,俄罗斯各中央联邦区能源政策的重点主要是发展核能,对石油加工工业的能力进行一体化改造,通过对现有水力和火力电网进行技术改造、引进先进设备、加强各联邦主体间的跨网以及与邻国的跨国电力联系、继续更新和发展天然气运输的基础设施等措施,有效地提高俄罗斯能源保障能力。

　　第三,在对外能源政策层面,俄罗斯的重要方向将是使其成为世界能源市场的主要参与者并与来自国外的投资者进行能源开发和利用领域的各项合作。俄罗斯对外能源政策的根本目标将是使其从单纯的能源原料供应者转变为在世界能源市场可以执行独立政策的重要角色。这种重大转变既是在能源领域加深世界经济一体化的客观趋势，也使得俄罗斯能够在这种转变中获取实际的经济利益。俄对外能源政策的具体目标主要包括：巩固俄罗斯在世界能源市场上的地位，有效实现俄罗斯能源综合体的巨大出口潜力，逐渐提高其国际竞争能力。为了完成上述目标，俄罗斯今后的主要策略包括：要从对外经济联系活动中使国家利益最大化，要准确评估能源进出口和运输领域中有关政策的各种影响以及其能源企业在世界能源市场的存在状况；要推动能源出口商品结构的多样化，扩大能源高附加值产品的出口；积极实现能源销售市场的多元化，扩大其能源公司在世界能源市场的存在和影响。在未来，俄罗斯将最大限度地实现自身的能源出口潜力，为保障国家经济安全做出贡献。同时该战略还认为，由于俄罗斯具有的地缘政治的独特性，其能源出口过程中的能源跨境运输是具有重要意义的问题。能源问题已经成为全球焦点问题的趋势以及俄罗斯在世界能源市场中的重大影响力都使得能源问题成为俄罗斯外交政策的重要因素。未来俄罗斯能源外交的主要任务是：为能源战略的顺利实施提供保障和营造良好外部环境；保护能源企业在国外的利益；和独联体、欧亚经济共同体的成员国、欧盟、美国、亚太地区国家以及其他地区的国家和国际组织开展能源对话和合作。

　　3. 规范了俄罗斯能源安全政策。该战略纲领主要在能源安全政策和能源生态安全两个问题上为未来俄罗斯能源战略规范了政策指向。首先在能源安全政策方面,该战略表示能源安全是国家安全的重要部分,保障其国家安全也是能源政策的重要任务。所谓能源安全,是指国家保障公民、社会以及经济发展对能源的需求不受任何威胁。这种威胁既取决于外部因素(例如地缘政治、宏观经济和市场行情的急剧变化),也取决于俄罗斯能源行业的内部状态和运转情况。其能源安全政策的基本目标是:能源企业能够以可靠的质量和可接受的价格满足国内外市场的需求;消费者能节约使用能源并防止不合理消费,防止能源消费结构的失衡;使得俄能源企业拥有应对各种经济、技术与自然灾害威胁的能力,并能够将这些因素引发的损害降至最小的能力。其次在关于生态安全与污染问题上,战略纲领也有专门政策。俄罗斯作为主要能源出口国家,在国内有着众多的能源企业和能源设施,能源运输管道则跨越了俄罗斯广袤领土的各个地区,因此俄罗斯能源企业的发展很可能对俄自然环境造成污染,其最大隐患是石油及其制成品的污染以及能源设施由于各种原因遭到毁坏而带来大规模污染事件。因而,这份能源战略纲领强调在开发俄罗斯各地能源资源时,必须解决生态脆弱地区的环境保护问题。

4. 指出了俄罗斯能源产业未来的发展问题。这份战略纲领性文件主要阐述了三个发展远景问题,即俄罗斯石油工业综合体的发展前景、俄罗斯天然气工业的发展前景和未来国际能源市场中俄罗斯的地位。

关于俄罗斯石油工业综合体的发展远景,该战略认为俄罗斯发展石油工业综合体的战略目标主要是:在确保经济效益的前提下,稳定持续地满足经济发展对石油及其制成品的各种需求;保障国家财政预算有着稳定的较高收入来源;保障俄在世界政治舞台上的权益;形成对俄罗斯国内相关经济行业(如装备工业、加工工业、服务业和运输业等)产品和技术服务的稳定及有支付能力的需求。石油工业综合体发展的主要任务是:合理地开发俄罗斯国内石油资源;加强能源的各项储备;深化各种石油加工;寻找、建立和开发新的大型油田,尤其是东部地区、北极地区和远东沿海的大陆架等;更新和发展石油运输设施,显著提高石油出口效率,使得石油供应的方向、方式和路线多样化;扩大俄罗斯企业在国外市场的份额及其在国外的业务和资产。该战略还预测俄罗斯的石油开采总量将因社会经济发展的不同方案而呈现出不同的前景:最佳方案是到2010年俄罗斯石油产量将达到4.9亿吨,2020年将达到5.2亿吨,其中靠近亚太地区的东西伯利亚和萨哈共和国的石油开采量在经济发展良好的条件下将达到8 000万吨。另外,该战略还特别强调了石油工业综合体的运输基础设施应该拥有自己的海上出口终端,以开辟俄罗斯石油出口的新路线,加强最有效的石油产品运输线路。该战略还特别指出,俄罗斯要进入亚太能源市场,必须铺设以安加尔斯克—大庆管道(年输油能力为3 000万吨)为支线的通往太平洋沿岸纳霍德卡港的石油运输管道系统(年输油量达5 000万吨)。

关于俄罗斯天然气工业的未来发展,该战略认为俄罗斯未来天然气工业的战略目标是:稳定、持续、有效地满足国内经济发展以及出口对俄罗斯天然气资源的需求;更新和发展现有的天然气供应系统,并将其延伸到东部地区,加强各地区天然气行业的一体化;不断完善天然气行业的组织结构,逐步提高其经济效益,争取形成自由的天然气市场;保障稳定的国家财政收入,刺激对国内相关行业产品的需求;保障俄罗斯在国际上的相关政治利益。该战略预测俄天然气产量在良好的内外部条件下 2020 年将增长到 7 100 亿—7 300 亿立方米。

关于未来世界能源市场上俄罗斯的地位问题,该战略将俄罗斯定位为能源出口大国,能源出口将是其经济发展的关键性因素,也将是决定其国际经济与政治地位的重要因素。为了实现俄罗斯对外能源政策的相关目标,俄罗斯在国际上的能源活动主要包括:出口石油天然气等燃料能源资源;在其他国家勘探和开采石油和天然气等能源资源;加强俄能源企业在其他国家能源市场中的地位,通过各种能源合作共同掌握这些国家国内的能源销售网络以及相关基础设施;吸引外国资本投资俄罗斯国内的能源生产和运输领域,利用外资更新和改造俄能源产业结构;积极参与国际能源运输;开展国际范围的能源科技和法律合作。在北、东、南三个方向开辟新的能源出口渠道,增加朝这些方向的能源出口在俄罗斯能源出口结构中的比重。该战略在重视俄能源出口传统对象欧洲国家的同时,也强调了亚太地区在未来俄罗斯能源出口中的地位将大大加强,表示到 2020 年,俄罗斯向欧洲国家的石油和天然气出口将分别达到 1.5 亿—1.6 亿吨和 1 600 亿—1 650 亿立方米。在亚太地

区,俄罗斯主要能源合作伙伴将是中国、韩国、日本、印度
等,这些国家将是俄罗斯油气、电力和核能产品的主要市场
之一。到 2020 年,上述亚太国家在俄罗斯石油和天然气出
口中所占的比重将分别上升到 30％和 15％。

　　最后,在《2020 年前俄罗斯能源战略》还提出了未来实
施俄罗斯能源发展战略将达到的一些量化指标,主要包括:
(1) 俄罗斯 GDP 单位产值能耗将下降一半,GDP 单位产值
的平均能耗从 2000 年的 22％下降到 2020 年的 13％—
15％左右;(2) 以有效途径确保俄国家对初级燃料能源资
源的需求;2020 年,GDP 将比 2000 年增长 1.3—2.3 倍,而
对初级燃料能源的需求将增长 27％—40％;(3) 从 2001 年
到 2020 年,俄罗斯居民收入将增长 2.4—2.7 倍,而居民对
燃料与能源支出的增长则保持在 1.3—1.4 倍;(4) 到 2010
年,俄罗斯每年从能源企业运营中获得的收入将增加 0.5
倍,国家预算中税收收入要求增长 1/3。与此同时,能源企
业在工业生产中的比重则应从目前的 30％分别下降到
2010 年的 25％—26％以及 2020 年的 18％—20％,这主要
将依靠科技含量的提高和能耗的降低;(5) 到 2020 年,俄
罗斯能源出口总量应增长 35％—36％,这种增长将符合俄
国际收支平衡的需求,也将有助于俄罗斯巩固其在世界上
的经济地位与地缘政治影响。①

　　综上所述,俄罗斯已经把能源作为俄罗斯未来发展和

---

① 参见冯玉军,丁晓星,李东编译.2020 年前俄罗斯能源战略.
国际石油经济,2003(9)(10).

在世界上发挥大国重要作用的主要基础之一,它将成为俄罗斯促进国内政治经济发展的重要支柱和在国际上实行外交安全战略的重要手段。该战略在俄罗斯今后能源发展的基本政策,重点目标,实现手段,出口战略等诸方面都做出了详细的规划,因此它将成为俄未来发展能源产业、维护能源安全和开展对外能源合作的战略指导性文件。特别是其中关于俄罗斯能源战略在今后将大大加强在东方亚太地区发挥作用的内容与本文的主题有着密切关系。

尽管《2020 年前俄罗斯能源战略》是决定 21 世纪初期俄罗斯能源发展的纲领性文件,但随着国际局势和能源形势的演变,俄罗斯感到必须继续对俄能源战略进行补充和完善,近年来多次着手提出对此战略进行补充修订的设想。其中 2006 年底俄罗斯能源战略研究所提出了在《2020 年前俄罗斯能源战略》基础上修改的《2030 年前俄罗斯能源战略构思(草案)》,上报俄罗斯联邦政府。该草案分析了俄罗斯联邦政府 2003 年 8 月批准的《2020 年前能源战略》实施进程及其所起的作用,同时也对最近出现的影响俄罗斯能源战略的新因素进行了评述。其中包括,俄罗斯在 2006 年 8 月圣彼得堡八国峰会上提出保证全球能源安全的任务,国家能源安全和能源出口多元化的必要性等。该草案的首要出发点是"保证全球能源安全",新战略草案的重点是面向世界。[1]

---

[1] 孙永祥. 俄罗斯石油工业 2006 年回顾及其新战略的构想. 当代石油石化,2007(5).

2009年,俄罗斯联邦政府又审核通过了《2030年前能源战略规划》,对《2020年前能源战略规划》规定的目标进行了很多修改,其中最典型的数字是2030年前,俄罗斯石油年出口将达3.7亿吨,天然气年出口约3700亿立方米。而同时,俄的石油天然气年产量相应要超过5亿吨和9000亿立方米。事实上其中关于石油的产量和出口量在2013年就已经基本达到甚至超过了,可见俄罗斯能源产业的发展速度及其俄罗斯经济对能源的依赖程度。

新的《2030年前能源战略规划》与5年前通过的《2020年前能源战略》相比,不是在时间上的简单替换。由于金融危机,原战略中的一系列主要指数都得到了重新审议,新规划中划分阶段的主要标志性内容都具有从克服危机向强化危机后发展的过渡性特点。

首先是关于俄罗斯能源发展的三个阶段论。俄罗斯新版《2030年前能源战略规划》指出,燃料能源部门将按三个阶段发展,主要目标将是从常规的石油、天然气、煤炭等转向非常规的核能、太阳能和风能等。

第一阶段:2013—2015年。俄罗斯主要任务是克服危机。按俄联邦统计局资料,2008年,俄石油产量与2007年相比减产了0.7%,达4.88亿吨。俄经济发展部预测,2009年俄石油产量还将缩减1.1%,达4.82亿吨。同时,2009年1到6月,俄石油出口与去年同期相比增加了0.2%,几乎达到1.23亿吨。可是,这6个月从俄出口原油的价值却缩减了51.6%。

第二阶段:2015—2022年。在克服近期的经济危机后，俄罗斯主要任务是在发展燃料能源综合利用基础上整体提高能源效率。2030 版规划最值得注意的是，要提高能源效益和发展能源保护技术。该规划认为，今后能源部门要为提高能源效益而战，为此必须更广泛深入地推广创新技术。预计到 2030 年前，俄联邦单位 GDP 能耗要比 2005 年降低一半以上。

第三阶段：2022—2030 年。俄罗斯开始转向非常规能源，首先是核能和可再生能源，包括太阳能、风能、水能。发展非常规能源——核能、可再生能源，包括水电是俄《能源战略》进取精神的重要体现。2030 年前，俄能源部门不仅应学会有效利用石油和天然气，而且还要为更广泛利用非常规能源做好准备。根据《能源战略》，俄在 2030 年前，利用非常规能源发电将不少于 800 亿—1 000 亿千瓦小时。在实施《2030 年前能源战略规划》第三阶段后期，由非常规能源生产电力所占的比例，预计从目前的 32%（2008 年）增加到 38%。

其次是注重两个市场。《2030 年前能源战略规划》不仅提出了要有效利用现有的能源储备，而且还要寻找新的能源来源。时任俄罗斯总理的普京表示"油气探明储量完全不是无止境的，今后每年油气储量的增长应超过产量"。2030 版规划规定，今后石油和天然气的产量和探明储量要有明显增长，出口将有两三次增长，要提高能源使用效益和能源保护，并计划在标定时期内为此吸引 60 万亿卢布的投资。2030 版规划设想，今后石油储量（包括海上油田）年增长率要达到 10%—15%；天然气储量年增长率要达到

20％—25％。新能源规划的要点之一是,准备在俄东西伯利亚和远东、极地周围,甚至是北冰洋大陆架地区建立新的油气综合体。预计2030年前,俄天然气年开采量达8 800亿—9 400亿立方米,年出口3 490亿—3 680亿立方米。石油年开采为5.3亿—5.35亿吨,年石油出口包括油品出口要增加到3.29亿吨。向独联体以外国家输油管道主干线的长度增加20％—23％,输送能力增加65％—70％。预计在此时期,每桶乌拉尔原油价格70—80美元。尽管欧洲仍将是俄油气出口的主要方向,可是俄整个油气出口的增长将主要取决于东部方向的超前发展。

　　除了加强出口外,开拓国际市场外,为增强国力,俄罗斯《2030年前能源战略规划》更注重满足国内市场需求。据预测,2030年前,俄燃料能源资源生产增长为26％—36％,国内需求的增长为39％—58％。俄燃料能源资源出口量和国内需求量的比例要从0.88减少到0.62—0.72。按照新规划,2030年前,俄联邦人均能源需求与2005年相比,至少要增加40％,电力需求增加85％,发动机燃料增加不少于70％。同时,家庭经济的能源支出将不超过自身收入的8％—10％。该规划还规定,在为燃料能源部门构筑基础设施时,将主要利用俄自己生产的产品和装备。燃料能源部门所需要的设备供应,国内部分要占到50％。

　　俄罗斯《2030年前能源战略规划》另一个重要特点是明确今后的战略发展方向。能源问题的全球性,以及俄能源部门在世界能源中的客观重要性,决定了俄能源政策的特殊作用。2030版规划是俄联邦政府根据社会经济长期的发展构想,向能源部门提出的在俄经济发展向创新型方向转变时期应形成的新的发展战略方向。俄联邦能源部长什马托克指出"俄《2030年前能源战略规划》主要不在于数字本身,而是在于其提出了能源部门长期发展方针的优势及优先方向"。因此,该规划框架内所提出的不是路线,而是在基础预测范围内,考虑到能源部门现存的客观风险及其今后分阶段的发展模式。它不是以现有条件为背景的,而是按阶段给能源部门提出了有一定目标的标记系统。同时,《2030年前能源战略规划》保留了俄罗斯原来的能源战略连续性的原则。国家能源政策的战略方位系统——能源安全、经济(预算)效益、能源生态安全及提高经济的能源效益等依然没变。《2030年前能源战略规划》提出的措施将在保留其主要方向的同时,对国家当前的能源政策方针进行适当修正,以便为稳定经济增长、提高人民生活质量和强化其对外经济地位而最有效利用本国能源自然资源和发挥整个能源部门的潜力。①

由于国际能源形势的瞬息万变,俄罗斯在最近再次提出了新的能源规划设想。

2014年初,俄罗斯能源部发布了俄罗斯2035年前能源战略草案,预测俄罗斯在2035年前能源出口中的23%将出口至亚太地区。俄罗斯能源部表示,首要任务是加快进入亚太市场。根据草案,俄罗斯计划在2035年前将本土生

---

① 孙永祥.俄罗斯:2030年前的能源战略.中国石油石化,2009(18).

产的 32％原油和 31％天然气出口至亚太地区。俄罗斯政府官员表示,俄罗斯的目标是进一步多元化其出口投资组合及向东运送更多数量的原油和天然气。该设想表示,欧洲和独联体国家能源市场仍然是俄罗斯能源的主要市场,但 2015 年后出口量将下降,到 2035 年这些市场的出口量将降至 2010 年水平的 95％。该草案设想,到 2035 年俄罗斯成品油和石化产品的出口占总出口的比例不低于 40％。俄罗斯同时计划将燃料油出口量从 2010 年时的 5 700 万吨,削减至 2035 年时的 2 000 万吨,同时将汽车燃料的出口量从 4 400 万吨增加至 5 800 万吨。根据草案,俄能源领域的资本支出将从 2011—2015 年间的 4 600 亿美元,逐步增至 2031—2035 年间的 7 930 亿美元。[①]

　　从俄罗斯不断推出其能源发展战略规划文件可以发现,能源产业是俄罗斯国家经济发展的战略支柱,俄罗斯始终把判断和把握能源战略的方向和格局视为其国家发展战略的基本内容,始终注意在内政和外交中充分发挥俄罗斯能源优势地位的长处以为俄罗斯赢得长远利益。

第二节　哈萨克斯坦能源发展状况及能源战略

　　哈萨克斯坦位于欧亚大陆的中部,西靠里海,北与俄罗

---

　　① 国际能源网. 俄罗斯发布 2035 年前能源战略. http：//www. in-en. com/article/html/energy_08310831922167668. html.

斯相连,周围与土库曼斯坦、乌兹别克斯坦、吉尔吉斯斯坦
毗邻,东与中国接壤。领土大多由草原、沙漠和半沙漠地区
组成。哈萨克斯坦国土总面积为 271.73 万平方公里,人口
约 1 700 万。哈萨克斯坦国内有 100 多个民族,其中哈萨
克族人占 43%,俄罗斯族人占 36%,其余为乌克兰族、日耳
曼族、维吾尔族等。哈萨克斯坦居民多信奉伊斯兰教,国语
为哈萨克语,同时通用俄语。全国共分 14 个州,首都为阿
斯塔纳。哈萨克斯坦是世界上自然资源最为丰富的国家之
一,各种矿产种类多、储量大。同时,哈萨克斯坦还有"能源
和原材料基地"之称,其包括石油、天然气、铀矿等能源资源
拥有量居世界前列,在苏联时期,哈萨克斯坦就是原苏联仅
次于俄罗斯的第二大铀生产国。

一、哈萨克斯坦的能源发展状况

哈萨克斯坦的石油能源产业起始于 19 世纪末,其境
内第一口油井 1899 年开采于卡拉丘古尔地区。1911 年,
哈萨克斯坦境内发现了多索尔油田和马卡特油田,到
1913 年,哈萨克斯坦境内的石油产量为 11.8 万吨。到
20 世纪 30 年代,当时的苏联开始在哈萨克斯坦发现一些
成规模的油田,比如较大的恩巴油田和其他一些小油田。
在 20 世纪 60 年代以后,苏联又开始在里海地区的乌津、
热特拜、新乌津等地逐渐发现了较大规模的油田,特别是
由于之后田吉兹油田的投入开发,哈萨克斯坦境内的石
油工业迅速发展起来。1970 年,哈萨克斯坦境内一共生
产了原油 1 120 万吨。1975 年,哈萨克斯坦境内原油产量

达到了2 390万吨。在苏联解体的1991年当年,哈萨克斯坦境内石油产量达到了2 659万吨,而天然气产量为7.88亿立方米。①

1991年12月16日,哈萨克斯坦成为独立国家,但在独立后哈萨克斯坦经济陷入严重困境,整个20世纪90年代,哈萨克斯坦经济大幅下滑,尤其是作为哈萨克斯坦经济支柱的石油工业90年代初期遭到较大冲击,原油产量也显著下降。但是到了90年代后期,随着哈萨克斯坦经济形势逐渐转好,国内外投资的开始大量进入,尤其是哈萨克斯坦与美国共同合资的"田吉兹谢夫隆"公司的成立,使得哈萨克斯坦石油工业逐渐恢复,并成为哈萨克斯坦国内少数较快恢复到苏联解体时期发展水平的工业部门之一。② 1998年,哈萨克斯坦的石油产量达到2 593万吨,接近1991年的产量,天然气产量达到79.84亿立方米,大大超过了苏联时期的产量。

20世纪90年代后期,由于外国投资大量引入后,哈萨克斯坦的石油天然气产业迅速发展,在哈萨克斯坦经济发展中的地位越来越重要。在这种背景下,哈萨克斯坦的石油产量也开始逐年增加,其日产量从1995年的41.5万桶增加到2003年的近100万桶,其中出口达到86.5万桶;2004年上半年的114万桶。从20世纪末起哈萨克斯坦逐步成为世界石油出口市场上的重要国家,在哈萨克斯坦国

① 仲庆文.哈萨克斯坦石油天然气工业:历史,现状,前景.东欧中亚市场,2000(5).

② 同上。

民经济发展中发挥着越来越重要的作用。①

　　进入 20 世纪后,随着能源在世界经济中的重要性越来越大,哈萨克斯坦作为一个重要的能源生产国和出口国,其能源产业的发展也越来越成为哈萨克斯坦经济发展的主要动力和指标,哈萨克斯坦的石油和天然气产量和出口量也节节攀升。

表 3-2　哈萨克斯坦从 1998—2013 年的石油天然气的生产数据

年　份	石油产量(百万吨)	天然气产量(十亿立方米)
1998	25.9	7.2
1999	30.1	9.0
2000	35.3	10.4
2001	40.1	10.5
2002	48.2	10.2
2003	52.4	11.1
2004	60.6	12.3
2005	62.6	12.7
2006	66.1	13.0
2007	68.4	15.1
2008	72.0	16.9
2009	78.2	16.4
2010	81.6	15.9

---

　　① 傅吉江,郭美莲. 哈萨克斯坦石化工业现状及需求分析. 俄罗斯中亚东欧市场,2005(4).

续　表

年　　份	石油产量（百万吨）	天然气产量（十亿立方米）
2011	82.4	17.5
2012	81.2	18.4
2013	83.8	18.5

资料来源：*BP Statistical Review of World Energy 2014*。

由表中可见，哈萨克斯坦的石油产量大约是 20 世纪末的大约 3 倍，天然气产量则是 20 世纪末的两倍多，其增加幅度和速度都是非常可观的。2013 年哈萨克斯坦石油产量占世界总产量的 2.0%，天然气产量则占世界总产量的 0.5%。[①]哈萨克斯坦已经成为世界主要能源生产国家之一。

随着哈萨克斯坦能源产业的迅速发展，哈萨克斯坦近年来也逐渐成为世界主要的能源出口国家，石油和天然气成为哈萨克斯坦主要的出口货物之一。2008 年哈萨克斯坦的 7 200 万吨石油产量中本国消费仅 1 100 万吨，其余主要供出口所需，2013 年本国消费为 1 380 万吨，剩余约 7 000 万吨可供出口。2008 年哈萨克斯坦 169 亿立方米天然气产量中，本国消费为 89 亿立方米，其余约 80 亿立方米则可供出口，而到 2013 年，哈萨克斯坦天然气消费量为 114 亿立方米，剩余约 70 亿立方米可供出口。[②]

哈萨克斯坦近年来石油和天然气产业的迅速发展和产量的迅速增加，主要原因在于其拥有一系列比较成熟的高

---

① *BP Statistical Review of World Energy 2014*.
② 同上。

产稳产油田,特别是田吉兹油田、卡拉恰加纳克油气田和卡沙甘油田等。

1. 田吉兹油田可开采的石油储量约为 60 亿—90 亿桶,该油田经营公司为哈美合资的田吉兹—谢夫隆公司。油田日产量 1993 年为 2.5 万桶,2002 年增加到 29 万桶,约占哈萨克斯坦日石油总产量的 35%。2003 年 1 月,田吉兹—谢夫隆公司与哈萨克斯坦政府达成协议,投资 30 亿美元用于扩大油田的采油工程,据估计 2010 年该公司日产量可将达到约 70 万桶。

2. 卡拉契亚加纳克油田位于哈萨克斯坦北部与俄罗斯相邻地区,可开采储量估计大于 24 亿桶,另外该油田还拥有 16 万亿立方英尺的天然气储量。油田由卡拉契亚加纳克联合公司经营,该联合公司是一个由英国"BG"公司和意大利埃尼公司共同领导的财团。1998 年,卡拉契亚加纳克联合公司投资 35 亿美元开发该油田。按照已知数据信息,该油田油气储量可开采 40 多年。该财团的目标是到 2010 年石油日产量达到 50 万桶。2003 年 4 月以前,该油田的石油绝大部分在附近俄罗斯境内的奥伦堡炼油厂加工。自 2003 年 4 月起,卡拉契亚加纳克油田修建了通向南部阿特劳炼油厂的石油管线,实现了该油田与哈萨克斯坦主要石油出口管线——里海财团管线的通连,从而降低了哈萨克斯坦能源出口对俄罗斯管道系统的依赖度。

3. 卡沙甘油田位于里海北部的哈萨克斯坦境内,为一海上油田,接近阿特劳市。根据现有的初步勘查结果,卡沙甘油田很可能是最近 40 年世界范围内发现的最大油田。

2001年2月,在哈萨克斯坦招标会上意大利埃尼公司中标,成为哈萨克斯坦海上国际经营公司("OKIOC")的作业方,之后不久"OKIOC"更名阿吉普哈萨克斯坦北里海经营公司("AgiKCO")。2002年6月,据该公司估计,卡沙甘油田的可采储量为70亿—90亿桶,再加上二次开采的潜力使得可开采总储量达到90亿—130亿桶左右,约合13亿—18亿吨左右。

哈萨克斯坦是个内陆国家,其本身没有任何出海口,里海虽然名为海,其实只是世界上最大的咸水湖泊而已。因此,哈萨克斯坦的能源出口除了直接出口给邻国以外,主要必须依赖其与邻国的陆地油气管道输送到邻国的港口。在20世纪90年代,哈萨克斯坦主要的输油管道网络依赖苏联时期形成的管道网络体系,总长度大约为7 900公里,其中主要有3条独立的输油管道经过哈萨克斯坦领土,担负起输送哈俄两国石油运输的任务。这3条经过哈萨克斯坦领土的主要输油管道为:

第一条是西哈萨克斯坦输油管道。这条输油管道主要输送田吉兹油田、库姆科尔油田、卡拉让巴斯等油田生产的原油运往哈萨克斯坦以及俄罗斯的炼油厂,比如阿迪劳石油炼制厂以及俄罗斯的萨马拉石油混装基地,然后再分配给俄罗斯境内的用户或向国外出口。

第二条是将哈萨克斯坦阿克纠宾斯克油田生产的原油输往俄罗斯炼油厂加工的管线。该管线全长362公里,其中的325公里位于哈萨克斯坦境内。上述第一和第二两条管道的共同点是由南向北运输石油,即由哈萨克斯坦油田运往俄罗斯境内,在俄罗斯境内加工或出口国外。

第三条管线则是东哈萨克斯坦和中亚石油运输管线。这条线路不同于另外两条的是由北向南输油,即从俄罗斯境内的鄂木斯克市向哈萨克斯坦境内的巴甫洛达尔炼油厂和希姆肯特炼油厂以及向中亚其他国家的炼油厂输油。同时,这条管线也可以将哈库姆科尔油田生产的原油运往希姆肯特炼油厂。

随着哈萨克斯坦能源产业的发展,能源出口量的迅速增加,原来的管道系统已经不能符合哈萨克斯坦的需要,甚至限制了哈萨克斯坦的能源产业的发展和能源出口。包括田吉兹油田在内的一些大油田有时候不得不限产。因此,从20世纪90年代后期开始,哈萨克斯坦逐渐开始以各种形式修建新的油气输送管道,以适应本国能源经济的发展。其中包括哈萨克斯坦与外资合作建设的里海石油运输管道,即从田吉兹油田通往俄罗斯新罗西斯克港的输油管道工程,该管道一期工程最大运油量可达到2 800万吨。该管道二期工程还将提高1.5倍运能接近7 000万吨。2008年哈萨克斯坦石油出口总量约为6 000万吨,因此在未来,由该管道将有能力承担运输哈萨克斯坦出口石油的大部分。在这条运输管道建成后,哈萨克斯坦将不仅能大幅提高石油生产量和出口量,而且能够在今后40年中从该管线获得大约110亿美元的运输费。[1] 此外,从哈萨克斯坦乌

---

① 仲庆文.哈萨克斯坦石油天然气工业:历史,现状,前景.东欧中亚市场,2000(5).

津市通往中国新疆阿拉山口的东线输油管线也于 2005 年
修通开始运油,该管线的年输油能力达到 2 000 万吨。

从未来趋势看,哈萨克斯坦将成为世界上越来越重要
的能源生产和出口国家,这主要基于哈萨克斯坦丰富的能
源资源。据最新统计数据表明,2013 年,哈萨克斯坦已探
明的石油可开采储量为 39 亿吨,占世界总量的 1.8%,储采
必为 46.0;已探明可开采天然气储量为 1.5 万亿立方米,占
世界总量的 0.8%,储采比为 82.5。按照哈萨克斯坦的人
口计算,哈萨克斯坦是世界上资源最丰富的地区之一。按
照哈萨克斯坦现在的石油和天然气产量计算,已探明的石
油储量可继续开采约 46 年,天然气可继续开采约 82 年。[1]

二、哈萨克斯坦的能源战略

目前,哈萨克斯坦的主要经济支柱是能源和原材料出
口,国家财政收入对能源工业依赖较大,特别是石油工业。
因此,哈萨克斯坦在独立伊始便将石油天然气等能源工业
列为优先发展的工业部门。1997 年 10 月,哈萨克斯坦总
统纳扎尔巴耶夫在提交的国情咨文中展望该国至 2030 年
发展远景,充分肯定了哈萨克斯坦石油天然气工业要优先
发展的方针,认为这些工业部门是哈萨克斯坦获取外汇收
入的主要来源之一,也是哈萨克斯坦政治稳定、经济发展以
及国家安全的重要保障。

由于哈萨克斯坦立国历史短暂,能源产业发展基础也

---

[1]　*BP Statistical Review of World Energy 2014.*

不深厚,因此哈萨克斯坦独立后并没有明确成文的能源资源总体战略发展规划。其能源发展战略主要表现在各个部门发展纲要中(如里海油气发展战略、电力发展战略、天然气发展战略等)和石化工业发展规划中(如《2004—2010 年石化工业发展规划》《2008—2013 年石化工业发展规划等》)。

由于哈萨克斯坦新增的油气探明储量主要位于里海水域,所以 2003 年 5 月哈萨克斯坦政府曾经专门颁布《哈萨克斯坦里海地区开发计划》,对里海地区的油气开发进行了战略规划,该规划共分三个实施:第一阶段(2003—2005 年)是打基础阶段,即通过大力吸引国内外投资,为综合开发创造条件,具体应对里海地区综合评估、组建国家石油天然气集团、建立统一的国家油气资料数据库、对北里海项目跟踪监控、开发新的石油出口路线、进行勘探开发招标、积极发展海洋石油及相关行业等;第二阶段(2006—2010 年)是加速开发阶段,即继续努力提高油气产量;第三阶段(2011—2015 年)是巩固成果、稳定开采阶段,即通过继续开展大规模的勘探开发和吸引国内外投资,最终把里海地区的石油产量于 2015 年提高到 1 亿吨,成为世界第 6 大石油产国,并维持 25 年到 30 年。同时,通过油气开采带动石化工业和其他领域的发展,并扩大就业和保护生态环境。

2008 年,哈萨克斯坦总理马西莫夫在欧亚能源论坛开幕式上再次明确了能源多元化战略和能源出口渠道的经济合理性、安全性和实用性战略,表明了哈萨克斯坦在国际能源市场上永远扮演负责任的可靠伙伴角色的立场。

2011年3月,哈萨克斯坦根据"资源立国"战略公布了《2011—2015哈萨克斯坦石油与天然气部战略规划》,制订了国内三大炼油厂——阿特劳炼油厂、巴甫洛达尔炼油厂和希姆肯特炼油厂在2015年加工石油应达到1750万吨的战略目标。

虽然哈萨克斯坦没有明确成文的总体能源发展战略规划,但哈萨克斯坦对于能源产业对于自身长远发展以及作为外交工具的战略重要性是有充分认识的。哈萨克斯坦总体纳扎尔巴耶夫在多次国情咨文中对哈萨克斯坦的能源发展做了阐述,事实上勾勒出了哈萨克斯坦能源战略的基本思路。

2004年3月,纳扎尔巴耶夫总统在国情咨文中提出要以发展能源经济为契机把哈萨克斯坦建成"有竞争力的国家"。

2006年,纳扎尔巴耶夫总统发表了题为《跻身世界50名最具竞争力国家的发展战略》年度国情咨文。在咨文的第一部分和第二部分都涉及了能源发展战略问题,从而基本确立了未来哈萨克斯坦能源战略的基础。

在2008年2月的国情咨文中,纳扎尔巴耶夫总统再次重申了政府要加强对重要的国民经济部门和战略资源,即能源的控制,必须加大主要经济体在重大合资投资项目中的参与程度。

2010年1月,纳扎尔巴耶夫总统又在国情咨文中提出了《2020年前发展战略》,其中对未来5—10年的能源产业布局做了较细致的规划。

综合上述哈萨克斯坦关于能源发展的陈述,哈萨克斯坦能源发展战略的主要内容大致包括:

第一,未来哈萨克斯坦能源发展的目标定位。确定了自然资源和能源的开采、加工和出口是哈萨克斯坦经济的支柱产业,能源业是其经济腾飞的基础和契机,提高油气产品的国际竞争力、建立能源国际合作是哈萨克斯坦融入世界经济一体化进程的重要突破口之一。

第二,哈萨克斯坦未来能源发展的基本政策。提出了"开放式的能源利用政策"的概念。首先是指能源合作的透明度和稳定性,即在与主要地区邻国和跨国公司的能源合作中要努力扩大透明度、保障能源供应的稳定性,为能源合作创造有利条件。其次,开放式的能源利用政策还意味着能源出口的多样化,这种多样化政策的具体内容包括:1. 出口对象的多样化,尽可能地将哈萨克斯坦的石油天然气资源出口到更多的国家和地区;2. 多样化是指能源出口途径的多元化,通过修建不同的管线输出哈萨克的油气,从而保障能源的稳定供应;3. 能源出口的多样化还意味着收益的多样化,即借助出口石油和天然气,使国家不仅获得经济收益,而且可以取得政治利益和安全利益的最大化;4. 能源出口的多样化是指出口产品的多样化,除输出原油和天然气之外,还应发展油气产品的深加工,提高本国产品在世界市场上的竞争力,并争取进入国际能源业的中上游环节。

第三,哈萨克斯坦实现能源发展战略的主要手段。主要是提高加工技术和能源利用效率。哈萨克斯坦国政府将从今年开始实施《哈萨克斯坦近十年内石化产业发展总纲》，提出在注重油气产品的深加工以及先进技术的引进、推广和利用的基础上，还应提高提高能源业、开采业的工作效率和经济回报率。以能源业作为经济发展的重要突破口，并带动其他各个产业部门的发展：使每一个油气田成为工商业发展的整体飞地——从现代服务业的发展到最先进的工程技术与程序设计技术的研发、推广和利用。

第四，提出哈萨克斯坦能源出口的目标定位是成为世界上稳定可靠的能源供应国。对于能源出口国而言，能源安全主要是指能源的输出（供应）安全。如何保障按时、定量地向能源消费国出口石油、天然气是哈萨克斯坦能源输出的关键性问题。它不仅要求油气田的产量有所保证，而且还要求油气管线畅通无阻，更要求产地和中转运输地的地区安全局势有所保证。哈萨克斯坦希望未来在世界能源消费国中树立一个可靠的能源供应国的形象。

第五，哈萨克斯坦对外能源合作的基本方向。主要是开展能源合作和地区一体化。1.开展能源合作是哈萨克斯坦尽快融入地区经济一体化的重要途径。要想成为全球范围内具有竞争力的国家，必须具有相应的经济实力。而成功融入地区经济一体化、世界经济全球化进程则是哈萨克斯坦经济发展的重要突破口，能源又是哈萨克斯坦经济的支柱产业，以能源为契机，开展能源领域的地区合作和国际合作可以提升哈萨克斯坦在欧亚地区的经济地位、促进地区经济合作。2.吸引外资，尤其是世界知名跨国公司加入油气田的开采以及能源产品的深加工，在引进先进技术设备的同时加强能源业的国际交流合作。[①]

基于纳扎尔巴耶夫总统提出的能源发展战略,哈萨克斯坦今后的能源发展将体现出如下趋势:

1. 哈萨克斯坦将更加注重国际能源合作,与世界上主要石油企业建立起长期伙伴关系,引进国外的资金和先进技术,促进自身石油天然气工业的迅速发展,并以此带动哈萨克斯坦国家经济和社会发展等问题的解决。

2. 哈萨克斯坦将努力建立起完备的石油天然气运输管道体系,实行能源出口多样化战略,并且避免过度依赖一个邻国或者受制于一个用户的情况。因此,哈萨克斯坦除了继续使用和维护原来与俄罗斯的油气管道网络外,开通向东的中哈萨克斯坦石油管道,并准备修建向西接入西方国家建设的 BTC 管道的输油管道,并考虑继续修建通往其他国家地区的油气管道。

3. 哈萨克斯坦将利用自身的石油天然气资源优势加强与世界各大国的关系,通过与西方和其他大国石油企业的各种合作来巩固国家独立、加快经济发展。

4. 哈萨克斯坦将通过吸引外资方式来改善和加强哈萨克斯坦能源基础设施,以满足能源产业自身的需求和提高能源企业在国际市场上的竞争力。

5. 哈萨克斯坦将更合理地使用石油收入,以使国内社会各领域各阶层均能分享国家能源资源所带来的利益。

---

① 李晓春. 哈萨克斯坦打造多元能源合作空间. 环球时报. 2006 年 2 月 20 日;哈萨克斯坦总统历年国情咨文.

第三节　伊朗能源发展状况及能源战略

伊朗是中东地区重要国家之一，在中东地区扮演着举足轻重的角色。伊朗也是上海合作组织首批观察员国。伊朗位于亚洲大陆西南部，北邻亚美尼亚、阿塞拜疆、土库曼斯坦以及里海，西与土耳其和伊拉克接壤，东面与巴基斯坦和阿富汗相连，南面濒临波斯湾和阿曼湾，领土面积 163.6 万平方公里。国土绝大部分在伊朗高原上，海拔一般在 900—1 500 米之间，仅西南部波斯湾沿岸与北部里海沿岸有小面积的冲积平原。伊朗人口约 7 000 万，它是一个多民族的伊斯兰国家，有波斯、阿塞拜疆、库尔德、阿拉伯及土库曼等民族，其中波斯人占 66％，阿塞拜疆人占 25％，库尔德人占 5％，伊斯兰教（什叶派）为国教。伊朗是个自然资源非常丰富的国家，有铜、煤、铅、锌、重晶石、锰、硼砂等各种矿藏，尤其是石油天然气资源更是世界闻名，其西南部地区与波斯湾中富有石油与天然气，藏量居世界前列。经济以石油开采业为主，胡齐斯坦为石油工业区与重要出海门户，也发展炼油与石油化工，以及钢铁、机械等工业部门，石油产业是伊朗的经济命脉，石油收入占全部外汇收入的 90％。伊朗是欧佩克成员国，也是欧佩克中仅次于沙特阿拉伯的第二大原油出口国。

一、伊朗能源发展状况

伊朗的石油能源产业起源于 20 世纪初。1901 年 5 月，当时的伊朗王国政府迫于财政压力与英国代表威廉·诺克斯·达西签订《石油勘探开发租让协议》，英国公司获得了除北部五省以外伊朗境内所有石油、天然气的开采权和经营权。1908年5月，伊朗首次成功开采出石油，伊朗成为中东地区石油工业的发源地。不久后，英国开始在伊朗阿巴丹地区建造伊朗国内第一个炼油厂，并修建输油管线、储油、运输和码头等基础设施。1913年，伊朗开始实现石油出口。之后，英国政府开始成为英伊石油公司最大股东，掌握了伊朗的主要石油开采和经营业务。

第二次世界大战前，英国在伊朗的石油资源产业中拥有主导性优势，但是伊朗所拥有的丰富石油资源逐渐成为欧美列强争夺的焦点。第二次世界大战期间，伊朗成为反法西斯阵营美英苏三大国政治经济军事往来的重要地点，同时，三大国也越来越关注伊朗的石油资源。美英两国的各大石油公司都对伊朗石油表现出浓厚兴趣，相继派各自代表前往伊朗与伊朗政府谈判，希望能够获得在伊朗的石油开采权。当时的苏联政府也派出代表前往德黑兰，要求能够开采伊朗北部的石油资源。第二次世界大战结束后，伊朗政府财政收入对石油利润依赖日益加深，英伊石油公司则通过控制伊朗石油的开采从而石油控制了伊朗经济命脉。但是伊朗政府和人民则希望能够不再接受英伊石油公司对伊朗石油资源的掠夺，同时也要求废除美国在伊朗的租让权。

1949年，伊朗民族主义运动开始兴起，伊朗首相穆罕默德·摩萨台在议会中提出了《石油国有化法案》，法案迅速得到伊朗各界的大力支持。到1951年3月14日，伊朗议会通过了《石油国有化法案》,宣布伊朗将对石油资源实行国有化政策,取消外国公石油公司在伊朗的特许权,同一年,伊朗国家石油公司(NOIC)宣布成立。

1953 年,由于对伊朗民族主义政权不满,美国中央情报局开始策划并推翻了伊朗摩萨台政府,重新稳固了巴列维国王政权,取代了英国和苏联在伊朗的霸主地位,由此获得了可观的政治和经济利益。1954 年,伊朗政府与进驻伊朗的包括英伊石油公司、英荷壳牌公司、5 家美国石油公司和法兰西石油公司等达成协议,伊朗国家石油公司作为业主,受雇佣的国际石油财团则负责伊朗石油的生产和海外销售,双方各自均享伊朗出口石油利润。该协议的签署使伊朗得以吸纳了大量的世界石油资本以及相关先进技术,伊朗的石油产量也为之大增。

进入 20 世纪中期,伊朗大力发展石油工业,石油工业成为伊朗经济的支柱,其石油收入也从 1964 年的 5.5 亿美元迅速上升到 1974 年的 230 亿美元。从 1962 年到 1970 年,伊朗经济的平均增长率达到了 8%,1973 年到 1978 年则达到了 6.9%。[①] 源源不断的石油收入使得伊朗有了充足的财源,各种基础设施和工业部门得到了迅速发展,伊朗的国力和国际地位也显著提高,伊朗迅速从原来的农业国家转变成石油产业为主的工业国。

1979 年伊朗爆发了宗教领袖霍梅尼领导下的伊斯兰

---

① 张铁伟编著. 列国志·伊朗. 社会科学文献出版社,2005. 14 页.

革命,推翻了巴列维国王政府,建立了伊朗伊斯兰共和国。革命后成立的新政府宣布取消国王时期与外国签署的一切有关石油天然气的经济合同,完全收回石油天然气领域伊朗的国家权益。接着美国和西方世界对伊朗开始实行经济制裁,伊朗不得不采取限制石油生产生产、增加石油储备的能源政策。作为伊朗经济支柱的石油工业遭到严重打击。1980年,两伊战争爆发。长达8年之久的两伊战争双方的主要交战地点也正好位于波斯湾沿岸伊朗的主要石油产地,伊朗的石油工业因此再遭重创,使得伊朗国民经济连续呈负增长。石油外汇也迅速减少。

1988年两伊战争结束后,伊朗石油产业才逐渐恢复。在战争中遭到巨大损失的伊朗面临国家重建的艰巨任务。当时伊朗拉夫桑贾尼政府调整了伊朗的外交和经济政策,开始改善和恢复伊朗与东、西方国家之间的关系。实行有限度的经济开放政策,发展伊朗同西欧国家的经贸关系,积极引进外资和西方国家的先进技术设备,重新确立了把石油工业作为伊朗经济的核心与支柱的方针。新经济政策使得伊朗经济较快地走上了复苏的道路,尤其是石油工业。伊朗的石油日产量从1990年的平均320万桶逐渐上升到1995年的360万桶。在总产量提高的同时,伊朗石油的出口量也逐渐增加,每日石油出口量也从220万桶稳步上升至260万桶。[①] 石油工业的恢复,为伊朗迅速恢复国民经

---

① 陆瑾.伊朗石油工业的历史与现状——兼论石油与政治的关系.西亚非洲,2007(11).

济和进行战后重建提供了坚实保障。1995年,伊朗再一次调整经济政策,继续加大对外合作力度,把伊朗的油气领域逐渐对外开放,允许外国石油企业开始进入石油工业。石油外汇收入的增加为恢复国民经济和战后重建提供了有力保障。1995年伊朗进一步调整经济政策,加大了对外合作的力度,本国的油气领域逐渐对外国公司开放。因伊朗宪法规定"绝对禁止向外国人提供租让地,以开办贸易、工业、农业、矿业和服务业公司与机构",伊朗国家石油公司遂采取"产品回购"的变通方式吸引外国公司投资参与油气开发项目。起初只允许国外公司投资参与海上资源开发,直到1998年才对国外公司放开陆上油田开发项目。

由于伊朗革命后美伊关系持续紧张,1996年美国通过了"达马托法",对那些在伊朗进行较大规模能源投资的外国公司进行制裁。尽管如此,很多外国公司仍然不愿放弃伊朗的巨大能源市场。法国、俄罗斯、中国、日本以及挪威等国的数十家著名石油天然气公司投资参与了伊朗的油气项目。2007年4月,欧洲颇具规模的奥地利石油和天然气集团公司进入伊朗,与伊朗国家石油公司达成能源合作协议,合同期为25年,合同金额达到了300亿美元。[①] 除此之外,著名的英荷壳牌石油公司、西班牙的国家石油公司以及法国、中国等多家国际知名公司也都参与了伊朗的各种能源合作项目。

迄今为止,伊朗已经吸引了数百亿美元的外国投资用

---

① EIU. *Country Report - May 2007 Iran*, p. 28.

以改造老油田和开发新油田,石油产量也稳步上升,2005年伊朗日产石油达到390万桶,而2006年则超过了400万桶。另外,近年来伊朗还发现了数个规模较大的新油田,使得伊朗油气资源储存量大大增加,从而确立了伊朗作为世界能源大国的地位。在这其中包括了1995年被发现的达尔霍温陆上油田,1999年被发现的阿扎德甘油田等。2001年,伊朗还宣布在波斯湾近海水域发现了储量较大的新油田,该油田被命名为达什特埃阿巴丹油田。现在伊朗全国已探明储量的油田有约100个,在这其中包括74个陆上油田,26个海上油田。已投产的陆上油田有33个,已投产的海上油田有16个。另外伊朗还有陆上天然气田28个,其中16个已投产,海上天然气田6个,其中3个已投产。伊朗油气盆地主要位于阿尔卑斯山—喜马拉雅山褶皱体系内,分布在南里海盆地南缘、厄尔布尔土褶皱带、中央山间盆地、扎格罗斯褶皱带、扎格罗斯山前褶皱带、阿拉伯地台(海上卜鲁特地块7个大地构造单元)大部分原油储量分布在与伊拉克接壤的胡泽斯坦地区和波斯湾。天然气主要分布在胡泽斯坦地区欢南帕尔斯地区。据最新数据统计,2013年,伊朗已探明可开采石油储量216亿吨,占世界总量的9.3%,当年生产原油1.661亿吨,占世界生产总量的4.0%,储藏开采比率达到130(即按照现有产量可开采130年);天然气储量为33.8万亿立方米,占世界总储量的18.2%;该年伊朗生产天然气1 666亿立方米,占世界生产总量的4.9%,储采比达到203(即伊朗在现有存储基础上可以开采202年);伊朗本国消费石油0.929亿吨,消费天然气1 622亿立方米。① 2004年12月的美国《石油情报周刊》公布了世界最大50家石油公司名单,其中伊朗国家石油公司位居第三位。② 该项排名是根据各石油公司的石油储藏量、天然气储藏量、石油生产量、天然气生产量以及石油炼制能力和油品销售量等6项指标综合统计后排出的。伊朗国家石油公司能排序第三位,主要是因为伊朗所拥有的石油和天然气的巨大储量。

自从20世纪50年代的石油国有化运动,特别是20世纪70年代以后,石油工业是伊朗经济的主要支柱。20世纪80年代的两伊战争和90年代国际油价大跌使得伊朗政府意识到过度依赖石油收入的弊病。因此,近年来伊朗政府开始提倡和鼓励非石油产品的发展和出口,希望通过经济结构的多元化发展来摆脱对石油资源的过度依赖。此外,2007年伊朗政府还设立了政府控制的石油稳定基金,用来应对国际市场原油价格大幅波动对国家财政支出的影响。进入21世纪以来,由于国际油价的迅速攀升,石油工业依然是伊朗发展最快的部门。2006年,石油工业的增长率高达9%。大量的石油收入带动了伊朗经济的持续中速增长,缓解了其他经济行业不甚景气的状况,而且为伊朗大力发展军工业、对外输出伊斯兰革命、资助巴勒斯坦和黎巴嫩真主党等亲伊朗政治派别的活动提供了财政来源。

---

① *BP Statistical Review of World Energy 2014.*

② 陆瑾.伊朗石油工业的历史与现状——兼论石油与政治的关系.西亚非洲,2007(11).

二、伊朗的能源战略

在可以预见的未来,伊朗将是未来世界能源的主要生产者和供应者之一,其能源地缘经济地位十分显著。能源产业将不仅是伊朗经济的重要支柱,而且也将是伊朗政治和安全战略的主要基础。目前,伊朗正利用自身有利的能源地缘政治地位,在国际政治中大打"能源牌",其中包括:积极吸引外资,提高伊朗能源企业的发展水平,为伊朗获取最大油气地缘经济利益;积极参与跨国油气管线项目,发展伊朗与中亚、俄罗斯、阿拉伯等国家的经济合作关系。通往伊朗周边地区的油气管线也是伊朗控制周边产油区、影响国际能源市场的重要杠杆,是伊朗能源外交和地缘政治博弈的重要工具。

伊朗能源战略和政策经过不断发展和演变,现在其主要内容逐渐明晰,根据伊朗政府的历年政策文件及其实施状况,其未来能源发展战略主要包括以下几部分:

首先,在总体目标上,确立伊朗能源产业在经济发展和外交战略中主导地位,以能源来谋取国家利益,促进本国经济改革和发展。同时利用能源出口以及能源国际合作,改善伊朗地缘政治处境,加强与俄罗斯、中国、欧盟、印度以及日本等大国的合作关系,抗衡美国对伊朗的遏制政策,"集中力量防止美国统治集团国家霸权主义与国家恐怖主义双管齐下政策的锋芒指向伊朗,造成不可估量的后果"。[①]

---

① 杨诗源,杨兴礼. 新世纪伊朗能源外交浅析. 西亚非洲,2006(7).

其次,在实施政策与策略上,伊朗制定了如下政策:首先是大力支持伊朗本国能源大公司积极开展境外业务。伊朗能源外交政策主要是通过支持国家主导的伊朗国家石油公司的境外活动来实施的。进入 21 世纪以来,伊朗逐渐开放油气工业领域,积极吸引外国投资、利用世界先进技术为本国油气工业的发展服务。2005 年 1 月,伊朗国家石油公司与印度签署了价值 400 亿美元的合作协议。伊朗国家石油公司还派出代表前往菲律宾进行考察,研究在菲律宾南部岛屿上建设石油储备设施的可能性。其次是加强与邻国的合作,谋求地区局势的稳定,为伊朗自身发展营造创造良好周边安全环境,改善与各阿拉伯国家的关系。近年来伊朗把外交重点放在重新修好与海湾国家,特别是与沙特阿拉伯的关系方面。从 1997 年起,伊朗和沙特两国高层就频繁互访,在经贸、能源以及安全等诸多领域展开了广泛的合作。伊朗还利用自身在石油输出国组织(欧佩克)中的影响,扩展同海湾及阿拉伯世界各国的交往,谋求获得它们的理解与支持以抵御美国对伊朗的经济制裁。此外,伊朗还利用拥有多处油气管道的优势,优先考虑向最大的两个邻国土耳其和巴基斯坦出口油气资源,通过这种油气合作来巩固和发展与土、巴两国的良好关系,建立伊斯兰世界的统一战线,分散美国对伊朗的战略压力。

第三,伊朗还将在未来努力强化自己在国际能源格局中的地位,其具体举措包括:一是扭转近年来伊朗在开发中亚资源的竞争中处于不利的地位。苏联解体后,美国和土耳其向中亚的大举渗透使得伊朗向中亚扩大影响的步伐受到很大牵制,并且在中亚伊朗有被边缘化的可能。美国总统和国务卿里海能源问题外交特别顾问约翰·伍勒福认为:"无论过去、现在还是将来,我们绝不支持横贯伊朗境内的任何管道运输建设方案,包括有可能扩大伊朗在该地区作用的交易。"①二是与美国以外的世界大国实现合作,推动能源外交多向化、重点化。现在伊朗主要通过与俄罗斯、中国、欧盟和日本等国家和地区发展能源合作,深化合作关系,以保持能源外交的选择性和灵活性,应对乃至打破美国对伊朗的全面遏制。伊朗还与俄罗斯在里海问题上通力合作,在里海疆域划分原则上,里海沿岸各国有着不一样的标准,俄罗斯认为里海其实是一个巨大的"湖",因此里海资源应由沿里海五国共同分享,任何一国对里海资源的开发,都应该在与沿岸其他国家协商后才可进行。伊朗表示同意俄罗斯的立场。由此可见,里海是联系俄罗斯和伊朗两国能源合作关系的重要纽带。

1997 年 9 月,伊朗与法国道塔尔公司为首的国际财团签署了帮助伊朗开发海湾近海气田的协议。此项协议金额达 20 亿美元,是欧洲国家首次对伊朗能源领域进行的重大投资。1999 年 3 月 1 日,法国埃尔夫-阿基坦石油公司和意大利的国家碳化氢公司与伊朗签署了帮助伊朗开发近海油田的协议(金额为 10 亿美元)。这是欧洲国家对伊朗能源部门进行的第二次重大投资,是对美国制裁伊朗政策的又一挑战。伊朗通讯社 2002 年 10 月 20 日报道称,伊朗和欧

---

① 中亚信息,2000(3).13 页.

盟 19 日在德黑兰联合成立了能源合作办公室,旨在加强双方在石油和能源领域的合作。伊朗还积极开拓印度油气市场。为避免对东北亚市场的过度依赖,增加伊朗、印度两国关于地区安全与合作方面的共识,2005 年 1 月 8 日,印度政府与伊朗国家石油公司签署了一项价值 400 亿美元的协议。根据伊—印两国石油协议,印度承诺在 25 年中从伊朗进口天然气,并帮助伊朗发展两座油田和一座天然气田。此外,印度石油和天然气公司(ONGC)还将获得伊朗最大的海上油田亚达瓦兰 20%的股份。伊朗还积极开展同中、日两国的能源合作。2004 年 2 月,伊朗和日本签署了价值 20 亿美元的石油开采合同,两国将共同开发伊朗西南部巨大的阿扎德甘油田,阿扎德甘油田是世界上蕴藏量最大的油田之一,已探明储达到 260 亿桶。伊朗积极同中日两国的石油公司开展能源合作,其目的在于促使这两个世界能源消费大国产生对伊朗油气资源产生的依赖性,从而为伊朗进一步深化与中日两国的合作创造有利条件;同时,伊朗也希望借此机会,将这种双边合作关系导向政治合作与多国合作的方向,从而对美国形成有效的制约。

第四节　印度能源发展现状及能源战略

印度位于亚洲南部,是南亚次大陆最大的国家,也是上海合作组织首批观察员国之一,2015 年 7 月,上海合作组织已经启动吸收印度为正式成员国的程序,未来印度将成为上海合作组织正式成员国。印度与巴基斯坦、中国、尼泊尔、不丹、缅甸和孟加拉国为邻,濒临孟加拉湾和阿拉伯海,海岸线长 5 560 公里。印度全境分为德干高原和中央高原、平原及喜马拉雅山区等三个自然地理区,面积居世界第七位。2013 年印度人口已经超过 12 亿,在世界上仅次于中国,其中最多的民族印度斯坦族占 46.3%,其他包括泰卢固族 8.6%,孟加拉族 7.7%,马拉地族 7.6%,泰米尔族 7.4%,旁遮普族 2.3% 等,其中约有 82% 的居民信奉印度教,其次为伊斯兰教(12%)、基督教(2.3%)、锡克教(1.9%)、佛教(0.8%)等。

印度是一个自然矿产资源非常丰富的国家,主要矿产资源包括铝土、煤、云母、铁矿石、铬铁矿、锰、锌、铜、铅、钛、钍、铀、钻石、磷酸盐等。印度经济以传统耕种、现代农业、手工业、现代工业以及其他支撑产业为主。自 20 世纪末以来,印度经济的发展较为迅速,与中国、俄罗斯、巴西、南非一起被称为"金砖国家",尤其是 IT 产业发展迅速,已成为全球最主要的资讯服务业生产国、电脑软件出口国。相对而言,印度的石油天然气资源比较贫乏,能源产业的发展与日益增长的经济规模和需求相比起来显得有点力不从心。

一、印度能源产业的发展状况

印度虽然是一个领土面积广大,自然资源丰富的国家,但是石油天然气资源及其产业的发展却一直是其短板,无论是现有存量和产量还是远景,面对日益扩展的经济规模都显得力不从心。据最新统计数据,2013 年,印度的已探明可采石油储量仅为 8 亿吨,仅占世界总量的 0.3%,储采比仅为

17.5;已探明天然气储量为 1.40 万亿立方米,仅占世界总量的 0.7%;2013 年,印度的石油产量为 4 200 万吨,消费量为 17 520万吨,印度的天然气产量为 337 亿立方米,而消费量是 514亿立方米。① 显然,印度本土的能源产业远远不能满足经济发展的需求。现在印度能源发展还面临着不少挑战。从以下关于印度历年能源生产消费和进口状况的表格中可以看出,经济的较快发展和对外能源依赖越来越大形成了鲜明对比,也是现在印度经济发展的一个重大约束因素。

表 3-3　印度的石油供求状况　　单位:万吨

年　份	产　量	消费量	净进口量
2000	3 420	10 610	7 190
2003	3 540	11 310	7 770
2005	3 460	11 960	8 500
2008	3 610	13 850	10 240
2010	4 080	15 540	16 200
2013	4 200	17 520	19 050

资料来源:历年 BP Statistical Review of World Energy 统计数据。

表 3-4　印度的天然气供求状况　单位:亿立方米

年　份	产　量	消费量	净进口量
2000	264	264	0
2003	295	295	0

---

① BP Statistical Review of World Energy 2014.

年　份	产　量	消　费　量	净进口量
2005	296	357	61
2008	306	414	108
2010	508	630	122
2013	337	514	161

从上述两表可以看出,进入 21 世纪以来,随着印度经济的较快速发展,印度石油和天然气消费量以较快速度逐年增加,2013 年的石油和天然气消费量皆比 2000 年增加一倍左右,现在印度已经是世界上仅次于中国、美国和俄罗斯的第四大能源消费国。但由于印度本国石油和天然气资源有限,其产能提高远远不能满足印度自身需要,因此,其石油和天然气资源进口量与日俱增,这种状况对于印度的能源战略有着重大影响。

首先,印度能源安全目前面临着来自国内和国外两个方面的严峻挑战。就国内因素而言,印度本土资源有限,能源生产的各项基础设施薄弱,政府也未能制定一项长期而统一的能源发展政策,印度的环境污染问题也十分严重,印度政府相关部门制定正常和执行政策的效率均不够高。从外部条件看,由于印度自身能源产量不足和随着经济发展日益增长的能源消费需求迅速增加之间的矛盾越来越明显,如何能够以合理的价格从国际市场获得稳定的能源成为印度目前非常重要的目标。

一般而言,一个国家或者经济体的能源需求与该国或该经济体的经济发展和增长保持着一定的正函比关系。
自20世纪90年代以来,印度政府积极推行"新经济改革"
政策,印度经济的发展颇为引人注目,成为"金砖国家"之
一。随着经济的增长和人均收入的提高,印度对能源的
需求和依赖程度也开始大大增加,能源需求总量也迅速
攀升。1992年印度的能源需求总量为17.16亿吨石油单
位,到2001年增加为24.21亿吨石油单位;商品能源需
求从1992年的1.99亿吨石油单位,增加到2001年的
2.25亿吨石油单位。[1] 据估计,到2020年之前,印度商
品能源需求将以每年3.8%—4.3%的速度递增,即便经
济呈低速增长,届时印度的石油需求年增长率也将达到
2.3%,在亚洲国家居首位。[2] 与能源需求的不断增长的
情况相对应,印度本国的已探明能源资源却是有限的,石油
和天然气供应的缺口都较大。2008年,印度进口原油1.
277亿吨,天然气107.9亿立方米。[3] 石油和天然气的对外
依赖程度分别是约3/4和1/4,对原油的需求2011—2012
年度达1.9亿吨,同期印度国内生产的原油仅能满足消
费的19%,这就意味着有81%依赖进口。印度目前能源
总需求量占世界平均水平的8%,但到2025年将增加到

　　[1]　Bhupendra Kumar Singh, *India's energy security*, The Hindu, June9,2003.

　　[2]　Gurneeta Vasudeva, *Energy Security Concerns for the US and South Asia: A convergence of interests*.

　　[3]　*BP Statistical Review of World Energy 2009*.

20％左右。[1] 按照印度政府有关部门的评估,以 1989—1990 年度指标(16.24％)为基数,能源进口在印度经济基本商品能源供应总量中的份额到 2019—2020 年度最高可增加到 37.82％。石油的自给能力在 1989—1990 年度大约为 59％,到 2019—2020 年度将跌至低于 13％的水平。印度经济由此将会严重依赖能源进口和变幻莫测的国际市场。如果印度在未来不采取具体措施减少能源消耗,其外贸收支状况将会进一步恶化。[2]

其次,印度的能源消费结构也存在很多问题。除石油、天然气外,印度其他能源的现状也不容乐观。印度煤炭资源丰富,但使用煤炭的副作用较大,环境成本较高。印度是《京都议定书》的签署国,按照相关义务,必须谨慎对待能源污染问题。印度境内河流众多,利用水力发电生产可再生能源的潜力巨大。但从现状看,印度目前的主要水电项目几乎都与邻国间存在着争议,电力短缺始终是印度的老大难问题。印度拥有充足的铀、钍等核能资源,也已经建造了一定数量的核电站,但未能完全解决成本偏高、安全隐患较大等问题。在印度目前的能源消费结构中,煤炭与石油仍然是比例最大的,尤其是石油机器制成品消费呈稳步增长态势,且增长率超过煤炭。

---

① 张力.印度的能源安全:挑战与应战.南亚研究季刊,2004(2).

② *India's Energy Scenario in 2020*, www.Worldenergy. org/wec-geis/ publications/ default/ tech-papers/ 17th-congress/ 1 - 1 - 27. asp.

　　第三,印度的能源管理机制还比较落后。印度政府的石油、天然气、煤炭、电力等能源管理部门改革进行得并不顺利彻底,还存在着较严重的官僚主义,效率较低。例如,印度虽然名义上实行了取消能源的计划价格、缩小颁发许可证的范围、推动能源市场自由化等改革措施,但是政府依然决定着能源部门的各项事物。印度取消计划价格的是试图为能源商品创造一个开放的自由的市场环境,但实际情况却未尽如人意。印度国家石油天然气公司(ONGC)和印度石油有限公司(OIL)是印度目前负责石油、天然气开发的两家大型国有公司,此外还有一些私营或合资企业从事油气勘探与生产业务。在1973年世界石油危机发生之后,印度曾经加强了政府对能源部门的控制力度,对一些外国在印度的公司实行了国有化政策,不少国有企业也开始投资煤炭、石油和电力等能源部门。现在印度鼓励外国资本向印度国内能源企业进行投资,但政策效果并不明显。为吸引外资进入印度能源领域,印度于1991年通过了一项分阶段自由化计划,决定从2002—2003年度起放开国内煤炭、石油和天然气的价格,松动了对能源部门的行政监管。即便如此,西方跨国公司依然认为投资印度能源部门的经营成本较高,印度的经济自由化程度依然不足,对外资吸引力十分有限。①

---

　　① Asia-Pacific Center for Security Studies, *Energy Security in the Asia-Pacific: Competition or Cooperation?* 1999, Honolulu, Hawaii.

二、印度能源发展战略

根据目前印度面临的非常脆弱的能源安全状况,为了应对迅速增长的能源需求,保障基本能源安全,印度政府目前已经开始实施一些政策和措施以保障自己的能源发展安全。这些策略和措施是综合性的,既要进一步发掘本国油田潜力,也要致力于开拓海外石油资源。同时要规划建设多方位、系统性石油保障体系和风险规避机制。

1. 能源战略总体目标

印度能源发展的主要目标并不在于尽可能地提高本国的能源自给度,这是印度现有自然条件无法达到的。印度现在是公认的新兴发展国家和"金砖四国"之一,其经济发展仍处于上升通道之中,在未来,印度经济的发展对能源的需求将是巨大的,能否保证这种需求是印度未来能源战略的核心内容。因此,保障印度能源总体安全是印度能源战略的最主要目标,这包括保障未来印度能源需求的稳定供给、保障能源进口多元化的各种渠道、改善印度的能源结构、能源利用效率和印度的能源地位。

2. 未来能源战略的主要政策和措施

首先,充分挖掘国内能源资源的潜力。2002年3月印度政府推出了《2005年印度碳氢产品发展规划》,其中主要措施包括:在传统的可能产油地区最大限度开展油气资源的勘探和开采工作;在一些传统的非产油盆地和未开发地区则要扩大勘探努力,尤其是要增强对东、西沿海地区和深海区段的开发力度;规定在一定时限内对印度国内沉积盆地的油气资源储藏状况作出较准确的评估;努力使所有现存油田以及未开发油田的废弃资源回收利用达到最佳状态。

其次,着手建立石油战略储备,规避石油价格风险,防止国际局势动荡而导致的印度石油供给风险,减弱国际石油市场价格的波动对印度油价的冲击。在伊拉克战争期间,印度政府提出把增强石油战略储备作为国家重大战略决策予以重视,表明了印度对石油供应一旦中断以及国际能源市场油价剧烈波动的担心,强调了以各种手段处置和环节能源领域的突发事件的必要性。目前,印度的炼油企业一般拥有可维持大约15天的原油和石油制品的储备。据估计,为了保证最低限度的能源供给安全,印度必须保有至少能满足45天需求的战略储备,这意味着印度将为此投入约450亿卢比。[1]

第三,积极开展石油外交,实施"走出去"战略,在全球范围寻求能源资源。印度设想通过参与或控股等形式在世界其他产油(气)国和地区获得份额油(气),从而可以逐渐实现能源供应的多源化,加大能源保障的安全系数。近年来印度已经在越南、俄罗斯远东地区、伊朗和非洲等地取得了一些成效。2001年2月,印度国家石油天然气公司与俄罗斯签署长期协议,获得了俄罗斯萨哈林油田20%的开采份额,从2005—2006年度起,该油田的石油天然气产品将开始向印度供应。该公司在越南也取得了有关天然气项目

---

① Sudha Mahalingam, *Energy vulnerability*, The Hindu, March 2,2004.

中的45%的开采份额,从2002—2003年度起越南已开始向印度提供天然气。该公司还在非洲的苏丹与其他国家合资开采石油资源并获得了25%的份额。[①]

第四,积极筹划建设从外部通往印度陆上能源输送管道。例如从伊朗途经巴基斯坦通往印度的天然气管线计划,还有从中亚途经伊朗、巴基斯坦或者是阿富汗通往印度的天然气输送管道方案等。这些管道的修建,一方面可以向印度提供快捷和安全能源进口通道,另一方面也可以提高印度的能源地缘政治地位。但是所有这些管道修建计划的成功实施目前都存在着政治障碍,主要是印度与邻国的关系问题,比如巴基斯坦对这些计划就持不合作态度。因此,从长远看,印度要改善这种能源地缘政治环境,必须使南亚地区安全环境得到改善以及印度与邻国、特别是与巴基斯坦关系的正常化。

第五,努力寻求能源供应多元化的渠道。目前印度的石油进口主要来源于西亚和中东地区的沙特阿拉伯、伊朗、阿拉伯联合酋长国、科威特和卡塔尔。印度的原油进口方式有3种,即期限为1年的长期政府间合同、期限为3个月的供应合同和现货买进。[②] 与该地区其他主要进口国一样,印度的经济也受到几次油价振荡和供应中断的影响。显然,这种进口集中在一个地区,而且是一个地缘政治经常

---

① C. Raja Mohan, *Sakhalin to Sudan: India's energy diplomacy*, The Hindu, June 24, 2002.

② 张秋明. 印度能源安全与政策浅析. 国土资源情报, 2005(11).

出现激烈动荡的地区将会给印度带来很大的能源安全隐患。印度正力图使其能源来源多样化,特别是要从距离较近的南亚、东南亚的缅甸、马来西亚、印度尼西亚、文莱、越南以及中亚国家寻求原油和天然气进口途径。

第六,优化能源结构,推动各种能源相对均衡发展。印度的能源战略中一个重要构成要素就是要求提供清洁的、能负担得起的能源,以减少能源使用过程中对环境的负面影响。这其中包括开发和利用核能。印度原子能委员会主席卡科德尔卡博士于2003年就透露,印度正在建造8座核电站,其中六座是重水反应堆,两座是轻水反应堆,计划于2008年初竣工,届时印度的核电装机容量将增至6 700兆瓦。他认为,作为一个能源缺乏的国家,为保障能源安全,利用核能发电乃是最佳选择。[1] 积极发展新能源和可再生能源。目前印度拥有世界第五大的风力发电装机容量,高达1 870 MW,其中1 806 MW的装机容量来自商业项目;印度还是世界最大的太阳能电池模板的制造国之一,印度的太阳能发电用于多个领域,同时印度还对一些可再生的能源展开研究,包括氢能、地热能和海洋能源。从印度的实际情况来看,加快开发和利用替代石油产品对改善印度能源结构,保护生态环境保障国民经济可持续发展,都具有十分重要的战略意义。

在上述印度能源战略框架中,考虑到印度今后能源对

_____

① 董涛.印度石油安全形势与经济战略.集团经济研究,2005(9).

外依赖度的不断加大,如何加强印度与能源出口国关系以保障能源需求、加强与其他能源进口国家在国际能源市场上的合作都是印度特别重视的,其主要措施包括:

(1) 积极构建南亚地区能源中心,搭建多渠道的能源输送路线,积极加强同周边国家的能源合作。伊朗向来与印度关系比较密切,自进入21世纪以来,印度尤其重视与伊朗的能源合作,希望把从伊朗进口的石油从目前的500万吨提高到850万吨。20世纪90年代以来,印度就拟铺设从伊朗经巴基斯坦到印度的天然气输送管道,拟建管道全长2 600公里,耗资35亿美元。2008年8月29日伊朗总统内贾德到印度访问时表示,三国将在未来45天内解决和完成与此天然气管道项目有关的所有悬而未决的问题和协议。印巴双方于2008年8月25日达成一致,同意2009年启动天然气管道建设。同时,印度也不断加强同卡塔尔、科威特和沙特等中东国家的能源合作关系。2005年4月卡塔尔埃米尔哈马德访问印度,加强能源尤其油气合作是双边会谈的主题之一。2006年4月印度石油天然气部长穆利·德奥拉访问卡塔尔,与其能源工业部长商讨了双边能源合作问题。2006年6月科威特埃米尔谢赫·萨巴赫访问印度期间,双方发表了联合声明,表示要加强能合作。2006年1月沙特国王阿卜杜拉访问印度,双方发表了《新德里宣言》,表示建立战略性能源伙伴关系。该宣言的主要内容包括:沙特保证稳定并持续增加对印度的原油供应;两国能源部门在两国及第三国开展勘探开发合作;沙特可以在印度石油精炼、市场销售和石油储存等方面进行投资及在沙特建立以天然气为原料的印度—沙特合资化肥制造厂。21世纪以来,印度还积极推动缅甸和孟加拉国通往印度的天然气管道建设。印度打算从孟加拉国和缅甸进口液化天然气(LNG)或压缩天然气。中亚的哈萨克斯坦和土库曼斯坦也是印度政府看重的能源市场。目前,印度石油天然气公司和印度天然气公司联合购买了这两个国家的石油和天然气,并且就铺设经由阿富汗到达印度的油气管道的构想已达成共同意向。另外,斯里兰卡有着丰富的深海资源,有可能是未来潜在的能源储藏大国,因此,印度加大了与其进行深海勘探的合作,并购买了斯里兰卡270个加油站,控制其市场30%的份额。2005年印度石油公司在斯投资超过30亿卢比。

俄罗斯和中国是印度能源战略中值得特别重视的国家。铺设从俄罗斯到印度的油气管道的构想引起了印度政府的高度重视,有许多战略家提出印度应考虑这条油气管道经过中国。这主要是因为考虑到油气管道的安全问题,虽然这条线路存在地理条件和资金成本上的困难,但印度政府仍然十分重视这条线路的战略意义。

(2)除考虑建立以印度为中心的能源输送网络以外,印度还加强同其没有直接地缘政治关系的海外能源生产国在能源勘探、开采、购买股权等方面开展合作,扩大能源尤其是石油和天然气的稳定供给和储备。目前,印度石油天然气公司已经在苏丹投资了714亿美元,与其共同开发油气资源。2005年始,印度石油公司一直在同法国石油公司进行谈判,为收购法国在非洲的勘探资产,2005年2月,印度石油公司获得在利比亚的 Sirte 勘探石油的土地使用权。2007 年印度石油和天然气部长穆利·德奥拉先后访问了阿尔及利亚、埃及和利比亚等非洲国家,签署或商讨能源合作事宜。2007 年 10 月印度总理辛格访问了非洲产油大国尼日利亚。近年来,印度还大力推进与非洲国家的关系。尤其是 2008 年以来,辛格政府以前所未有的积极姿态推动印非关系的发展。2008 年 4 月由印度主办的首届印非论坛峰会通过了《新德里宣言》和印度非洲合作框架协议,背后主要原因之一就在于非洲在世界能源地缘政治中的地位越来越重要。委内瑞拉是中南美洲地区石油和天然气资源最为丰富的国家,也是在印度战略中占有较重要位置的国家。2005 年 3 月,印度同委内瑞拉签订了在该国进行石油勘探及石油开采的合作协议。印度石油公司购买了圣克里斯托瓦尔油田 49% 的股权,与委内瑞拉国家石油公司共同开发。委内瑞拉还进一步表示,愿意向印度长期供应原油。

(3) 加强同亚洲能源消费大国尤其是与中国的合作关系,希望通过合作来稳固和扩大印度能源阵地。

(4) 同时积极同发达国家开展在节能技术、可再生能源领域的合作。在节能技术、发展可再生能源方面,印度积极与日本、美国、澳大利亚和德国等发达国家进行合作。2005 年 9 月 29 日,印日双方共同签署了在能源领域进行综合性合作的共同声明文件,规定除了在石油、天然气领域进行积极合作以外,日本还将向印度提供先进的节能技术。2006 年印度与南非和巴西共同签署了《关于生物质燃料的谅解备忘录》,建立三边联合工作组。

（5）积极同以美国为首的核工业发达国集团合作，发展核能。进入 21 世纪以来，印度同大多数的西方核大国达成了核能合作与开发的协议。2006 年 3 月布什访问印度期间，双方签订印美民用核能合作协议。2006 年 7 月 26 日美国众议院通过了美国与印度的民用核能合作协议。此外，印度与其他西方核大国也积极开展民用核能合作：2005 年 9 月英国同意与印度就民用核能进行合作；2006 年 2 月，法国总统在访印期间与印度达成民用核能合作协议；同年 4 月印度总理访德期间，德国表示将视美国的态度和印度发展包括民用核能在内的能源合作。

从上述印度实施能源战略的主要政策和措施分析，可以看到印度把对外能源合作放到了举足轻重的地位，作为一个石油天然气资源匮乏的经济大国，经过各种国际合作途径来获得自己的能源安全地位，是主要途径，这其实不仅对印度是如此，对其他类似国家也有相同的意义。而这种政策也必然对本国和相关国家的外交政策和能源政策产生重大影响。

第五节　其他成员国与相关重要国家的能源发展状况与政策

在上海合作组织内，与俄罗斯、中国、哈萨克斯坦、伊朗和印度这些能源生产和消费大国相比，其他一些成员国无论是在能源生产和消费领域以及进出口领域中的重要性都比较小，但他们也起着一定的作用。

一、乌兹别克斯坦

乌兹别克斯坦是深居中亚内部的国家,乌兹别克斯坦西北濒临咸海,周边与哈萨克斯坦、吉尔吉斯斯坦、塔吉克斯坦、土库曼斯坦和阿富汗五个内陆国家毗邻,总面积为44.74万平方公里,人口约2 500万。乌兹别克斯坦处于联结东西方和南北方的中欧中亚交通要冲的十字路口,是对外联系和各种文化相互交流的活跃之地,也是著名的"丝绸之路"上的古国,历史上与中国通过"丝绸之路"有着悠久的联系。

乌兹别克斯坦自然资源丰富,但经济结构单一,加工工业较为落后,农业、畜牧业和采矿业比较发达。现探明有近100种矿产资源,主要有天然气、煤炭、石油、有色金属、黄金、铜、铅、锌和稀有金属等,其中天然气资源主要分布在卡拉库盆地东北部边缘的查尔米和布哈拉台阶地区,石油资源多集中在东部天山褶皱带的费尔干纳盆地。

乌兹别克斯坦的石油开采历史可以追溯到19世纪末期,1885年开始在费尔干纳两口油井采油,天然气开采则始于1953年。在苏联时期的1991年乌原油最高产量为150万吨。苏联解体,乌兹别克斯坦独立后经济一度处于困境,能源产业也陷入停顿,汽油、柴油和机油供应都曾出现紧缺。直到20世纪90年代中期以后,外资陆续进入乌兹别克斯坦能源产业,能源产业才逐渐恢复,到1995年,乌兹别克斯坦开始实现了原油自给。据最新统计,2013年,乌兹别克斯坦已探明可开采石油蕴藏量为1亿吨,天然气蕴藏量为1.1万亿立方米,同年石油产量为290万吨,天然

气产量为 552 亿立方米。同年石油消费量为 330 万吨,天
然气消费量为 452 亿立方米。① 由此可见,乌兹别克斯坦
石油基本自给自足,根据其已有蕴藏量和产量而言,没有太
大的出口前景,天然气则尚具有相当的生产可出口潜力,近
几年,乌兹别克斯坦的天然气出口量一直维持在 100 亿立
方米左右。

目前乌兹别克斯坦能源产业发展的主要特点是:

1. 吸引外资进入油气勘探开发领域。乌由于本国在
资金技术和专业人员方面的原因,无法完全依靠本国力量
勘探新的油气田、铺设油气管道和建设炼油厂,因此引进外
资来帮助本国能源产业发展就成为乌兹别克斯坦的重要策
略。现在,俄罗斯、英国、美国、法国、日本、意大利等国家皆
涉入了乌兹别克斯坦能源领域。2001 年英国乌兹别克有
限公司取得了在乌斯丘尔特高原找油和勘探许可证,这个
海拔几百米的高原没有人烟,被称为“乌兹别克的西伯利
亚”。美国“基罗克”、“德罗赛尔—兰德”和日本—尼桑—伊
万公司建设了乌油田的压缩站,法国的“德克尼普”、日本
“马鲁本尼”等公司帮助新建了布哈拉炼油厂,日本三菱、本
田参与改造费尔干纳炼油厂等。2001 年 7 月 24 日,俄罗斯
卢克石油公司、“伊杰拉”国际集团公司和乌兹别克斯坦石
油天然气公司签署了联合开发布哈拉—希瓦和基萨尔油气
区以及在乌境内进行地质勘探协议。

2000 年 4 月 28 日,H. 卡里莫夫总统颁布乌兹别克斯

---

① *BP Statistical Review of World Energy 2014*.

坦共和国总统令,制定了"吸引外资勘探及开采石油、天然气的措施",决定为提高勘探工作的有效性、吸引外资进入共和国经济领域创造便利条件,确定在乌斯丘尔特地区及其他具有石油天然气储量前景的地区加大勘探及开采力度,在指定的石油天然气产区实施地质勘探工作,期限25年。为引入从事勘探油气的外国公司提供以下最优惠条件,保障给所组建的合资企业或按租赁条件向外商提供在一定的石油天然气产区进行找矿和勘探工作,以及之后在指定的任何地区进行开采的排他性权力;如果在合同中所规定的地区未出现具有工业开采价值的资源,外商拥有获得在新地域继续探矿开发的优先权;有权拥有和无限制地出口按合资企业注册文件或开发租赁合同中所规定的采出油气,包括所加工的成品。在向国有骨干公司"乌兹别克石油天然气"公司转让有工业价值的资源产地开发权时,其要保证补偿用在勘探工作的实际支出。对外资企业放宽限制条件,可不缴纳一部分税项。

2. 干枯的咸海威胁着乌兹别克斯坦的能源安全。乌兹别克斯坦境内卡拉卡尔巴克自治共和国(首府努古斯,位于乌斯丘尔特高原,咸海南部、南与土库曼斯坦、西部和北部与哈萨克斯坦接壤),人口120万。该自治共和国正面临咸海生态环境日益恶化的严峻局面。主要的灾难来自咸海和毗邻地区生物资源的消亡。咸海在最近30年里,水位下降了数米,从前的海面已变成了几个大咸湖,出现季节性干枯。土壤侵蚀面积扩大,空气污染可达几十、上百公里。可以说咸海地区正在发生生态灾难。其将引起深远的政治、经济后果。哈萨克斯坦、土库曼斯坦甚至俄罗斯都会受到影响。该共和国与中央政府的关系紧张程度有日益加深的趋势,这主要是因为一方面中央政府在保护咸海环境方面无所作为,另一方面,不打算与卡拉卡尔巴克划分这个自治共和国的油气资源。乌兹别克斯坦中央政府认为,共和国的资源绝对归中央所有。这一地区分裂情绪正在加强,在未来有可能对乌兹别克斯坦本国甚至整个独联体能源—燃料综合体的发展产生直接影响。原因在于,第一,目前整个中亚天然气都需要通过卡拉卡尔巴克地区的运输体系进入俄罗斯的管道系统出口,第二,在卡拉卡尔巴克境内有一个乌斯丘尔特高原,据估计该地区有着丰富的油气资源。乌中央政府目前正在努力吸引投资商开发卡拉卡尔巴克地区,而卡拉卡尔巴克自治共和国手中握有对塔什干施加压力的杠杆。从该共和国有中亚—中央天然气过境系统的两条管线和一些压缩站。这两条中亚天然气干线连接着乌兹别克斯坦和土库曼斯坦的气田和独联体国家天然气市场(其中包括阿塞拜疆、亚美尼亚和乌克兰)。过境输气量每年约 400 亿立方米。一旦卡拉卡尔巴基亚关闭管道阀门,将给中亚天然气开采国每年造成 20 亿美元的损失。

二、土库曼斯坦

土库曼斯坦在获得独立后,执行中立政策,成为世界上为数不多的中立国。但是由于传统的历史关系,土库曼斯坦与上海合作组织的成员国都有着较密切的联系,而且土库曼斯坦也是较重要的天然气出口国,因此本书也将土库曼斯坦列为与上海合作组织关系重要的国家加以研究。

土库曼斯坦位于中亚西南部的内陆国。西濒里海,北邻哈萨克斯坦,东北部与乌兹别克斯坦接壤,东界阿富汗,南部是伊朗,面积为 491 200 平方公里,是仅次于哈萨克斯坦的中亚第二领土大国,80%的领土被卡拉库姆大沙漠覆盖,人口约 700 万。石油和天然气是土库曼斯坦国民经济的支柱产业,农业主要种植棉花和小麦。矿产资源丰富,主要有石油和天然气。该国绝大部分土地是沙漠,但地下蕴藏丰富的石油和天然气资源。土库曼斯坦天然气储量占世界第 12 位、独联体第 2 位。随着国际市场天然气价格逐年走高,土库曼斯坦的天然气开发愈发成为各方关注的焦点,特别是土库曼斯坦属里海地区逐渐成为油气勘探开发的主要热点地区。

土库曼斯坦油气开发形成了独特的"西油东气"的历史现象。西部为土库曼石油公司的油田,东部为土库曼天然气的领地,从 2000 年起已趋于打乱这一相当明显的界限。西部油气田出口方向为伊朗和哈萨克斯坦,第二个方向是 2000 年重新修复的穿过此地的中亚—中央天然气管道,该管道连接土库曼斯坦—乌兹别克斯坦—哈萨克斯坦—俄罗斯和乌克兰。

土库曼斯坦的石油资源主要蕴藏在土库曼斯坦西部沿里海地区,主要是里海盆地边缘低地和切列肯附近海底的上新世地层,在行政区划上基本属于巴尔坎州及土属里海区域,主要油田有科图尔捷佩和巴尔萨克尔梅兹。截至

2006 年初,土库曼斯坦已发现 34 个油田和 81 个含天然气的凝析油田,其中有 20 个油田和 38 个天然气凝析油田正在开发,有 4 个天然气凝析油田正准备开采,有 14 个油田和 39 个天然气凝析油田处于勘探过程中。独立后,土库曼斯坦的石油产量不断提高,现在每年约产 1 000 万吨。其中,2000 年产量为 720 万吨,2001 年为 830 万吨,2002 年为 910 万吨,2003 年为 1 000 万吨,2004 年为 950 万吨,2005 年为 950 万吨,2006 年为 1 100 万吨。土库曼斯坦国家石油集团生产的石油约占开采总量的 80%,其余部分由土库曼斯坦国家天然气集团和国家地质集团开采。

　　土库曼斯坦的天然气主要蕴藏在土库曼斯坦东部,主要是马雷州捷詹河和穆尔加布河之间的东土库曼斯坦地台的中生代地层,卡拉库姆盆地东南坳陷带,在行政区划上主要属于马雷州。积极开发里海资源关系到国家油气工业的发展前景。据土库曼斯坦油气工业与矿产资源部估计,在土库曼斯坦所属里海的 2 000—7 000 米深处集中了大量烃类资源:约有 120 亿吨石油和 6.2 万亿立方米天然气,4/5 以上的烃类集中在深度大于 3 公里的油气聚集带。在中里海和南里海两个大型含油气盆地,有可能发现新的油气田。土库曼斯坦全国现已发现 149 个天然气田,其中陆上气田 139 个,里海大陆架气田 10 个。这些气田中,有 54 个气田正在开采,11 个气田准备开采,73 个气田和 11 个凝析气田处于勘探过程中。现有规模比较大的气田主要有格泽尔古姆、欧尔杰克利、艾吉扎克、南埃克列姆,规模比较大的凝析气田有卡杜杰别、鲍萨克贝梅兹、古伊杰克、卡克列达克、埃克列姆等。进入 21 世纪后土库曼斯坦的天然气产量逐年提高。据独联体统计委员会的数据,2000 年开采 472 亿立方米,2001 年 513 亿立方米,2002 年 533 亿立方米,2003 年 591 亿立方米,2004 年 583 亿立方米,2005 年 630 亿立方米。2008 年共开采 661 亿立方米。全国约 84.5% 的天然气由土库曼斯坦国家天然气集团生产,其余 15% 由国家石油集团开采。土库曼斯坦每年国内消费天然气不足 200 亿立方米,其余全部出口,主要出口对象是独联体国家和伊朗。对独联体国家的出口几乎全部经由俄罗斯的管道,最大消费者是乌克兰,此外还有格鲁吉亚、亚美尼亚、阿塞拜疆、摩尔多瓦、哈萨克斯坦等。[①]

据统计,2013 年土库曼斯坦已探明可开采石油蕴藏量为 1 亿吨,天然气探明储量为 17.5 万亿立方米,占世界总量的 9.4%;2013 年,土库曼斯坦石油产量为 1 140 万吨,天然气产量为 623 亿立方米,占世界天然气生产总量的 1.8%,而同年土库曼斯坦的石油消费量为 630 万吨,天然气消费量为 223 亿立方米。[②] 由此可见,土库曼斯坦有一定的能源出口潜力,尤其是天然气,近几年土每年出口 400 亿到 500 亿立方米。

土库曼斯坦能源发展的一个显著特点是与俄罗斯合作关系较为紧密。2002 年 1 月 21 日尼亚佐夫总统访问俄罗斯。两国总统决定成立俄土经济合作跨政府委员会。俄方

① 土库曼斯坦能源简介. 国土资源情报,2009(10).
② *BP Statistical Review of World Energy 2014.*

主席为能源部部长尤素福夫,当年 2 月初他访问了土库曼斯坦,正式启动该委员会机制。双方探讨了能源领域、金融、经贸、文化和人文领域的合作。特别强调了在确定里海法律地位问题上的相互协作。

2001 年 12 月上旬俄罗斯政府通过了《关于与土库曼斯坦政府开展天然气领域合作的协议》草案。文件的有效期定为 10 年,如果任何一方没有提出中断合作,可顺延 5 年。协议的正式合作期为 2002 年至 2012 年。俄土合作的方向:1. 土库曼向俄罗斯出售天然气,交货地为土库曼—乌兹别克边境。2. 在土库曼斯坦境内按《产品分成协议》条款组织天然气共同勘探开发项目。3. 向土库曼斯坦出售俄罗斯设备、工艺和服务,以发展土库曼的天然气基础设施。此外,双方相互承诺研究向第三国共同出口天然气的可能性。若上述条款得到落实,意味着俄罗斯和土库曼天然气综合体准备实现一体化,建立单一的能源平衡体系。莫斯科负责土库曼斯坦天然气的运输和销售,阿什哈巴德保证向俄罗斯的开采和服务型公司提供活动空间。

当然,同为天然气出口国,俄土也存在许多利益分歧,两个天然气大国作为竞争对手,近十年来不止一次地在欧洲市场、乌克兰市场和土耳其市场发生利益碰撞。

土库曼斯坦能源发展第二个特点是土库曼斯坦斯坦天然气出口国的重要地位及其天然气出口管道方案。目前土库曼斯坦的天然气出口方向主要有 4 个:一是向南,对阿富汗和伊朗等国出口。除管道外,土库曼斯坦每年都通过公路和铁路向伊朗出口液化气;二是向西,以海运的方式经里海向欧洲出口;三是向北,通过管道,经乌兹别克斯坦、哈萨克斯坦和俄罗斯出口;四是向东,通过中土天然气管道,经乌兹别克斯坦和哈萨克斯坦向中国出口。

土库曼斯坦现有天然气管道约 8 000 公里。目前正在使用、正在建设以及计划兴建的天然气出口管道主要有 5 条:

一是"中央—中亚管道",该管道于 1967 年开建,1974 年建成,设计年运输能力为 800 亿立方米,但因设备老化,目前实际运力为 300 亿—400 亿立方米。目前,土库曼斯坦天然气占俄罗斯从中亚进口天然气总量的大部通过此管道运输。

二是"土哈俄沿里海管道",该管道沿里海岸边,从土库曼斯坦经哈萨克斯坦到达俄罗斯。因年久失修,现已经停止使用。但 2007 年 5 月 12 日,土库曼斯坦、哈萨克斯坦和俄罗斯 3 国总统发表声明,同意在原有管线旁平行铺设一条新管线。计划从土库曼斯坦境内"别列克"加压站到俄哈边境"亚历山德罗夫加伊"计量站,与现有的"中央—中亚"输气管道交汇后进入俄罗斯境内,设计最大年运输能力为 300 亿立方米。

三是"土伊管线",从土库曼斯坦的克尔佩泽到伊朗的库尔德库伊,1995 年 7 月尼亚佐夫总统访问伊朗时,两国签署了修建土伊天然气管道协议。该管道全长约 200 公里,土库曼斯坦境内 140 公里,设计最大年输气量为 280 亿立方米。这是土库曼斯坦第一条不经过俄罗斯领土的天然气出口管道,于 1998 年 9 月开始运营。

四是"中土天然气管道"。该管线共穿越 4 个国家,全长约 1 万公里,其中土库曼斯坦境内长 188 公里,乌兹别克斯坦境内长 530 公里,哈萨克斯坦境内长 1 300 公里,其余约 8 000 公里位于中国境内。土库曼斯坦的气源主要来自阿姆河右岸气田群。天然气从阿姆河右岸土库曼斯、乌兹别克斯坦边境出发,经乌兹别克斯坦中部(布哈拉—拜穆拉特)和哈萨克斯坦南部(希姆肯特—阿拉木图),最后从阿拉山口进入中国,再经乌鲁木齐、兰州、西安,到达南昌,进而延伸至上海和广东,为长三角和珠三角经济区提供能源。因此,该管线也被视作中国的"西气东输二线"。设计年运力 300 亿立方米,与"西气东输一线"的运力基本相当。

五是"土印管道"。该管道从土库曼斯坦境内达乌列塔巴特气田开始,经阿富汗的坎大哈进入巴基斯坦的木尔坦,最终到达巴印边境的法基尔卡,全长 1 680 公里,其中土境内长 145 公里,阿富汗境内长 735 公里,巴基斯坦境内长 800 公里。设计年输气能力为 200 亿立方米。造价约 76 亿美元,设计年输气量 330 亿立方米,其中阿富汗将接收 50 亿立方米,其余由巴基斯坦、印度两国平分。该管道最早由土库曼斯坦、阿富汗和巴基斯坦 3 国于 2002 年签订政府间框架协议。2008 年 4 月,有关各方在伊斯兰堡举行了天然气管道指导委员会第 10 次会议,同意接收印度加入该管线项目,并由 4 国政府签署了天然气管线框架协议。根据协议,该管线预计于 2010 年开建,预计 2015 年建成。

土库曼斯坦天然气资源极其丰富,但由于其内陆国家的地理特征,使得如何使其天然气能够顺利快捷的运往国外成为一个焦点,其中最突出的就是输气管道问题。现在土周边各国都在争取修建通过自己领土的输气管道以利于自己进口土的天然气或者是从土出口天然气中得益。包括俄罗斯、中国、阿富汗和巴基斯坦都有类似的努力。鉴于土库曼斯坦敏感的地理位置,使得不同国家提出的不同的输气管道方向都带有了明显的地缘政治竞争的意味。

三、巴基斯坦

巴基斯坦是与印度、伊朗和蒙古一起于 2005 年成为上海合作组织观察员国的,2015 年 7 月,上海合作组织启动了吸收巴基斯坦为正式成员国的程序。虽然巴基斯坦自身无论是在能源资源禀赋、能源生产以及进出口方面的分量在上海合作组织内部都是非常轻微的,但是由于巴基斯坦的地理位置,使得巴基斯坦对于上海合作组织内部的能源合作也有着一定的影响力。

巴基斯坦位于中亚地区南部,濒临印度洋,北部是隔阿富汗与中亚地区相望,西部与伊朗相邻,东部与中国和印度相连。因此,从理论上说,中亚地区的能源出口可以利用巴基斯坦的出海口,伊朗向中国和印度出口能源可以利用巴基斯坦作为陆上通道从而获得更经济的效果。

2006 年 2 月,时任巴基斯坦总统的穆沙拉夫访问中国,向媒体表示巴基斯坦有兴趣成为中国的能源走廊。巴基斯坦媒体称巴有兴趣成为中国能源走廊。[1] 这个能源走

---

① 新浪网. http://finance.sina.com/j/20060219/09512354395.shtml.

廊一般的含义是指修建从巴基斯坦到中国的铁路以及从伊朗经过巴基斯坦领土的油气运输管道。虽然从目前的地缘政治现状分析,巴基斯坦的这种设想无论在政治上还是经济上还有很大的障碍,但却表明巴基斯坦并不想在上海合作组织内部的能源合作中仅仅是一个无关紧要的旁观者。

第四章 中国与上海合作组织
国家的能源合作

上海合作组织自 2001 年诞生以来，各成员国在政治、经济、安全和人文合作领域进行了卓有成效的合作，大大促进了中亚地区的和平稳定以及各成员国和相关国家间的友好合作关系。随着上海合作组织的深入发展和各成员国间各种双边及多边合作关系的不断深入，如何利用各成员国已经拥有的优势条件，积极开展各种形式的能源合作，进而把能源合作作为上海合作组织发展的一个重要内容已经逐渐成为上海合作组织所有成员国的基本共识。中国和各相关国家互相之间的能源合作也已经获得了相当的成就。

第一节 上海合作组织国家能源
合作的由来及其特点

一、上海合作组织国家能源合作的由来

上海合作组织的能源合作是成员国之间加强互相信任与睦邻友好、开展经贸合作、促进共同发展的重要任务之一。自从 2001 年上海合作组织成立以来，各成员国和观察

员国按照《上海合作组织宪章》中确立的经济合作原则和合作战略,在该组织框架内进行了大量能源合作的工作,并取得许多重要成果。

上海合作组织的人口数量约16亿(占世界总人口数的24%),若加上观察员国的约14亿人口,上海合作组织实际拥有的人口约为30亿左右,超过世界总人口的40%。2013年,上海合作组织成员国GDP总量大约为11万亿美元。在上海合作组织成员国和观察员国中,俄罗斯、伊朗、哈萨克斯坦等国家是能源资源极其丰富、能源产量较大的能源出口国家,而中国、印度等国家则是能源资源储藏相对不够丰富,同时国内能源消费又较多的国家。因此,上海合作组织无论是在组织内开展互利互补的能源合作,还是在包括该组织成员国和观察员国共同参加的旨在解决世界能源问题的重大国际活动中,都有着巨大潜力并且能够发挥重大作用。

与政治安全、经济贸易、金融信贷、国防军事、环保科技、文化教育、交通信息等诸多共同感兴趣领域内的合作一样,上海合作组织的能源合作也经历了确定合作原则和战略、逐步完善合作机制、通过项目夯实合作基础三个途径。

2003年9月,上海合作组织成员国在北京举行的第二次总理会议通过了《上海合作组织成员国多边经贸合作纲要》,该纲要标志着上海合作组织区域内经济合作开始走上轨道。2004年9月,上海合作组织成员国又在莫斯科召开第三次经贸部长会议,讨论和确定了《上海合作组织成员国多边经贸合作纲要》"措施计划"草案,该草案包括了能源在内的一共11个领域、127个项目。

2006年9月，上海合作组织经贸部部长在乌兹别克斯坦首都塔什干会议上决定，成立旨在推动成员国能源领域合作的专业工作小组。同年6月，俄罗斯总统普京在上海合作组织成员国第六次元首理事会会议上发表讲话时说："我认为在上海合作组织框架内建立一个能源俱乐部的建议也是有益的。"这是成员国元首首次提出在上海合作组织内部形成多边性的能源合作集合体的设想。

2007年8月16日，上海合作组织成员国在吉尔吉斯斯坦首都比什凯克举行了元首理事会，各成员国元首们在会议上指出，上海合作组织框架内的经济合作已开始进入切实落实已经达成的有关计划和协议、开始进行能源交通和电信等领域内多方参与、共同受益的"示范"阶段。在这个进程中，上海合作组织的实业家委员会和新组建的上海合作组织银行联合体应起到重要作用。各国元首们强调，上合成员国在能源领域举行密切协作并制定共同立场非常重要。上海合作组织能源合作机制应该建立在开放的基础上，所有赞同上海合作组织宗旨和任务的国家和组织都可以参加。同时，各国元首们还注意到在环境保护和自然资源的合理利用方面必须采取共同措施的迫切性和重要性。2007年11月2日，在乌兹别克斯坦首都塔什干举行了上海合作组织成员国第六次总理会议，成员国总理对当年6月29日在俄罗斯莫斯科首次召开的上海合作组织能源部部长会晤的成果表示高度重视，强调成员国应该紧密合作，共同制定能源领域的一致立场，共同讨论相互间能源合作的前景，包括各成员国能源战略的对比问题。在会议上，俄罗斯总理祖布科夫指出："能源合作是上海合作组织最重要的工作方向之一",并且建议上海合作组织国家应该更积极地筹备成立能源俱乐部的工作。

2008年5月,俄罗斯总统梅德韦杰夫应中国国家主席胡锦涛的邀请访问了中国。两国领导人在会晤中指出:"能源合作是中俄战略协作伙伴关系的重要组成部分。中俄将继续开展在石油天然气和电力领域内的合作,其中包括大型双边合作项目。"两国领导人同时指出:"中俄将继续加强在能源领域的合作,双方商定将建立两国副总理级的能源合作协调机制。"两国领导人还认为,发展核领域的相互合作是双方经济合作的优先方向之一。双方表示对该领域内合作的成果感到满意,两国将继续开展在这方面的互利合作。

2008年10月30日,在哈萨克斯坦首都阿斯塔纳举行了上海合作组织成员国政府总理理事会例行会议,各成员国总理在会上指出:"应该根据会议新批准的《〈上海合作组织成员国多边经贸合作纲要〉落实措施计划》深化成员国各领域间的合作","应该集中力量开展为成员国相互间的贸易和投资创造稳定可靠的条件,强化市场机制;提高能源利用效率,利用可再生能源,合作开发清洁能源技术,共同保障能源安全等方面的合作"。

2013年9月13日,中国国家主席习近平在塔吉克斯坦首都杜尚别参加上海合作组织元首峰会时提出推动上海合作组织发展的四点主张,其中就包括"成立能源俱乐部,建立稳定供求关系,确保能源安全"。2013年11月29日,俄罗斯总理梅德韦杰夫在乌兹别克斯坦首都塔什干表示,俄方呼吁上海合作组织各成员国更为积极有效地探讨成立上海合作组织能源俱乐部事宜,并将此打造成各国开展能源项目对话的平台。梅德韦杰夫同时还提议,各方应深入探讨在上合组织框架下交通领域合作的前景。

总之,上海合作组织的能源合作从一开始就处在各成员国最高领导人的指导之下,并由各国相关部门和企业共同参与实施的。十多年来的时间里这种能源合作已经取得了相当成果。

上海合作组织成员国在各自的经济发展进程和世界能源形势变化的过程中逐渐认识到,各成员国(包括观察员国)之间不但存在着现实的能源合作基础和出口国与进口国的天然互补性,而且在各国的能源和经济发展战略中都认为在上海合作组织框架内开展经济领域的合作,尤其是能源合作是符合各国长远利益的,也是有利于上海合作组织的长远发展利益的。在最近几年的上海合作组织的元首峰会和总理会晤中,加强各种形式的能源合作越来越成为中心的话题,各国领导人也都提出了不同的设想和建议,展示了上海合作组织内部能源合作的巨大潜力。

二、上海合作组织能源合作的特点

1. 上海合作组织成员国及相关国家能源合作存在坚实的客观基础

上海合作组织成立十余年来各成员国在政治、经济、安全和人文合作方面取得了卓有成效的成果。今天,上海合作组织在国际事务中已居有重要地位。同时,从自然资源禀赋条件来看,上海合作组织框架内各成员国开展能源资源的互补合作也已经有着充分的物质基础。上海合作组织主要国家的能源基本情况见如下两表：

表 4 - 1　上海合作组织成员国和相关观察员国 2013 年底的
　　　　　石油储量、产量及消费量　　　　　单位：亿吨

国　家	储量	占世界储量	年产量	占世界总产量	消费量	占世界总量
俄罗斯	127	5.5%	5.314	12.9%	1.531	3.7%
哈萨克斯坦	39	1.8%	0.838	2.0%	0.138	0.3%
中国	25	1.1%	2.081	5.0%	5.074	12.1%
乌兹别克斯坦	1	0.04%	0.029	0.1%	0.033	0.1%
吉尔吉斯斯坦						
塔吉克斯坦						
成员国总计	192	8.4%	8.262	20.0%	6.776	16.1%
伊朗	216	9.3%	1.661	4.0%	0.929	2.2%
印度	8	0.3%	0.420	1.0%	1.752	4.2%
观察员国总计	224	9.6%	2.081	5.0%	2.681	5.4%
上海合作组织总计	416	18%	10.343	25.0%	9.457	21.5%

表 4 - 2　上海合作组织成员国及相关观察员国 2013 年底的
　　　　　天然气储量、产量及消费量

国　家	储量（万亿立方米）	占世界总储量	产量（亿方米/年）	占世界总量	消费量（亿立方米）	占世界总量
俄罗斯	31.3	16.8%	6 048	17.9%	4 135	12.3%
哈萨克斯坦	1.5	0.8%	185	0.5%	114	0.3%

续 表

国 家	储量（万亿立方米）	占世界总储量	产量（亿立方米/年）	占世界总量	消费量（亿立方米）	占世界总量
中国	3.3	1.8%	1171	3.5%	1 616	4.8%
乌兹别克斯坦	1.1	0.6%	552	1.6%	452	1.3%
吉尔吉斯斯坦						
塔吉克斯坦						
成员国总计	37.2	20.0%	7 956	23.5%	6 317	18.7%
伊朗	33.8	18.2%	1 666	4.9%	1 622	4.8%
印度	1.4	0.7%	337	1.0%	514	1.5%
巴基斯坦	0.6	0.3%	386	1.1%	386	1.1%
观察员国总计	35.8	19.2%	2 389	7.0%	2 522	7.4%
上海合作组织总计	73.0	39.2%	10 345	30.5%	8 839	27.1%

资料来源：上述两表根据 BP *Statistical Review of World Energy 2014* 制作。

由上述两表数据可以看到，到 2013 年底，上海合作组织成员国和相关观察员国拥有大约占世界五分之一的石油储量和四分之一的石油产量、占世界约四成的天然气储量和近三分之一的天然气产量。上海合作组织所有成员国和观察员国的石油储量（不包括吉尔吉斯斯坦、塔吉克斯坦、巴基斯坦等数量极少的国家）总计约为 416 亿吨，大约占世界总储量的 18%；上海合作组织国家的石油年产量为 10.343 亿吨，大约占世界总量的 25.0%。上海合作组织国家的年石油消费量总计为 9.457 亿吨，约占世界石油消费总量的 21.

5%,其中中国和印度两国的石油消费量就达到 6.826 亿吨,占到上海合作组织石油消费总量的 70%左右。上海合作组织国家的天然气储量非常丰富,但是其储藏分布很不均匀。上海合作组织国家的天然气储量总计 73.0 万亿立方米,约占世界总量的 39.2%;而天然气年产量则为 10 345 亿立方米,占世界总量的 30.5%。这其中的天然气储量主要分布在世界天然气储量最大的两个国家即俄罗斯和伊朗。各拥有10 多亿人口的中国和印度两个国家的天然气储量总和只占上海合作组织天然气总储藏量的大约 7%,但消费量却占上海合作组织天然气总消费量的 24%。另外,在考虑上海合作组织能源问题时,必须将天然气资源极其丰富的土库曼斯坦考虑在内。虽然土库曼斯坦既不是上海合作组织的正式成员国,也不是观察员国,只是主席联系国身份,但由于土库曼斯坦所处地理位置,其主要天然气出口方向均为上海合作组织成员国。2013 年的统计数字显示,土库曼斯坦天然气已探明储藏量为 17.5 万亿立方米,占世界总储藏量的9.4%,产量为 623 亿立方米,消费量为 223 亿立方米,出口量达到约 400亿立方米。[①] 无论是储藏量、生产量还是出口数量,都是上海合作组织能源合作的重要一方。

　　显然,上海合作组织国家间能源资源数量的差异和地理上相互接近,确实具有加强能源合作的天然互补性和有利的地理条件。能源出口是俄罗斯、伊朗、哈萨克斯坦等国家经济增长的主要推动力,这些国家增加对能源资源的开

---

　　① *BP Statistical Review of World Energy 2014.*

发力度和出口数量,是其不可替代的经济增长点;而中国和印度则是上海合作组织内最大的能源进口和消费国,中国经济的高速发展需要有源源不断的能源给以支撑,因此,上海合作组织内部能源出口国与进口国之间的能源合作有着很强的客观物质基础。

2. 成员国之间对能源合作具有较为迫切的主观愿望

扩大国际能源合作不仅是中国的要求,也是上海合作组织成员国的普遍愿望。目前,中国的能源进口来源主要依赖遥远的中东、非洲地区,而且必须大量租用外国船只通过海上运输通道运回国内、运输安全系数较低,在这种情况下,新开辟从俄罗斯和中亚国家等距离中国较近的地区为我进口能源的主要的、稳定的渠道,这对于加强中国能源安全的保障具有十分重要的意义。作为上海合作组织的成员国,中国与这些能源出口国的能源合作就自然而然地成为上海合作组织框架内经贸合作的重要内容。

作为主要能源出口国,俄罗斯和哈萨克斯坦等中亚国家也都致力于扩大能源出口,推动本国经济发展,但这些国家都面临着出口市场单一的问题,比如俄罗斯的石油天然气的出口主要集中在欧洲方向、特别是西欧市场,其运输管道主要经过乌克兰和白俄罗斯。中亚各国均为内陆国,出海口的缺乏更是制约着其能源出口的方向和能力,目前中亚国家的能源出口很大程度上还依赖过境俄罗斯等国。俄罗斯与中亚国家的能源出口不仅面临出口渠道与合作伙伴较为单一,而且大多需要交纳别国高昂的过境费用,有时甚至可能引起国家间地缘政治关系的动荡,比如俄罗斯与乌克兰数次爆发关于俄罗斯出口欧洲天然气过境费用的矛盾冲突。2014年初的乌克兰危机使得俄罗斯与西方国家关系严重恶化，西方国家对俄罗斯实施严厉的经济制裁也使得俄罗斯和欧洲国家的能源联系面临严峻考验。所以开辟更多的能源出口方向，尤其是打通通往亚太地区、面向经济迅速成长的中国、印度和亚洲市场，寻求更加稳定、安全的出口，是这些国家最优先的能源战略目标之一。为此，尽管一波三折，俄罗斯还是决心修建从西西伯利亚产油区通往太平洋沿岸的输油管道；哈萨克斯坦则积极推进向东出口，开通了通往中国的油气管道；其他中亚国家也合作建设通往中国的天然气管道等。所有这些举措都表明了上海合作组织内部的能源出口国为实现本国能源发展战略而愿意与中国开展能源合作的主观愿望。

就上海合作组织内部而言，深化成员国互相之间的经贸合作本来就是上海合作组织成立的宗旨和目标，能源合作也正在逐渐成为各国间经贸合作的重要组成部分。哈萨克斯坦总统纳扎尔巴耶夫在其2006年3月对议会发表的《国情咨文》中就曾指出，同迅速崛起的中国发展互利合作关系是哈萨克斯坦的必然选择。俄罗斯总统普京也曾多次表示要提高与中国的能源合作水平。同年6月13日，普京在其发表的文章中再次强调，在上海合作组织框架内开展有效和互利的能源合作潜力巨大，区域一体化机制将能够有效地发挥各成员国在能源、资源供应和运输方面的比较竞争优势，这种合作将有助于发展工业和科技创新领域的进步与优势。目前，中国与上海合作组织成员国已经就扩大相互间的能源合作建立了各种磋商机制,比如2002年10月上海合作组织的首届投资与发展能源专题论坛、2005年2月19日上海合作组织成员国经贸部长会议、2005年第二届中俄哈石油论坛等。中国和俄罗斯的总理会晤机制中专门设有中俄能源合作委员会,中国和中亚其他国家领导人的会晤机制中也都设有类似的能源对话机制。所有这些磋商机制都将深化区域内能源领域合作列为最主要的议题。俄罗斯与哈萨克斯坦方面曾明确表态,希望与中国在整个欧亚大陆地区以及在上海合作组织框架内不断扩大彼此间的能源合作,最终谋求在欧亚大陆建设一个纵横交错的油气管道网络。2006年初,有关各国还成立了上海合作组织的"能源合作国家间专门工作组",该工作组旨在确定并推动各成员国在能源方面的合作项目。2006年6月,俄罗斯总统普京在上海合作组织成员国元首理事会第六次会议上提出在上海合作组织框架内建立一个能源俱乐部。另外,上海合作组织框架内的能源合作还拥有各国政府的协商机制保障,如2004年9月14日,上海合作组织成员国经贸部长第三次会议制定的包括贸易和投资、能源和交通、信息、海关等11个领域、127个项目的《上海合作组织成员国多边经贸合作纲要》草案,该草案得到了同年在吉尔吉斯斯坦首都比什凯克召开的上海合作组织总理会议的批准,并被列入了《〈多边经贸合作纲要〉实施措施计划》决议之中。

　　3. 中国与上海合作组织国家之间的能源合作基础日趋夯实

　　目前中国与俄罗斯和中亚国家已经完成的和正在开展

的各种能源项目合作，为未来上海合作组织成员国间在能源领域开展广泛的双边和多边合作已经打下了扎实基础。俄罗斯远东油管的修建方案虽然一波三折，但最终两国政府还是决定正式开工修建通往中国的支线，同时近几年来中俄之间通过铁路运输的石油交易量也在快速增长，其中，2005年就达到了1 200万吨。近年来，中俄双方政府和企业间还签署了大量油气合作协议。

中国与哈萨克斯坦的油管建设进展顺利，2006年5月正式供油，输油管道第二期工程及与输油管道并行的输气管道建设计划正在紧锣密鼓的协商之中。能源领域的多边合作格局也逐步形成，如俄罗斯准备通过中哈油管向中国输送石油，中国与目前尚未成为上海合作组织成员国的土库曼斯坦已经签署多项进口天然气的协议，并且修建了从土库曼斯坦经乌兹别克斯坦、吉尔吉斯斯坦和哈萨克斯坦通往中国的中亚天然气管道，使双边合作演变为多边合作。

4. 双边合作为主，多边合作为辅的能源合作

虽然深化上海合作组织国家之间的能源合作具有天时、地利与人和诸多优越条件，但正如上海合作组织本身还处在幼年成长期一样，中国与上海合作组织之间的能源合作也还刚起步，合作机制尚不成熟，而且面临诸多困难和挑战。上海合作组织成员国在作为该组织成员的同时加入了众多一体化合作机制，每个成员国都具有多重身份，这对上海合作组织，包括能源合作形成了一定挑战。中国与俄罗斯、中亚国家在上海合作组织框架内的能源和经贸合作本身面临诸多困难，比如各方对这一合作组织及组织内的能

源和经贸合作的迫切性、对形成自由经济区(FTA)认识存在偏差,各国经济发展的任务和经济实力差异很大,落实各种合作协议的保障较弱,如仅仅为了落实 2004 年成员国《〈多边经贸合作纲要〉实施措施计划》所达成的 127 项合作内容和经济技术项目就需 100 亿美元,均面临融资难的问题,加上中国国家和企业的实力、影响力等均不够大,等等。这些均制约中国与俄罗斯和中亚国家能源和整体经贸合作水平的提升。这种合作体制的复杂性和多元化很容易造成交易成本增加等不良后果,加大了上海合作组织内部协调的难度,从而导致上海合作组织框架内的能源合作机制效率低下。

正因为上海合作组织内部能源合作的机制尚不完备,因此,目前中国与其他各成员国的能源合作大部分是以双边合作项目为主,除了中亚能源管道系统因为要经过数国领土因此才有各国的协调措施外,很少有主动性的多边合作。从长远来看,这对于提高上海合作组织框架下能源合作的效率和对国际能源局势影响力是不利的。

第二节　中国与俄罗斯的能源合作

俄罗斯是中国最大的陆地邻国,同时,俄罗斯也是世界上自然资源、特别是石油天然气资源最为丰富的国家之一。目前,俄罗斯是世界上排名第二的石油出口大国和排名第一的天然气出口大国。俄罗斯的这种自然资源禀赋与中国迅速发展的经济对能源与日俱增的需求形成了极为强劲的互补性,两国各自能源发展战略又都把能源进出口的多元化作为重要目标,这种天然的相互需求使得近年来中俄两国的能源合作越来越深入,俄罗斯已经成为中国的主要能源提供国家之一。中俄两国的能源合作对于两国的能源发展战略的实施和两国能源安全的保障都具有至为重要的意义。

一、俄罗斯独立后初期中俄两国的能源合作

在中华人民共和国成立初期,当时建立在意识形态同盟基础上的中苏两国在经济上主要是苏联帮助中国建设各类工业。在能源领域,苏联成为中国能源的主要提供者。中苏关系恶化之后,两国相互之间的经济贸易维持在极低的水平,没有值得称道的能源合作项目。

1991年苏联解体,同年12月27日中俄两国正式建立了外交关系。1994年两国宣布建立"面向21世纪的建设性伙伴关系",1996年双方又将中俄关系升格为"平等信任面向21世纪的战略协作伙伴关系"。两国战略伙伴关系的确立为两国能源外交的开展奠定了坚实的政治基础。

苏联是一个超级能源出口大国,俄罗斯作为苏联的主要部分在其能源战略中占有主导地位,"苏联石油总量的92%、天然气总产量的68%是由俄罗斯联邦提供的"。[1] 随着中俄关系的迅速提升两国政治合作的迅速加强,双方之间的能源合作也随之出现了较好的发展势头。

---

[1]　宋魁主编. 跨世纪中俄资源合作. 哈尔滨出版社,1999. 43页.

在 20 世纪 90 年代,中国与俄罗斯签署了大量有关能源合作的协议和备忘录。1992 年 2 月朱镕基总理访问俄罗斯,中俄两国签署了从俄罗斯伊尔库茨克州科维克金气田到中国的输气管道进行经济技术论证的合作协议。1992 年 8 月,中俄两国的石油生产和开发部门开始首次接触。1994 年,俄罗斯总统叶利钦访问中国,两国政府签署《关于共同开展能源领域合作协定》。1994 年 11 月,中俄两国的石油企业开始探讨铺设从俄罗斯通往中国的输油管道的可能性,并且签署了《中国石油天然气总公司与俄罗斯西伯利亚远东石油股份有限公司会谈备忘录》,从而开始了两国能源企业关于修建"安大线"(即从俄罗斯安加尔斯克到中国大庆的输油管线)的正式商讨。同年,中俄两国代表开始就有关修建俄罗斯向中国输送天然气的管道项目展开谈判。

1996 年 4 月,中俄两国签署了《中华人民共和国政府和俄罗斯政府关于共同开展能源领域合作的协定》,协定正式确认了中俄原油管道项目。1996 年,中俄石油天然气合作委员会成立,从而为中俄能源合作提供了机制性保障。1996 年 12 月,李鹏总理访问俄罗斯。双方决定设立政府首脑定期会晤委员会。在该委员会框架内常设经贸和科技合作分委会、能源合作分委会和运输合作分委会。

1997 年 11 月,叶利钦访华期间,中俄两国签署了《中俄关于铺设俄罗斯东西伯利亚到中国的天然气管道和开发俄罗斯凝析气田项目的基本原则的谅解备忘录》。同年 12 月 25 日,俄罗斯天然气工业公司与中国石油天然气总公司签署了《关于实施向中国东部地区供应俄罗斯天然气项目备忘录》《关于在中国东北建设地下天然气储备池可行性研究报告合同》，以及《关于建设跨国天然气输送管道》（该管道从伊尔库茨克州科维克金气田至中国山东日照市）的合同，从而开启了中俄两国之间的大规模天然气合作。

1999 年 2 月，朱镕基总理访问俄罗斯，两国签署了管道建设技术经济论证协议，中石油公司还与俄罗斯的尤科斯公司、俄罗斯管道运输公司签署了《关于开展中俄原油管道工程可行性研究工作的协议》。1999 年 12 月，中俄双方还完成了对开展中俄原油管道工程建设的预可行性研究。

在叶利钦执政期间，中俄两国伙伴关系得到了很大发展，两国的能源部门也开始了在石油、天然气等领域的大量合作并且已经初见成效。但由于当时国际能源市场油价的不稳定以及苏联解体后的经济滑坡对俄罗斯经济实力的削弱，中俄两国能源合作的广度和深度还受到一定限制。

二、新世纪的中俄能源合作

1999 年 12 月 31 日，叶利钦辞去总统职务，总理普京出任代总统。2000 年 3 月 26 日普京当选为俄罗斯联邦总统。自普京执政以后，中俄两国关系有了进一步发展。普京多次对外表示，俄罗斯将中国视为"重要的伙伴国"，发展俄中关系与俄欧关系、俄美关系同等重要。2001 年中俄签署了《中俄睦邻友好合作条约》，其中第十六条指出："缔约双方将在互利的基础上开展经贸、军技、科技、能源、运输、核能、金融、航天航空、信息技术及其他双方共同感兴趣领域的合作，促进两国边境和地方间经贸合作的发展，并根据本国法律为此创造必要的良好条件。"①条约将两国合作的领域和范围以法律的形式确定了下来,为国家间建立新型的关系做出了良好榜样。

普京执政时期,俄罗斯认为能源产业对俄罗斯具有重要意义,普京极其重视俄罗斯作为一个能源大国在世界能源市场上所扮演的角色。2005年12月22日,普京在俄罗斯联邦安全会议上指出:"俄罗斯应力争成为世界能源领域的领头羊。"在普京时期对外政策突出经济内涵的背景下,能源外交成为"俄罗斯促进国家经济复苏、参与世界经济体系、维护地缘政治影响、改善国际环境的重要手段"。② 在对外政策上他指出俄罗斯"外交的优先任务是在俄罗斯周边建立稳定的、安全的环境,建立能够让我们最大限度地集中力量和资源解决国家的社会经济发展任务的条件"。③ 因此,普京很注重同周边各国发展能源合作并有针对性地将俄罗斯能源外交的重点主要确定在独联体、欧洲、美国、中国、中东等国家和地区,通过积极的能源外交和政策手段继续控制独联体市场,稳固欧洲市场,进军美国市场,开拓中国市场,竞争中东市场,使俄罗斯迅速跃升为世界能源市场上的主力军。

1. 中俄能源合作的现实基础

能源合作是中俄两国战略伙伴关系框架下经贸合作的重要组成部分,加强两国之间的能源合作对于巩固两国政

---

① 王树春. 冷战后的中俄关系. 时事出版社,2005. 322—323 页.

② 冯玉军,丁晓星,李东. 俄罗斯新能源外交及其影响. 现代国际关系,2002(9).

③ 普京文集. 中国社会科学出版社,2002. 252 页.

治安全合作,提升两国经贸合作具有重要意义。中俄两国的能源合作有着极强的互补性和优越性。

首先,两国在能源合作上存在极强的互补与互需的关系。俄罗斯和中国都是世界上有影响的大国,也都属于新兴的"金砖国家"集团,两国目前都致力于本国的经济发展,意识形态因素已降为次要地位。中俄两国有着4 300多公里的共同边界,彼此之间的各种形式的交通十分便利,两国开展大规模能源合作有着良好的地理条件。随着中国经济的迅速发展,石油消费需求急剧增长,近年来中国国内的能源自给率不断下降,石油供求缺口不断扩大,这种情况导致中国必须开拓新的能源外交,通过与各石油生产大国加强外交与合作关系来实现能源进口的多元化战略。俄罗斯作为世界上最大能源出口国,其能源的出口直接关乎俄罗斯社会的稳定。目前俄正致力于开拓亚太新市场,实现能源出口多元化。中国是亚太地区的能源消费大国,要开辟亚太市场就必须先开辟中国市场。因此,中俄之间的能源合作是天然的互需、互补与互利的合作关系。

其次,中俄两国战略伙伴关系的不断发展、两国经贸数额的不断增长、两国人文交流的不断加深,为两国能源合作提供了牢固的政治基础、经济基础和社会基础。另外,值得指出的是"中国在俄罗斯能源战略中处于相当重要的地位","中国重视与俄罗斯发展能源合作关系"。[1] 两国都有

---

① 林伦.专家纵论中俄能源合作.中国石油企业,2004(10).

着深入发展双方能源合作的意愿,这种能源合作可以起到促进两国经贸关系的进一步向纵深发展,提升两国经贸合作层次,拉动两国经济增长。俄罗斯可以通过这种合作搭中国经济快速增长之便,可以借助中俄能源合作来增强自身的经济实力;同时,中国也可借助进口大量俄罗斯能源来改善目前能源进口不平衡的结构,减少能源地缘政治上的风险,确保足够的、稳定的能源供应,以适应国内经济持续增长的需要。中国是亚太地区最大的国家,也是俄罗斯能源从路上输往其他亚太国家的必经之路,所以俄罗斯要开辟亚太地区能源市场,增加对亚太地区的能源出口,实现其能源出口多元化战略,就必须借助中国,和中国一起开展多边能源合作。

2008 年,中俄两国元首倡议成立副总理级能源谈判机制(现更名为"中俄能源合作委员会")。当年 7 月 26 日,王岐山副总理和俄罗斯副总理谢钦在北京启动中俄能源谈判机制,两国能源合作进入了机制化时期。

2. 新时期中俄能源合作的进程

中俄两国在能源领域的合作中最令人瞩目的是中游领域的项目,即一向为世人关注的石油输送管道问题。2000年 7 月 19 日普京总统访问中国,双方签署了七个政府及部门间协议,其中有两项是设计原油合作项目的文件,即:《中国石油天然气集团公司和俄罗斯联邦能源部、管道运输公司、尤科斯石油公司关于准备中俄原油管道项目可行性研究协议的谅解备忘录》和《中国联合石油有限责任公司与俄罗斯尤科斯石油公司关于三十万吨西西伯利亚轻质原油的购销合同》。2001年7月，中俄双方又签署了《中国石油天然气集团公司和俄罗斯至中国原油管道项目可行性研究主要原则的协议》，双方就输油管道的走向、供油量、原油购销方式以及价格公式等问题达成了共识。2001年9月7日，朱镕基总理与卡西亚诺夫总理签署了《中俄关于共同开展铺设中俄原油管道项目可行性研究的总协议》，这个协议确定了从俄罗斯伊尔库茨克州安加尔斯克经中国满洲里到达中国大庆油田的供油管线。这一管线全长2 400多公里，协议有效期为25年。当时中俄双方决定该管线从2005年开始供油，年输油量可达2 000万吨，到2010年将达3 000万吨。同年中国与俄罗斯签订了《对安加尔斯克—大庆管道项目进行联合经济技术论证的总协议》。

2002年4月，俄副总理赫里斯坚科带领包括俄石油公司总裁在内的俄罗斯代表团访问中国，双方在原则上达成了协议，计划从2003年开始建设安大线。但是此时该项目遇到了来自日本方面的激烈竞争。2003年1月10日日本首相小泉访问俄罗斯，小泉表示希望俄罗斯政府修建安纳线（从安加尔斯克到俄罗斯日本海沿岸的纳霍德卡）以取代安大线，理论上安纳线的建成不仅可以解决俄罗斯远东地区的工业用油问题，而且油管出口在太平洋沿岸港口纳霍德卡，从这里再向中国、日本、韩国出口原油，俄罗斯在政治和经济两方面的利益就可以得到兼顾。小泉还提出日本政府将为此提供最优惠的资金和技术支持。俄方在考虑了日本的条件和权衡了本国的利益后，与日签署了《俄日能源合作计划》。2003年3月俄罗斯能源部提出折中方案，在修建安纳线的同时修建一条到大庆的支线,其中到中国的支线将优先开工。2003年5月小泉再次出访俄罗斯,在与普京的会谈中极力许以优惠的条件。2003年6月,日本前首相森喜朗以及外务大臣川口顺子出访俄罗斯为安纳线游说,川口顺子抓住俄急于开发远东西伯利亚但又缺乏资金与技术的现实,许诺俄罗斯如果优先修建安纳线日本将提供75亿美元的资金协助俄开发远东西伯利亚,并加以10亿美元的投资,另外提供技术支持。紧接着,2003年7月,日本资源能源厅长官冈本严访俄,进行进一步的游说。而同月,俄罗斯自然资源部以安大线威胁俄环保为由,否决了安大线。2003年9月小泉与普京开始电话商谈俄日输油管道问题。10月普京开始整肃石油寡头企业尤科斯公司,支持建设中俄安大线的俄罗斯巨富、尤科斯公司总裁霍多尔科夫斯基因涉嫌偷税漏税被捕,2003年11月俄自然能源部副部长对外宣布因为环境问题安大线已被否决。而同年12月,安纳线也因为靠近贝加尔湖而未通过生态鉴定,也被否定。这样中俄两国关于修建输油管道的合作项目暂时搁浅。

2004年3月,俄方企业又提出,从俄罗斯西西伯利亚地区的泰舍特修建穿过贝加尔湖以北地区然后通往太平洋沿岸纳霍德卡港口的泰纳线石油管道,在这条管道位于中俄边境处再修建一条通往中国大庆的支线,并将此方案上报俄政府审批,这就使得中俄石油管道项目再次出现希望。2004年6月30日,俄工业与能源部长赫里斯坚科宣布,俄政府已经基本确定了泰纳线石油管道的走向,并开始与中国开展对通往中国支线的石油管道建设的协商。2004年9

月,温家宝总理访俄,两国领导人在能源合作上达成了 4 点共识,俄方表示近期将首先通过铁路运输加大对中国的能源出口,同时俄方表示不管俄罗斯远东石油管道最后确定哪种方案,俄都会积极考虑修建通往中国的石油管道线路。2005 年俄敲定了泰纳线建设方案,年输油量将达到 3 000 万吨,其中 2 000 万吨预计将输往中国大庆炼油厂。2005 年两国相关的能源公司签署了关于俄罗斯远东输油管道建设中修建到中国支线的议定书。

2006 年 3 月 22 日,普京在中俄经济工商界高峰论坛上发表演讲时表示从东西伯利亚通往太平洋地区的石油管道体系铺设中国支线的项目无疑将成功实施。俄天然气工业股份公司与中石油天然气集团公司签署了关于共同设计和建设斯科沃罗季诺至中俄边境的石油管道协议书。2006 年 7 月 10 日,俄石油公司总裁波格丹奇科夫在接受采访时表示,俄将修建从泰舍特到斯科沃罗季诺的石油管道,然后通过铁路将石油转运至大庆。

中俄之间的石油管道建设从安大线—安纳线—泰纳线可谓一波三折,变数不断。在这其中中俄两国以及第三方日本都从本国能源地缘政治利益考虑出发,力求符合自己利益的方案。最后,俄方还是认为与中国的能源合作对于自己能源战略的全局发展有利,最终在权衡了各方利益后还是做出了在中国修建分线的决定。2008 年 10 月中国总理温家宝访问俄罗斯,在莫斯科举行了中俄总理第十三次定期会晤。访俄期间,温家宝总理与俄总统梅德韦杰夫、俄杜马主席格雷兹洛夫举行了会见,并与俄总理普京共同出席了第三届中俄经济工商界高峰论坛。在中俄总理第十三次定期会晤期间签署的 14 份文件中包括了《关于在石油领域合作的谅解备忘录》和《中国石油天然气集团公司和俄罗斯管道运输公司关于斯科沃罗季诺—中俄边境原油管道建设与运营的原则协议》两份文件。这一协议使得俄方在修建泰纳线的同时从中俄边境的斯科沃罗季诺修建通往中国大庆的直线管道最终得以落实。

2009 年 5 月 18 日,中俄原油管道工程中国境内段正式开工,中国副总理王岐山出席了开工仪式,并指出:中俄原油管道"标志着中俄能源全面长期合作迈出了实质性步伐。这一工程的如期建成,必将成为连接中俄两国人民友好合作的桥梁和纽带"。[①] 中俄原油管道起自俄罗斯远东管道斯科沃罗季诺分输站,穿越中俄边境,途经黑龙江省和内蒙古自治区 13 个县市区,止于大庆油田,全长 1 030 公里,设计年输油量 1 500 万吨。中俄原油管道工程 2010 年 9 月 27 日竣工,中国国家主席胡锦涛和俄罗斯总统梅德韦杰夫共同出席了竣工仪式。中国国家主席胡锦涛表示"中俄原油管道工程顺利建成是两国互利合作双赢的典范,两国能源合作新的里程碑"。2011 年 1 月 1 日 5 时 48 分,中俄原油管道正式投入运行,俄罗斯的原油开始进入中方境内位于漠河县兴安镇的首站储油罐内,标志着中国东北方向的原油进口战略要道正式贯通。

---

① 新华网.黑龙江漠河 5 月 18 日电. http://news. xinhuanet. com/news center/2009－05/18/content_11395961. htm.

　　除了世人瞩目的石油输送管道项目以外,中俄两国在其他石油领域也进行了诸多合作,包括中国石油企业进入俄罗斯能源产业。2002年12月中石油准备竞标俄斯拉夫石油私有化的投标,但最终因俄内部利益集团的争斗以及俄杜马的参与而宣告失败。2003年5月26日,中石油集团公司总经理马福才陪同中国国家主席胡锦涛出访俄罗斯,其间中石油天然气集团与俄尤科斯石油公司签署《关于中俄原油管道原油长期购销合同基本原则和共识的总协议》。2003年末,中石油成功收购了俄一个小型石油企业斯基姆尔石油公司61.8%的股份,成功成为该公司的控股公司。

　　2005年俄对华出口石油及制品总量约1 300万吨,占到了俄罗斯对华出口金额总数的39.4%,比去年上升4.3个百分点。① 2005年11月,俄罗斯石油公司与中石化签署了联合开发俄罗斯西伯利亚、远东和极地大陆架资源的备忘录。2006年是"中俄能源年",两国在能源领域的合作取得了丰硕成果。2006年3月6日,俄罗斯联邦工业和能源部部长维克多·赫里斯坚科称中国是俄罗斯石油公司的潜在战略投资者。2006年3月21日,中俄发表《联合声明》将能源确定为两国战略协作伙伴关系的重要组成部分之一。中俄相关领域高层签署了《俄罗斯石油公司和中国石油天然气集团公司关于在中国、俄罗斯成立合资企业深化石油合作的基本原则协定》,2006年6月20日,俄远东研究所副

---

　　① 中国商务部网站. http://countryreport. mofcom. gov. cn/assay/view. asp? news_id=3172.

所长弗拉基米尔·波尔佳科夫在北京指出,俄石油公司与中石油公司拟共同在萨哈林3号项目框架内进行勘探。2006年7月19日,中国石油天然气集团公司对外宣布,中石油成功购买了俄石油公司上市发布的6 622.52万股股票。2006年8月9日,俄阿穆尔州将建设有中国管道支线的石油加工厂,并于2008年底投入使用;2006年8月31日,俄罗斯卢克石油公司欲与中石油联手开发中国市场,双方讨论在中国黑龙江、辽宁、吉林三省建设100多个加油站。据俄新网9月14日电,俄石油公司欲在中国购买石油加工设施;2006年10月16日,俄石油公司和中石油天然气集团公司签署了相关合作协议建立了合资企业东方能源公司,该公司51%的股份归俄罗斯石油公司所有,49%的股份归中国石油天然气公司所有。该公司将负责在俄境内进行地质勘探、寻找矿产地并获得开采各类地下资源的许可证。据俄新网9月14日电,俄石油管道运输公司总裁谢苗·魏因施托克表示,在2007年俄罗斯将沿阿塔苏—阿拉山口石油管道通过哈萨克斯坦向中国转运700万吨石油。

2009年2月17日,中俄双方在北京举行了第三次能源谈判,并签署了历来最大数量的一系列能源合作文件,被称为"贷款换石油"的合作协议,意味着中俄两国在能源领域的合作上升到一个新的水平。根据双方签署的协议,中国在未来将向俄罗斯提供总计250亿美元的长期贷款,采取固定利率,约为6%左右;俄罗斯则以石油资源为抵押,从2011年至2030年按照每年1 500万吨的规模向中国通过管道供应总计3亿吨石油,石油价格以俄石油运到纳霍特卡港口的价格为基准,随行就市。同时目前俄方每年向中国通过铁路运输的石油供应不受该协议影响,并增加至1 500万吨。该项协议的签署使得中俄两国的能源合作达到了一个新的高度。

除了石油领域外,中国和俄罗斯在天然气领域也开展了一系列合作历程。2000年7月19日普京访华期间,双方签署了《中俄能源合作分委会中方石油天然气工作组和俄方石油天然气工作组关于同意韩国政府指定的公司参加俄罗斯联邦伊尔库茨克州科维克金凝析气田管道供气项目可行性研究工作的谅解备忘录》。2000年11月,中俄总理在第5次会晤期间签署《关于韩国天然气公司加入筹备铺设从俄罗斯伊尔库茨克州科维克金凝析气田可行性研究的协议》。中国石油天然气集团、韩国天然气公司与卢西阿石油公司联合签署《共同开发伊尔库茨克州科维克金凝析气田协议》。除此之外,此次会晤期间确定了同时向中国修建两条输气管道,一条是经西西伯利亚向中国西部省份供气,一条是从天然气探明储量约1.5万亿立方米的科维克金—中国东北将来贯穿朝鲜半岛。按计划,2008年开始输气,届时中国将得到超过70亿立方米的天然气,5年后将得到120亿立方米的天然气,该项目投资120亿美元,合同有效期为30年。2005年11月,俄罗斯石油公司与中石化签署了联合开发俄罗斯西伯利亚、远东和极地大陆架资源的备忘录。两国还就落实俄向中输入天然气的具体项目进行了磋商。2006年3月13日,俄天然气工业股份公司拟在其代表团访问中国期间签订向中国出口天然气的备忘录。2006

年3月俄中高层会谈结束后,两国签署了《俄罗斯天然气工业股份公司和中国石油天然气集团公司关于从俄罗斯向中国供应天然气的谅解备忘录》,双方关于供货日期、供货量、路线(东线和西线)和定价公式形成原则的基本协议,计划于2006年底结束就此天然气管道供应条件的商业谈判,该管道价值100亿美元将于2011年投入使用。

俄罗斯向中国出口天然气第一阶段将从西西伯利亚进入中国,第二阶段还将从东西伯利亚进入中国,每个阶段的出口总量都将可能达到每年300亿至400亿立方米。[1]

目前,中俄之间的天然气及天然气管道合作包括: 1.萨哈林1号输气管道,萨哈林1号"经共青城、哈巴罗夫斯克、佳木斯、哈尔滨、长春、最后到沈阳,每年将向中国供气100亿立方米"。[2] 2.萨哈林2号输气管道。3.萨哈林3号输气管道。2006年,30多名中国专家抵达萨哈林,为勘探萨哈林3号项目油田做准备。4.东部天然气管线。指从俄东伯利亚萨哈林科维克金天然气田经符拉迪沃斯托克到介入中国西气东输工程的天然气管线。每年运送300亿—400亿立方米天然气。5.西部天然气管线。指从俄西伯利亚克拉斯诺亚尔斯克—新西伯利亚—新库兹涅茨克输气管道经戈尔诺—阿尔泰斯克—中国的天然气管线,每年

---

[1]　俄新网.俄天然气工业公司高度重视与中国的合作. http：//www. rusnews. cn/ezhongguanxi /ezhong jingmao /20W323/ 41420141. html.

[2]　韩立华.俄罗斯在中国能源战略中的地位与中俄能源合作. 经济研究参考(周刊),2006(30).

输气量为 800 亿立方米。目前两国已经就西线管道的投资计划书展开了讨论和相关的论证。

2011 年 5 月,王岐山与谢钦在莫斯科举行中俄能源谈判代表第七次会晤。双方签署了天然气领域合作谅解备忘录的议定书。2012 年 12 月,王岐山与谢钦在莫斯科举行中俄能源谈判代表第九次会晤。双方签署了有关能源合作的四项文件。2013 年 2 月,王岐山与俄罗斯副总理德沃尔科维奇在北京举行中俄能源合作委员会主席会晤,双方达成扩大原油贸易的重要共识,确认通过中俄天然气东线管道每年对华供气 380 亿立方米,并就东线液化天然气项目和西线供气合作继续研究论证。2013 年 10 月,张高丽副总理与德沃尔科维奇在北京举行中俄能源合作委员会第十次会议,双方签署了《中俄能源合作委员会第十次会议纪要》。

2013 年底和 2014 年初,乌克兰爆发政治危机,随后俄罗斯收回 1954 年行政隶属从俄罗斯转归乌克兰、1991 年苏联解体后属于乌克兰领土的克里米亚地区,从而引发了俄罗斯与西方国家关系的危机。之后,美国和欧洲对俄罗斯施行严厉的经济制裁,俄罗斯与西方关系因为乌克兰危机的恶化导致世界地缘政治形势出现重大变化,使得俄罗斯更加重视和东方伙伴国家、特别是和中国之间的战略合作关系。在这种背景下,中俄能源合作进入一个新的快速发展期。

2014 年 5 月,习近平主席和普京总统在上海共同见证中俄两国政府《中俄东线天然气合作项目备忘录》、中国石油天然气集团公司和俄罗斯天然气工业股份公司《中俄东线供气购销合同》的签署。双方商定,从 2018 年起,俄罗斯开始通过中俄天然气管道东线向中国供气,输气量逐年增长,最终达到每年 380 亿立方米,累计 30 年。

2014 年 8 月 29 日至 9 月 1 日,应俄罗斯副总理德沃尔科维奇邀请,中国国务院副总理张高丽赴俄罗斯参加中俄能源合作委员会第十一次会议,会议期间,双方就天然气、石油、煤炭、电力、核能、可再生能源等领域合作深入交换意见并达成广泛共识。9 月 1 日,张高丽出席了中俄东线天然气管道俄境内段开工仪式。

除了传统的管道天然气外,中俄两国在液化天然气(LNG)项目合作上也取得了重大突破。2014 年 3 月,俄罗斯北极地区亚马尔半岛上的俄最大液化天然气工程 YAMAL(亚马尔)项目核心工艺处理生产线工程进行招标,中国海洋石油总公司的控股公司海洋石油工程股份有限公司赢得总价格达 16.63 亿美元(约合 101.09 亿元人民币)的建造合同。亚马尔项目是位于俄北极圈内的亚马尔半岛上,是俄方开发北极地区油气资源的重要工程之一,该项目 LNG 输出总能力将达 1 600 万吨/年,2017 年首期 550 万吨/年产能将正式投产。该项目由俄诺瓦泰克公司、法国达道尔和中石油合资成立的,持股比例分别为 60∶20∶20,海油工程将分三年完成项目首期的建设。亚马尔液化天然气项目地处北极地区,自然环境相当恶劣,在此地区开采能源技术、环保等要求很高,俄方需要与有市场、有资金、有技术的油企联手,以共同分担勘探和市场风险,而中石油及海油工程无疑是最具资格的合作伙伴——根据中石油的承诺，中石油将在亚马尔项目投产后，每年至少采购300万吨LNG，通过融资和贸易的模式，中国的利益得到了保证。因此，中方积极参加亚马尔项目，很大程度上将解决资源缺口问题，为中国的供应提供安全性保障。

在能源上游领域，中俄两国也取得了一系列合作成果。中国企业在俄境内的油气勘探项目主要有：2006年中俄组建的合资企业——东方能源公司，参与伊尔库茨克州两个区块的勘探工作。2005年中俄合作获得萨哈林—3号项目维宁区块的勘探权并在2008年成功勘探出碳氢化合物；2006年中石油收购乌德穆尔特石油公司，该公司从事地质勘探和油气田开发工作，拥有56个开采许可证，有24个处于开发中的油田；2009年10月成立的中俄能源投资股份有限公司，收购俄罗斯松塔儿石油公司并取得了位于东西伯利亚地区的两块气田的勘探开采权。2006年，作为对俄罗斯向中国开放油气上游领域（即东方能源公司）的回应，中国向俄罗斯开放了油气下游加工领域——联合组建中俄东方石化（天津）有限公司，中方占股51%，俄方占股49%，以俄罗斯的原油为主要原料建设年产1300万吨的炼油厂。

除了取得的重大成果外，20年来的中俄能源合作也暴露出一些问题，主要包括：俄罗斯东部地区大部分油气产地的地质构造复杂，开采能源需要较高的技术水平和较复杂的装备水平，中国企业与欧美的跨国能源企业相比处于劣势；俄罗斯方面尚未完全消除对中俄能源合作的顾虑，俄国内有人认为，同中国贸易的优势地位和俄原料出口的指向形成了俄罗斯东部地区经济对中国外贸的依赖，并由此产生了对地区安全的潜在威胁，因此，俄罗斯对待中国投资者的态度一定程度上有别于日本、韩国甚至欧美；俄罗斯外资政策存在不稳定性，俄罗斯政府根据不同时期、不同经济形势和外交战略会相应地调整油气政策，政府往往会动用行政手段直接干涉投资项目，导致外国投资者成本上升、经营难度增大；相比成熟的市场经济国家而言，俄罗斯的投资环境还不那么成熟；中俄两国在能源价格上由于不同的利益诉求和机制经常出现分歧。

纵观近 20 年来中俄能源合作的历程，可以发现尽管还存在不尽如人意之处，但中俄两国的能源合作已经成为两国经济合作的重中之重，双方合作具有天然的互补性。2013 年，中国从俄罗斯进口原油 2 435 万吨，占中国总进口量的 9％，是中国第三大石油进口国。只要妥善处理好中俄双边关系中存在的一些问题，制定务实灵活的能源政策，运用多元化能源外交策略，中俄之间的能源合作就一定能取得双赢。

目前，中俄能源合作具有以下鲜明特征：1. 两国的能源合作还带有深厚的政治背景。经济是政治的集中表现，政治也要为经济服务，能源外交则是要为实现本国能源利益最大化而服务。中俄两国都是对国际事务有重大影响的世界大国，都主张多极化世界，因此，双方十分重视彼此之间的双边关系合作，两国之间的合作得到了双方中央政府、有关地方政府以及各能源公司的支持。中俄两国已经达成的协议大部分都是在两国高层领导人会晤中以加强两国的战略协作伙伴关系为主题,积极推动两国能源合作时确定的合作项目及方向。2. 在能源合作过程中,能源地缘政治利益的性质非常明显。中国出于本国的能源进口多元化战略,考虑到俄罗斯与中国的地缘环境,把俄罗斯作为自己能源合作的重要伙伴。俄罗斯则利用自己的能源强国优势地位,尽可能在能源合作中谋求自己地缘政治利益的最大化,在中俄磋商石油管线建设的曲折进程中,这种谋略一览无遗。3. 现在中俄能源合作中中国从俄罗斯进口石油的途径还十分单一,主要依靠俄罗斯远东地区通往中国东北地区的铁路运输。由于铁路运输费用较高导致成本增加,铁路运输还存在较大的安全隐患,而且铁路数量有限,缺乏市场竞争优势。因此从长远发展眼光来看,铁路运输只是目前状况下对管道运输的一种补充和过渡,并非两国能源合作的最佳方式。只有等到建设中的石油管线完成之后,中俄两国间的能源合作才能实质性地跨上新的台阶。

第三节　中国与哈萨克斯坦的能源合作

哈萨克斯坦是中国在中亚地区的最大邻国,两国有着传统的友好往来和合作关系,拥有 2 000 多年历史的举世闻名的"丝绸之路"在历史上曾将两国紧密地联系在一起。从哈萨克斯坦独立最初起,两国就建立了友好合作关系,并形成了全面战略伙伴关系。在两国各个领域的合作中,能源合作具有重要的地位和影响。

一、中国与哈萨克斯坦能源合作的客观基础

首先,哈萨克斯坦拥有丰富的石油天然气资源,能源资源出口潜力十分巨大,与中国在未来对石油天然气等能源资源日益增长的需求有着天然的互补性。哈萨克斯坦能源产业已经拥有 100 多年历史,境内拥有大量已探明的工业级油气储量和可以预测的资源量,已发现 200 多个油气田。仅陆上石油和凝析油储量(不包括里海大陆架)就为 29 亿吨,陆上天然气储量 1.8 万亿立方米左右。哈萨克斯坦的石油天然气储量大多集中在哈萨克斯坦西部地区的 14 个油气田。里海哈萨克斯坦水域的油气储量更为丰富。据初步估计,其水域盆地部分可采油气储量为 130 亿吨原油当量。近些年来,哈萨克斯坦的油气产量也正在迅速增加,国内的消费量又十分有限,表现出了巨大出口潜力。据哈萨克斯坦能源矿产资源部预计,2010 年前,哈萨克斯坦石油加凝析油年产量可达 1 亿吨,天然气产量为 350 亿立方米。因此,哈萨克斯坦未来将会有相当多的油气出口潜力。而当今中国又处于高速发展阶段,国内经济发展对于石油天然气资源的需求与日俱增,国内能源生产已远远不能满足内需,石油等能源资源进口逐年增加,寻求海外油气资源成为中国油气战略的重要发展方向。哈萨克斯坦的丰富石油天然气资源为中哈两国进行长期的能源合作提供了坚实的客观物质基础。

其次,两国能源发展战略中关于加强国际能源合作,加强能源进出口多元化的策略为两国进行长期稳定的能源合作提供了政策保障。中哈两国都把加强国际能源合作作为本国能源发展战略的重点并且把这种国际能源合作视为解决本国能源安全问题的重要途径。中国希望未来本国的石油天然气资源的进口能够尽可能地多元化,而哈萨克斯坦也希望本国的能源资源出口不要太依赖于个别的市场,包括能源运输系统中的管道设施也不要太依赖于某个国家。哈萨克斯坦政府在独立之初就把石油出口多元化问题提到了战略的高度。哈萨克斯坦现有能源出口的主要3条管道都必须经俄罗斯过境,管道输送能力为3 200万吨/年,由于多种原因,能够通过这几条管道出口的原油量很少。①这极大地制约了哈萨克斯坦的出口外运能力和石油运输上的议价能力,并直接制约着哈萨克斯坦的油气立国发展经济战略的实施。因此,寻求出口管线的多元性是哈萨克斯坦石油工业发展过程中的最重要战略之一。中哈两国的能源发展战略和能源现状为双方的多元化能源战略的实施互相提供了可行性。

第三,在地缘条件上中国和哈萨克斯坦具有天然的便捷条件和优越性。哈萨克斯坦是一个中亚内陆国家,四周被陆地包围,只有通往内海里海的出海口。因此,对哈萨克斯坦来说要实现能源出口的多元化战略,很重要的一点是要获得多方向的出口通道以及出海港口、与世界市场建立紧密的联系,而这必须通过与邻国合作才能达到。中哈两国互为陆地邻国,从地缘条件来看,哈萨克斯坦能源的主要

----

① 冯连勇,沈剑锋.哈萨克斯坦的石油地位与中哈油气合作. 俄罗斯中亚东欧研究,2006(3).

出口方向向北有俄罗斯市场和原苏联时期的管道系统，向西通过里海高加索地区可接欧洲大市场，向南通过阿富汗和巴基斯坦可到同样对能源需求迅速增加的新兴发展国家印度，而中国则是哈萨克斯坦的能源东向出口之路。由于向西和向南的途径在地缘政治上都有着动荡的隐患，存在很大的不确定性，而向北严重依赖俄罗斯又是哈萨克斯坦能源发展战略希望摆脱的局面，因此，大力加强与中国的合作，便成为哈萨克斯坦的一个有利的选择。中国本身就是个能源需求大国，是哈萨克斯坦能源出口的重要对象国。另外，通过与中国相连接的铁路公路和油气输送管道系统，哈萨克斯坦的能源资源可以直抵中国东海岸，并直接进入太平洋沿岸的港口，从长远而言，对于哈萨克斯坦的能源向亚太地区的出口具有十分重要的意义。而且从地缘政治层面分析，中哈两国的能源合作和能源通道建设，不涉及其他国家，也避开了一些具有潜在安全威胁的动荡地区，是解决两国能源安全问题的捷径。同时，中国和中亚其他国家进行能源合作，进口中亚其他国家的石油天然气资源又大多必须通过哈萨克斯坦领土，因此，从地缘政治而言，哈萨克斯坦是中国能源安全战略不可或缺的合作伙伴。

另外，从能源发展的技术场面观察，两国也有着充分的合作潜力。相对于独立之后的哈萨克斯坦而言，中国的石油工业起步相对较早，具有较完备较先进的石油勘探、开采和加工技术。因此，中国不但可以通过进口哈萨克斯坦的石油天然气资源来加强合作，双方还可以加强在能源产业的各个领域，尤其是上游领域的合作，中国可以为哈萨克斯坦提供油气勘探、开采和加工的技术与服务，提供相关的机械设备。

第四，能源合作有助于促进中哈两国睦邻友好和战略伙伴关系并且深化各领域合作关系。中哈两国自 1992 年建交以来，两国高层交往密切，政治互信不断增强。双方彻底解决了历史遗留的边界问题。双方签署的《中哈睦邻友好合作条约》《中哈 2003—2008 年合作纲要》《中哈 21 世纪合作战略》和《中哈经济合作发展构想》等重要文件，为各领域务实合作奠定了坚实的基础。2005 年，中哈宣布建立战略伙伴关系，两国经贸、能源、科技、文化和教育等各领域合作不断扩大，全面展开，中国已经成为哈萨克斯坦的主要政治、经济伙伴之一。在政治关系不断加强的同时，中哈经贸合作近年来也在不断发展，中哈原油管道、中哈霍尔果斯国际边境合作中心等大型合作项目顺利实施。中哈双边贸易增长势头强劲，2008 年超过 140 亿美元。在中哈经济贸易合作中，能源合作具有相当重要的地位，而且从未来趋势看，这种重要性不会发生改变。因此，中哈两国的能源合作对于中哈两国睦邻友好和战略伙伴关系以及各领域合作关系的深化具有积极的推动作用，符合两国的长远利益。

二、中哈两国能源合作的基本状况

哈萨克斯坦独立以后，从 20 世纪 90 年代中后期开始，中哈两国就开始了积极的能源合作。十多年来，这种双边能源合作获得了可观的成果。

首先是在上游产业领域（包括勘探，开发，投资等领域）的合作。从 20 世纪 90 年代中起，中国的石油企业就开始对哈萨克斯坦的能源投资和开发环境进行考察和评估。并与哈萨克斯坦方面达成了一系列合作成果。1997年9月，中哈两国签订了在石油和天然气领域的政府间协议，中国石油企业正式开始进入哈萨克斯坦能源市场。1997年，中石油公司在竞争中领先于俄、美等欧美国家的大型石油公司，成功获取了哈萨克斯坦阿克纠宾斯克油田和乌津油田的开采权，从而为中国能源企业在后续的合作和市场开发行为积累了经验。当时，中石油公司以1.5亿美元购买了哈萨克斯坦阿克纠宾斯克油气股份公司60.3%的股份，2003年6月，中国与哈萨克斯坦又签订了继续购买阿克纠宾斯克油气股份公司25.12%股份的协议。这样，中国就控制了哈阿克纠宾斯克油气股份公司一共85.42%的股份。在接管管理权以后，中石油公司在一共在哈萨克斯坦投资已经近7亿美元。在中国经营该公司后不久，恰逢1998—1999年的金融危机，全球能源价格持续下挫下跌，使得公司在起步阶段面临较困难局面。2000年后国际能源市场价格迅速回涨，该公司抓住了这一有利的发展时机，迅速扩大了石油生产和出口的数量，由1997年的280万吨逐渐增长到2003年的465万吨。到2005年的采油量更可达到700万吨、天然气产量也将达到55亿立方米。经过几年的努力，目前该公司已呈现稳定的赢利局面。仅在2002年，中方就从该油田运回份额油100万吨。①

---

① 周吉平. 中国石油天然气集团公司"走出去"的实践与经验. 世界经济研究, 2004(3).

此外,中石油公司还对收购的哈萨克斯坦乌津油田进行了投资改造,以使其产量到 2010 年能够达到 7.2 万桶/日(约合年产量 380 万吨)。[①] 从现在的国际能源局势发展情况看,中石油当年与哈萨克斯坦方面的合作以及自身的战略投资计划是相当成功的。

进入 21 世纪后,中国石油企业进入哈萨克斯坦能源产业,与之能源合作的步伐进一步加快。2003 年 3 月,中石化集团国际石油勘探开发公司与英国天然气国际有限公司集团的全资子公司 BG 国际公司达成协议,收购后者在哈萨克斯坦北里海项目 1/2 权益。另外,2004 年,中石化国际工程公司也开始进入了哈萨克斯坦的油气勘探市场,利用中方的技术和设备向哈萨克斯坦方面提供工程技术服务。

2005 年 10 月,中石油旗下的中油国际公司又以每股 55 美元、共计 41.8 亿美元全资收购了哈萨克斯坦石油公司,使得中哈油气合作跨上了新的台阶。哈萨克斯坦石油公司是在加拿大注册的较大型的石油公司,在加拿大、美国、英国、德国和哈萨克斯坦等多国证券交易所上市,其油气田、炼油厂等资产全部在哈萨克斯坦境内,年原油生产能力超过 700 万吨。[②]

---

① Xiaojie Xu, *Oill and gas linkages between Central Asia and China*, OPEC Review Mar. 1999, Vol. xiii, No. 1, p. 45.

② 新华网. 中石油集团 41.8 亿美元收购哈萨克斯坦石油公司. http://news. xinhuanet. com/fortune/2005 - 08/23/content_3390869. htm.

　　2006 年 10 月中信集团以 19.1 亿美元价格从加拿大能源公司手中收购位于哈萨克斯坦的卡拉赞巴斯油田。2008 年新疆广汇公司以 4 000 万美元获取 TBM 公司所拥有天然气原油资源许可证的 49％权益。2009 年 11 月中石油中国进出口银行为曼格什套投资公司收购曼格什套油气公司提供了 26 亿美元的全额贷款。曼格什套投资公司是中石油所属的中油勘探开发有限公司与哈萨克斯坦国家石油公司按各自 50％的比例在荷兰成立的合资公司,收购曼格什套油气公司后两国共同合作经营。

　　2013 年中石化以 15.71 亿美元收购里海投资资源有限公司 CIR50％的股权,2014 年又将斥资 12 亿美元收购卢克石油在哈萨克油气资产 50％的股权。若哈萨克斯坦政府通过则中石化将持 CIR 全部股权并控制其在哈萨克斯坦四个陆上油田阿里别克莫拉和科扎塞、北布扎奇、阿尔曼和卡拉库杜克的全部股权。

　　据统计,十多年来,中国企业已经购买了哈萨克斯坦共和国 79 家石油开采公司中的 19 家公司的股份,中国在哈萨克斯坦石油开采中的份额约占 24％。[①]

　　中国能源企业积极进入哈萨克斯坦能源领域,开展与哈方的合作,收购哈萨克斯坦油企业资产,积极促进在哈萨克斯坦业务的发展,这种上游领域的合作有利于发挥中方石油企业的技术优势和管理经验,提升所收购资产的价值,

---

　　① ［哈萨克斯坦］鲁斯兰·伊兹莫夫.哈萨克斯坦与中国油气领域合作的问题与发展前景.上海商学院学报,2013(4).

也有利于增加中国在哈萨克斯坦能源领域的投资,促进两国经济合作和当地的经济发展。

其次,在能源产业的中游领域,即石油天然气资源的运输系统方面,中哈两国的合作也取得了卓有成效的成果。哈萨克斯坦西部地区地处里海,是世界上最有潜力的石油天然气宝库之一。但是哈萨克斯坦深居欧亚大陆内部,其石油天然气资源的输出途径始终是一个关键问题。为了加强中哈两国的能源合作,增加哈萨克斯坦向中国的石油出口,1997年中国和哈萨克斯坦双方共同提出了修建石油管道计划。从1997到1999年,两国完成了管道建设的可行性研究报告。按照最初计划,整个中哈石油管道将分为三个部分:第一段从阿特苏到肯基亚克;第二段从肯基亚克到阿塔苏;第三段从哈萨克斯坦境内的阿塔苏到中国新疆维吾尔自治区的阿拉山口,整个管道全长3 000多公里。按计划管道全线应在2005年建成并开始输油运营,由于当时哈萨克斯坦石油年产量难以确保管道进行营利性运转所需的每年2 000万吨最低供油量,此项目的整体建设曾经一度搁置。2003年春,该管线计划的前期工程,全长448.8公里、年运输能力1 200万吨的阿特苏—肯基亚克石油管道(全部在哈萨克斯坦境内)率先完成交付使用。

2004年5月哈萨克斯坦总统纳扎尔巴耶夫访华时,中哈双方决定正式开始建设中哈石油管道。中石油公司与哈萨克斯坦国家石油天然气股份公司于5月17日正式签署了《关于哈萨克斯坦共和国阿塔苏至中华人民共和国阿拉山口原油管道建设基本原则协议》。当年7月,中哈原油运输合资公司正式成立,双方各持有50%的股份。同年9月28日,中哈石油管道"阿塔苏—阿拉山口"段正式开工修建。2004年9月,工程正式开工,2005年11月管道竣工。它西起哈萨克斯坦的阿塔苏,东至中国的阿拉山口,设计年输油能力2 000万吨。中哈双方共同为中哈石油管道建设提供了7亿美元资金。按照协议,管道运营初期年输油1 000万吨,2010年升至2 000万吨。2006年5月25日,中国—哈萨克斯坦石油管道正式对华输油。当天凌晨3时10分,原油开始抵达中国新疆阿拉山口计量站。这是中国首次实现以管道方式从境外进口原油。中哈石油管道向中国输送的原油中,50%来自哈萨克斯坦的扎纳诺尔油田和阿克纠宾油田,50%来自里海地区的俄罗斯油田。

中哈石油管道的修建得到了中哈两国政府的高度重视与支持。2007年8月18日,中国国家主席胡锦涛同哈萨克斯坦总统纳扎尔巴耶夫在阿斯塔纳签署的《中华人民共和国和哈萨克斯坦共和国联合公报》中称:"双方将协助各自的经济实体实施中哈石油管道二期工程、中哈天然气管道工程、石油化工联合体等项目以及在油气深加工领域开展合作。"预计中哈石油管线全部工程将于2011年全部完工,届时哈萨克斯坦对中国的输油能力将提高到每年2 000万吨。

2013年,中哈石油管道管输原油达1 185万吨,同比增长14.09%,年进口量再创历史新高。自2006年新疆阿拉山口口岸开始以管道输送的形式进口原油以来,累计进口管道输送原油达6 362万吨,在中国陆路能源进口大通道中发挥了重要作用。①

哈萨克斯坦也是建设中亚天然气管道的重要参与方，2009年，从土库曼斯坦经乌兹别克斯坦到达哈萨克斯坦然后通往中国的中亚天然气管道A线工程顺利完工，哈萨克斯坦总统纳扎尔巴耶夫和其他三国领导人一起出席了在位于土库曼斯坦的管道起点处举行庆祝仪式。

三、中国与哈萨克斯坦两国能源合作的未来发展前景

中哈两国的能源合作十多年来为两国经济的发展和两国经济合作作出了重要贡献。当然两国在能源合作中也有一些问题，首先是中国能源企业在哈萨克斯坦能源产业中所占的地位越来越高，这使得哈萨克斯坦内部开始出现一些不同意见，哈萨克斯坦本国的能源多元化战略希望哈萨克斯坦的能源产业不会依赖任何一个国家。其次是两国能源贸易的定价问题因为国际能源市场的巨大波动有时会产生分歧。还有就是两国之间的能源管线的容量问题能否符合两国事实上的需要等。但总体而言，中哈两国在能源合作领域建立了良好的合作气氛和互信基础，两国的合作不断向纵深发展，双方在石油天然气等能源合作领域已经进入了一个快速发展时期。

首先是中哈两国的能源合作将在两国战略伙伴关系的基础上继续稳步发展。中哈能源合作已经有一定的经验和

① 中国国际能源局网站. http：//www. nea. gov. cn/2014-01/23/c_133068034. htm.

基础,十多年的合作,积累了丰富的经验,培养了大批专业管理和技术人才,中国的能源企业也已经在哈萨克斯坦树立了比较积极的企业形象。胡锦涛主席与纳扎尔巴耶夫总统 2004 年 5 月 17 日在北京签署的两国联合声明中就明确表示,中哈双方将继续加快和深化能源合作,两国将以中哈石油管道项目为合作重点,实现能源合作的新突破。因此,中哈两国未来的能源合作将有着扎实的政治基础。

其次是两国能源合作的领域和范围将不断扩展。哈萨克斯坦能源战略的重点包括通过国际能源合作来实现本国经济的跨越式发展,利用外国资金技术和工艺发展本国石油工业,发展多元化的石油出口方向和运输通道,加快本国能源基础设施的更新和建设,提高本国石油的深加工能力,确保本国经济发展的需要和提高出口产品附加值等。从哈方能源战略的指向可以看出,在未来,中哈将不仅可以在石油进出口和运输体系方面合作,完全可以在更多的上游、中游和下游能源产业领域开展广泛合作。

另外,中哈两国能源合作的范围和地区都会发生进一步变化,会转向哈萨克斯坦其他油气资源丰富的地区比如里海地区,而海上油气合作也将成为未来合作的新的亮点。哈萨克斯坦石油天然气主要资源储藏区位于里海沿岸地区,石油的待发现资源中北(滨)里海就占到了 84%[①]。而目前哈萨克斯坦沿里海的海上油气勘探开采尚处于起步阶

---

① 谢方克,殷进垠.哈萨克斯坦共和国油气地质资源分析.地质与资源,2004(3).

段。随着未来哈萨克斯坦对里海地区能源资源开发的不断深入，中哈两国能源合作的重点也必然开始向里海地区转移，因此海上石油开发的合作也将成为新的亮点。

还有，中国与哈萨克斯坦将继续在石油天然气运输管道方面进一步合作。油气运输管道的建设是涉及能源地缘政治的关键，哈方一向非常重视石油天然气管道建设的问题。对能源出口多元化的追求一直是哈萨克斯坦能源战略的重要目标，而与中国相连的石油天然气运输管道建设正是哈萨克斯坦能源多元化战略的重要一环。现在，两国的阿塔苏—阿拉山口输油管线已经建成，待未来中哈整体油气管道计划完成以后，中国既能从哈萨克斯坦进口更多的能源资源，又可以通过中哈油气管道体系与中亚地区现有的和正在建设中的各油气管道连接，就可以建立一个通向俄罗斯、中东、里海和黑海地区的庞大的石油天然气陆上管道运输体系，这就将意味着中国与俄罗斯和中亚国家将建立更密切的能源联系，中国将可以不再仅仅依赖海上运输来进口中国所需的绝大部分能源资源，从而大大改善中国的能源安全环境。

2013年9月，中国国家主席习近平访问哈萨克斯坦，习近平强调，哈方是中方的重要合作伙伴，中方愿同哈方进一步推动原油贸易、气田开发、油气装备制造等能源合作。纳扎尔巴耶夫总统也表示，哈方希望以共建丝绸之路经济带为契机，扩大两国能源、双向投资、加工制造业、过境运输等领域合作，建设好中亚—中国天然气管道，提升双边及中亚国家和中国的经贸合作水平。

综合各种因素分析,中哈两国由于两国战略伙伴关系发展和两国经济互利合作的需要,加上在地缘政治上,哈萨克斯坦在中国能源安全中的重要地位,两国的能源合作在未来将进一步加深,其发展前景非常广阔。

第四节　中国和伊朗的能源合作

伊朗是世界著名的石油和天然气大国。同时伊朗也是中东地区的政治、经济和军事大国,其地理位置也极为重要,被布热津斯基称之为地缘支轴国家。中国和伊朗两国有着传统的友好合作关系,近年来在能源合作领域,双方的合作更是十分密切,伊朗已经是中国最重要的石油提供国之一。因此,与伊朗的能源合作,在中国能源安全上具有举足轻重的地位。

一、中国伊朗能源合作的基础和可行性

1. 能源地缘政治地位的相互依赖

在全球能源地缘政治版图中,伊朗所处的战略位置极其重要。伊朗是对中东、中亚和南亚地区都有相当影响的地区大国,同时也是重要的发展中国家。保持和发展与伊朗的友好合作关系,对于发挥中国在地区和国际事务中的作用,维护地区的安全与稳定,特别是对于巩固我国的周边安全具有十分重要的意义。

中东是目前我国主要的石油来源地,伊朗的石油天然气资源又十分丰富,与中国不断增长的对能源的需求形成

天然的互补关系。2013年,中国进口石油最多的前五位国家中有三个是中东海湾国家,即沙特阿拉伯、伊朗和阿联酋,中国从这三国进口的原油占2007年中国进口原油总量的36%,其中伊朗占8%。[①] 但是在中东地区,大多数石油出口国在政治经济甚至军事上受到美国不同程度的控制,从地缘政治角度判断,这种状况对中国能源进口的稳定性形成一定隐患。伊朗是中东地区唯一可说是基本不受美国影响的国家,而且是政治经济和军事上有相当实力的国家,美国和西方国家现在对伊朗的能源开发和进出口并没有太大的影响能力。因此,除了受到美国和西方国家对伊朗经济制裁的干扰外,中国和伊朗的能源合作受到美国和西方国家的恶意竞争乃至搅局的可能性大大降低,这是中伊能源合作的最大地缘政治意义所在。同时,作为拥有七千万人口的伊斯兰国家,并且在地理位置上与中国比较接近接近,使得伊朗也可以在中国西部大开发和维护中国西部边疆安全中发挥一定的积极作用。此外,伊朗也是中国在欧亚大陆上向西开辟更多能源进口及与他国展开各种有好往来与合作多种的地缘通道。在古代,伊朗就是中国与西方世界交往的桥梁。综合来看,无论是从能源安全角度还是从经济安全角度,甚至是地缘政治安全角度,中伊两国的能源合作都符合中国的长远战略利益。

对伊朗而言,美国的长期敌对和西方世界的长期制裁,

---

① 美国能源信息署网站. http://www.eia.gov/countries/cab.cfm? fips=CH.

使得伊朗重视发展与中国的关系也将是伊朗长期战略选择。中国是最大的发展中国家,同时也是安理会常任理事国,在有关地区和国际事务中具有举足轻重的作用。伊朗希望能够倚重中国的地位和影响,与中国加强政治安全等方面的战略合作,在一定程度上能够牵制美欧对伊朗的压力。在经济技术合作方面,中国对伊朗也有很大吸引力。伊朗在石油、天然气工业、水利、石油化工、电力等基础实施领域需要大量投资,伊朗希望中国能够参与伊朗的经济建设并提供支持,伊朗尤其希望中国能够在能源领域发挥作用。中国人口众多,对于伊朗传统工业品和非石油产品来说也是巨大的市场,伊朗希望尽一切努力,能够早日挤入这一巨大的市场。伊朗还一再强调丝绸之路在历史上的意义,主张发挥伊朗在东西方之间的桥梁作用。石油是伊朗的经济命脉,伊朗也希望同中国加强在石油领域的合作,以获得更有利的地缘政治态势和现实的经济利益。

2. 政治互信基础和经济互补基础

中国与伊朗都是发展中国家,在许多重大国际和地区问题上有着广泛的共识,加强双边各领域的合作符合两国的根本利益,有利于实现经济的互利发展。1971年两国建交以来,各领域的交流与合作都取得了长足发展,两国高层领导人进行了多次互访,并签署了一系列经贸合作文件,为双方的能源合作提供了政治上的保障。同时两国经贸关系也取得了长足发展,在能源、交通、机械、建材、通讯、采矿、化工等行业都有着广泛的合作。从能源领域来看,伊朗有丰富的油气资源和巨大的出口潜力。我国有庞大的能源消费市场,油气贸易成为双边贸易合作的一个核心内容。2007年,中国进口原油1.6亿吨,其中从伊朗进口为2 054万吨,占当年进口总量的12.6%,仅次于沙特阿拉伯和安哥拉,居第三位。① 2012年,中国从伊朗进口石油量达到中国进口总量的20%,大约2 750万吨。② 中国的能源市场极其庞大,不仅仅是石油领域,在天然气领域,中国的需求也越来越大,而伊朗也是世界著名的天然气储藏和石油储藏国,两国也已经开始在天然气的勘探开采和进出口方面加强合作。在未来,伊朗将成为中国主要的天然气提供国之一。

另外,伊朗虽然是能源资源大国,但相对而言在设备技术等领域比较落后,由于受到政治、意识形态和宗教等因素的影响,西方石油公司与伊朗相互之间缺乏牢固的合作基础,伊朗比较难以从西方国家得到足够的技术帮助。中伊两国则有着传统的友好关系,经贸往来近年来也日益频繁,中国天然气集团公司在伊朗开展的设备销售、勘探、和钻井等服务项目也已具规模,因此,两国在经济领域特别是能源领域的互补性非常明显,在能源技术、设备、基础设施的建设等方面进行充分合作的潜力甚大。

3. 伊朗能源政策的调整

伊朗近年来的能源政策有如下一些导向和重点:国际

---

① 中国海关总署网站. http://www. customs. gov. cn/publish/portal0/tab2453/module72494/info106305. htm.

② 美国能源信息署官网. http://www. eia. gov/countries/cab. cfm? fips=CH.

环境对伊朗而言日益严峻,面临美国和西方在核问题上的巨大压力,同时国内政治局势时有动荡不安国内。为了应对美国和西方的制裁,促进国内经济发展,伊朗在制定政府政策的层面上为中伊能源合作提供了可行性。从 20 世纪 90 年代中期伊朗已经开始逐步对外开放其油气工业部门。为了进一步挖掘石油天然气领域的潜力,伊朗政府采取了众多措施,其中一项就是继续扩大石油天然气领域的对外合作,积极开拓新的国外市场,同时运用多种能源合作方式,逐步把外国投资涉及的领域从海上能源项目扩大到陆上能源项目。伊朗政府为此正在大力改善投资环境,积极吸引外国投资和技术,欢迎外国公司进入伊朗能源领域以此推动本国能源工业的发展,这种开放合作的政策在一定程度上也破解了美国对伊朗的部分制裁措施。

伊朗的这种政策,无疑是有助于中国开展同伊朗在油气领域的合作,尤其是中国的能源战略中能源企业“走出去”的发展战略与伊朗的吸引外国投资的完全吻合的。而且,伊朗有意试图改变西方大公司在本国能源市场上的主导地位,这也为中国与伊朗的能源合作提供了良好的机遇。

二、中伊能源合作的具体状况

中伊两国的经济和能源合作源远流长。中伊两国于 1971 年 8 月 16 日正式建立大使级外交关系,从此之后双边贸易开始发展。1979 年伊朗爆发伊斯兰革命后,美国和西方国家开始对伊朗实行经济制裁,中国则本着不干涉别国内政的原则继续发展与伊朗的各种经贸关系。中国从

1983 年开始从伊朗进口原油。1985 年中伊双边经贸联委会正式成立,双边经贸合作领域逐渐扩大到能源交通、机械建材、采矿挖掘、化工和有色金属等各种行业。1988 年为时 8 年的两伊战争结束后,中国积极参加了伊朗的战后重建,双边贸易得到了持续稳定的发展。1988 年中国国家主席杨尚昆访问了伊朗,就双边关系、两国共同关心的国际问题以及如何进一步发展两国经贸关系等问题交换了意见。此后,双方经贸关系得到了持续稳定的快速发展。自 1993 年中国成为石油净进口国后,石油成为中国从伊朗进口的第一大商品。从 1995 年起中国开始从伊朗较大规模地进口原油。这一时期,直接从进口原油是中伊两国在能源领域主要的合作方式。1996 年度,中国从伊朗进口了 231 万吨石油。

1987 年党的十三大报告明确提出要充分利用国际、国内两种资源,开辟国际、国内两个市场,学会国内、国外两套本领。为此,国家经贸委将支持中国石油企业拓展海外油气勘探开发,弥补国内油气资源不足。除了到苏丹去合资办油田、炼油厂,资源富集的中东、中亚、北非,以及俄罗斯,都应当成为优选的目标。显然,鼓励国内石油企业积极实施"走出去"战略,努力开拓国外油气资源合资合作勘探开发领域,不断增加中国在国外的油气资源份额是今后国家经贸委的重要工作之一。自哈塔米在伊朗执政以后,中伊能源领域的进一步合作是我国实施"走出去"战略的继续和深化。李岚清副总理(1997 年 5 月)、唐家璇外长(2000 年 2 月)、胡锦涛副主席(2001 年 1 月)、吴仪国务委员(2002 年 3

月)先后访伊。同时,伊朗前石油部部长阿加扎德(1997 年
5 月)、哈塔米总统(2001 年)、伊朗现石油部部长等也先后
访华,两国积极展开经贸往来尤其是能源领域的广泛合作
的外交活动。2003 年 7 月 1 日至 6 日,中石化公司牟书令
副总裁率代表团访伊,与伊朗石油部部长、副部长、伊驻欧
佩克代表等进行了多轮会谈,就伊朗 LNG 进入中国市场、
中国投资开发伊朗 ADSHTAABDAN 油田交换了意见。

　　2004 年以来,随着国际能源局势的急剧变动,中伊两
国能源合作的步伐也明显加快。2004 年 5 月,中国中石油
公司与伊朗石油天然气公司签订了从伊朗进口价值数十亿
美元的液化天然气、同时中石油公司将获得伊朗相关石油
地块开采权的协议。2004 年 10 月,伊朗石油部长访华,与
中国发改委主任签署了两国政府的石油合作谅解备忘录。
根据这个备忘录,中石化公司将在今后 25 年内每年从伊朗
购买 1 000 万吨液化天然气,同时中石化公司在伊朗获得一
个油田的开发项目权利,该合同总价值将近一千亿美元。为
此伊朗石油部长赞加内表示 2004 年是中伊能源合作年。

　　目前,中伊两国能源合作的方式主要表现为以下几种
方式:直接从伊朗进口石油和天然气资源;中国的能源企
业直接向伊朗投资,参与伊朗的油气田开发;中国的能源企
业以参股、收购或并购的方式取得伊朗的油气田资产;中国
能源企业以购买伊朗液化天然气的方式换取伊朗的油田开
发权等。

　　1. 从伊朗直接进口石油天然气资源

　　直接进口能源资源是自两国建交以来最传统的能源合

作方式,也是两国合作开发伊朗石油天然气资源的最主要
方式之一。目前伊朗已经是中国进口石油天然气数量最多
的国家之一。

表 4-3　20 世纪 90 年代后期以来,中国从伊朗进口的原油数量

	1997	1998	1999	2000	2001	2002	2003	2007
从伊朗进口原油(万吨)	275.67	362	394.93	700.05	1 084.7	1 063	1 239	2 054
占进口总量(%)	7.77	13.25	10.79	9.96	18.00	15.32	13.60	12.6

资料来源:中国海关历年统计数字。

　　由上表可见,近年来,伊朗在中国原油进口总量中始终
占有 10% 以上的份额,其在中国石油进口国排名表中也一
直位列前三名,而且进口原油的绝对数额上升很快,已经成
为中国能源的战略性供应者。近两年来,随着中国能源多
元化战略的推进以及西方对伊朗经济制裁的影响,中国从
伊朗进口原油的数量增加有所减缓,其占中国进口原油总
量的份额也逐渐降低,2013 年为 8%,但是由于中国进口原
油总量迅速增加,因此中国从伊朗进口原油的绝对量依然
在 2 500 万吨以上。

　　2. 中国能源企业通过各种方式在伊朗境内进行石油
勘探和开发,从而建立起稳定的海外石油供应基地

　　目前,中国和许多国家的能源合作都采取这种获得份
额油的合作方式,即中国能源企业在某一个国家的石油建

设项目中进行参股或直接投资,然后中方每年可以从该建设项目的石油生产总量中分取一定比例的份额。比如中石化公司 2001 年 1 月与伊朗国家石油公司签署了《伊朗卡桑区块勘探服务合同》,这是中石化第一个海外油气风险勘探项目,该合同总投资达到 1.6 亿美元。卡桑油气区块位于伊朗首都德黑兰市以南伊朗中部盆地的西南地区,该油气区块总面积约 5 000 平方公里。中石化公司进驻以后,经过一段时间勘探和开发,2003 年 12 月 31 日开始试出油,获得了日产上千立方米的工业油流。这标志着中国能源企业海外勘探业务取得了重大突破,也标志着中伊两国为今后的能源合作奠定了良好的基础。2006 年 6 月中石化公司和伊朗国家石油公司签订了在伊朗格尔曼沙尔地带(位于伊朗中部,萨玛兰、库姆和德黑兰省交界处)勘探开发石油天然气合同。这是伊朗国家石油公司和中国公司继签署卡桑地带和达什德山合同之后签署的第三份合同,也是和中石化签署的第二份合同。合同规定,测震、勘探、掘井等活动费用由合同方承担。

3. 中国采购伊朗的液化天然气,作为交换获得在伊朗的油田开发权

2004 年 10 月 28 日中国国家发展和改革委员会与伊朗石油部签署了合作谅解备忘录,根据这份备忘录,中国将每年向伊朗购买 1 000 万吨液化天然气,采购时限为期 25 年,采购总价值达到 700 多亿美元,这个数额几乎是当时中伊两国贸易总额的 14 倍。伊朗方面作为交换则将位于西部库尔德斯坦省的亚达瓦兰油田的开发权给予中石化集团

公司。2000年到2002年,伊朗国内先后发现了库什科和侯赛尼雅两大油田,估计储量分别达到了90亿桶和150亿桶。后来两个油田合二为一,就成为现在的亚达瓦兰油田。中石化公司在亚达瓦兰项目上签订的属于开发权合同,也就是获得权限开发指定的油气田,同时按照比例在一定时间内分享从该油田生产的石油天然气产量。等到合同期满后,即将该油田移交回伊朗。还在2004年5月,中石油公司也曾与伊朗的石油天然气公司签订协议,将从伊朗进口价值数十亿美元的液化天然气,同时从伊朗获得相关石油区块的开发权。

4. 双方合资建设和经营管理伊朗的炼油厂

由于国内缺乏足够的炼油能力,使得伊朗虽然是个能源生产大国,但却不能自己满足国内经济发展所需的很多石油产品的需要。因此近年来伊朗鼓励吸引外资参与本国的炼油项目的建设。还在2000年,中国能源企业曾经试探性地进入了伊朗,先后参与了大不里士炼油厂、德黑兰炼油厂等伊朗国内最大的炼油厂的维修工作。目前,中国中信集团与伊朗合资建设炼油厂的项目协议书已经签订,该项目每日的炼油能力将可达到30万至35万桶,生产的优质石油及其石油制品将优先供应伊朗国内各部门的需求,一部分产品还将向中国出口。此外,中信集团还准备与伊朗石油工业投资公司合作,进一步利用当地丰富的天然气资源,在伊朗南部地区继续联合建设化工厂,生产各种石油化工产品。

当然,中国和伊朗的能源合作存在一定的问题和风险,其中最主要的是伊朗在国际地缘政治环境和国内局势的演变。由于伊朗因为核问题和西方特别是美国存在较严重的对立，因此，美欧对伊朗实行了各种经济制裁，尤其是美国的制裁更为严厉，对和伊朗进行能源合作的企业也将实施制裁，这不可避免地对中国和伊朗的能源合作带来一定的消极影响。另外，伊朗国内政治局势的演变也还存在一定的不确定性，这也会对中国和伊朗的能源合作形成一定的牵制因素。但总体而言，从未来前景分析，伊朗在世界能源地缘政治版图上的重要地位，它与中国在能源领域的互补性和巨大合作潜力，中伊两国的能源合作将在两国各自能源发展战略中占有相当重要的地位。

第五节　中国与印度的能源合作

中国与印度分别是上海合作组织的正式成员国和观察员国，而且印度很快将成为上海合作组织正式成员国。中印两国都是当今世界的新兴发展国家，皆为"金砖国家"之一。两国都正经历着经济高速发展阶段，同时，两国又都面临着相同的问题，即高速发展的经济对能源的需求越来越大，而国内能源工业已经无法满足经济迅速增长对能源支撑的需求，对外界的能源依赖越来越大。通常而言，作为亚洲最大的两个相邻国家，同时两国还存在一些悬而未决的历史遗留问题，因而两国关系包括在能源问题上在很大程度上显示出了一种竞争的形态。但同时，中印两国也认识到，在当今世界，以传统现实主义的零和原则来相互对抗和竞争并不有利于两国各自的未来发展。在能源领域，国际合作已经越来越成为各国解决本国能源需求和能源安全的主要选择。因此，中印两国虽然同为能源进口大国，但两国依然存在一定的能源合作意识和可能性。

首先，世界经济全球化和区域经济一体化要求中印间开展能源合作。中印两国不断扩大开放所形成的开放型经济体系则有利于两国能源开展合作。如果双方加强合作，就可以避免许多消极和不利的因素，形成双赢局面。而且能源合作正成为双边、多边以及区域经济合作的一种国际潮流。除石油输出国组织（欧佩克）这样的能源合作联盟外，欧盟、独联体，以及正在形成的东北亚等区域组织都在加强和推动能源合作。双边开展能源合作更是不胜枚举。因此，中印开展能源合作是世界经济全球化条件下的一种必然趋势。

其次，中印在能源领域面临着相同的难题需要双方共同解决。目前中印两国在能源领域都面临着对中东石油严重依赖的严重问题，因而两国将不得不面对来自中东产油国的各种风险。亚洲能源溢价的长期存在，致使亚洲石油消费国每年向石油生产国多支付大量美元，要改变这种不利局面，也需要中印之间的密切合作。

最后，从中国石油运输安全性来说，由于印度其位于印度洋的独特地理优势对于石油运输安全有着施加重要影响力的作用。如果中国与印度在能源领域存在友好合作关系，将有利于中国石油运输通道的安全。因此中印两国在能源上的合作大于竞争的局面对于两国来说都是必然的选择。

正是在这样的背景下,近年来随着两国关系大背景的相对改善,两国在能源领域采取合作的态度和共识在加强。

2005年4月,中国国务院总理温家宝访问印度时强调指出,能源合作是中印双边合作不可分割的一部分。中印两国总理发表的联合宣言第九条明确宣示,双方同意在能源安全和节能领域开展合作,包括鼓励两国有关部门和单位在第三国协作勘探和开采石油天然气资源等。2006年11月20日,中国国家主席胡锦涛访问印度,两国领导人强调将进一步加强包括各种能源项目在内的双边以及多边合作。这表明能源合作已经得到都处在经济迅速发展期的中印两国最高领导人的高度重视。

2006年1月,印度石油和天然气部部长艾亚尔访问中国,与中国相关对应部门负责人签署了两国《加强石油与天然气合作的备忘录》。这是中印在加强能源领域合作的第一份正式文件。该备忘录包括五项能源合作协议,内容包括两国分享信息,推动印度天然气管理局和中国大型能源企业在共同勘探、生产天然气以及天然气运输合作等领域的合作。印度石油和天然气部随后在一份声明中指出,协议的签署将为两国在能源领域的全方位合作提供法律基础。中印两国还同意联合建立一个工作组,以推动双方能源合作的进展。双方签署这些合作协议和成立工作组的行动表明,中印能源合作已经不是临时性的商业行为,而是两国都已经从战略高度来认识双方开展能源合作的作用并为之初步建立了制度化的合作机制。

其次,两国在开展能源合作的过程中也已经获得了一定的成果。

近年来,中印能源合作就取得了一定进展。在北非苏丹,中国的石油公司经营着苏丹国内最大的油田——尼尔油田,而印度的石油与天然气公司则于 2002 年购买了尼尔油田 25％的股份。中国企业在苏丹首都喀土穆市建造了一个现代化的炼油厂,印度则在苏丹铺建了一条石油运输管道管道,把在中国建设的炼油厂里提炼好的石油产品输送到红海沿岸的一个港口后供出口。2005 年 12 月 21 日,中石油集团公司与印度国家石油公司联合,与加拿大石油公司签署三方合作协议,中印双方按 1∶1 的比例共同出资5.76 亿美元,购买加拿大在叙利亚的油气资产。在俄罗斯,在尤科斯公司由于总裁霍多科夫斯基被捕而瓦解后,俄罗斯国家石油公司取代尤科斯公司成为俄最大的对华石油供给商,而印度则计划购买俄罗斯国家石油公司 15％—20％的股份。另外,在 2006 年 8 月,中石化公司又与印度国家石油公司化联手购买哥伦比亚一家石油公司 50％的股份,这其中中印双方各拥有 25％的股份。

除了在油田的开发勘探等上游领域的合作外,中印两国的能源合作还延伸到下游领域方面。2005 年 2 月,印度燃气公司与中国燃气公司签订合作协议,据此协议印度燃气公司将投资 2.43 亿美元用来购买中国燃气公司 9％的股份。这中印两国商贸往来历史上开创了两国上市公司携手第一次合作的历史,也是中印两国在能源下游产业的第一次牵手合作。2007 年底,中资企业首次投资印度石油天然气领域。中国燃气集团与印度国有天然气公司决定在百慕大群岛成立各持股50％的合资公司，即中印能源公司，主要将致力于压缩天然气的业务。这也是中国能源企业首次直接投资印度国内的能源企业。该公司还将开展在中国天然气下游市场的商机，涉足勘探、开采和生产燃气等项目。①

　　另外，除了双边合作以外，中印两国也在尝试逐渐开展多边能源合作。考虑到国际能源市场的状况和特点，中印双方也很注重进行多边合作来扩大能源合作领域。近年来，中印双方主办或参加了一系列国际学术会议，促进有关各方的信息意见沟通，为探寻多边能源合作机制的建立创造有利条件。2005年1月，"亚洲主要石油供应国与消费国部长级圆桌会议"在新德里召开，中国发改委派遣一位副主任出席了此次会议。该会议的主题是探讨如何建立一个由亚洲各主要石油进口国组成的一个松散组织，以共同开发亚洲地区的石油和天然气市场，商讨共同建立石油战略储备，并致力于保证国际石油价格的稳定。2005年6月，中国、俄罗斯和印度三国外长在俄罗斯远东符拉迪沃斯托克市举行了首次外长级三边会晤，印度外长在会上认为能源合作是印度与中国俄罗斯合作的关键，他并建议在印度新德里召开首次以能源合作为中心议题的中印俄三边商务

---

① 关于中印两国双边能源合作的状况中国学者张立曾经有过较详尽的研究。参见张力. 浅谈中印能源合作. 国际问题研究，2008(1).

会谈。

2005年11月,在新德里召开的"中亚和北亚石油生产国同亚洲主要石油消费国第一次圆桌会议"上,印度石油和天然气部部长艾亚尔建议,建设连接中亚、俄罗斯等石油生产国和中国、印度等亚洲主要石油消费国的石油和天然气输送管道。该管道总长度将达到2万多公里,将连接起俄罗斯、中国、印度、日本、韩国、巴基斯坦、伊朗以及其他中亚和东南亚国家,总投资额预计将达到225亿美元。如果该管道项目能够被各国接受开始实施并最终建成,包括中印在内的亚洲许多国家的多边能源合作将获得重大突破,对所有这些国家的能源安全具有重要意义。2006年12月,中国、美国、日本、印度和韩国能源部长在北京会晤,五国围绕能源安全和石油储备问题、能源结构多样化和替代能源问题、投资和市场问题、节能和提高能效等多个专题进行了广泛讨论,最后在达成一系列共识的基础上,联合发表了《中国、印度、日本、韩国、美国五国能源部长联合声明》,其主要内容之一就是五个能源需求大国将联合提出开发新油田的倡议。

由上可见,中印两国各种双边和多边平台上的能源合作能够并且已经起到了相互促进,相互补充的作用,具备了持续发展的充分潜力。

第六节　中国与其他相关国家的能源合作

相对于俄罗斯、哈萨克斯坦和伊朗这些能源出口大国而言,乌兹别克斯坦、土库曼斯坦等国能源产业规模相对比较小,其在能源地缘政治中的地位也与前者有差距,但中国与这些国家的能源合作在近年来仍然取得了扎实的成就,其规模、广度与深度也在不断扩大,对于推动中国和这些国家的友好合作关系具有十分重要的积极意义。

一、中国与乌兹别克斯坦的能源合作

在上海合作组织成员国中,乌兹别克斯坦的能源资源和能源产业规模都属中小规模,虽然从长远看乌兹别克斯坦有着较大的石油天然气资源潜力,但在目前已经探明和以目前技术条件可以利用的石油天然气资源规模并不是很大。乌兹别克斯坦目前在石油资源方面仅仅能维持基本自给的程度,没有出口的余地,在天然气资源方面,乌兹别克斯坦有一定潜力。乌兹别克斯坦在上海合作组织能源合作中的地位主要是其地理位置比较特殊,正好处于所有中亚国家的中间,因此很多跨国油气运输管道就必须经过乌兹别克斯坦领土,而这些正是中国和乌兹别克斯坦开展能源合作的重要领域。

乌兹别克斯坦独立后,中乌两国就建立了友好合作关系,两国国家元首曾经多次互访,两国的经济合作也逐渐扩大,近年来能源合作也越来越成为两国友好合作的新领域。

2005年,中国能源企业开始进入乌兹别克斯坦开始两国能源合作的多项项目。当年7月,中石化集团公司与乌兹别克斯坦国有石油及天然气公司签署了一向合作备忘录,中石化计划启动数额为1.06亿美元的在乌兹别克斯坦勘探、恢复和开发石油长期计划,主要地点是在乌兹别克斯坦的安集延、沙夫卡特和麦德奇托夫地区。中石化的分支机构——东升公司将参与合作,并与乌兹别克斯坦国有石油及天然气公司建立一家合资公司。

2007年4月,乌孜别克斯坦石油天然气地质钻井公司与中油技签订了2007—2009年间供应2.3亿美元的23台套钻机和专业技术设备,与中国机械工业集团签订了610万美元的10台套水泥泵车合同。

2008年,两家中国公司——中油技术开发公司和中国机械工业集积极参与乌兹别克斯坦油气建设,已向乌提供了价值2.1亿美元的勘探钻井设备。

2008年,乌兹别克斯坦石油天然气公司与中石油公司计划创建合资企业"Asia Trans Gas",着手建造和使用作为中亚天然气管道一部分的"乌兹别克斯坦——中国"天然气管线。按计划2009年底完成第一条管线建造工作,2011年12月31日完成第二条管线铺设。

2009年,乌兹别克斯坦国家石油天然气公司又和中国的有关公司达成协议,将在2010年组建3个能源生产合资公司,总投资为2 500万美元。这3个能源合资公司计划在2010年上半年开始运行。其中一个为主要生产用于油气部门和钻井作业的合资公司,一个为专门生产大口径塑料管道的合资公司,第三个则为专门生产滴灌系统的合资公司。①

---

① 中国石化新闻网.中国、乌兹别克斯坦两国计划明年组建3个能源合资公司. http：//www. sxcoal. com/chemical/670938/articlenew. html.

　　中国与乌兹别克斯坦在能源合作领域中最重要的项目可能就是中国宏大的中亚天然气管道计划。按照中国与中亚有关国家的能源合作协议,在今后,中国将从乌兹别克斯坦、土库曼斯坦和哈萨克斯坦进口大量的天然气,因此将投资兴建通过这三国领土的天然气运输管道。该中亚天然气管道西起土库曼与乌兹别克斯坦边境,穿越乌兹别克斯坦中部和哈萨克斯坦南部地区,在中国新疆霍尔果斯入境。管道全长 1 800 余公里,按双线并行方式铺设,由中石油分别与乌兹别克斯坦油气公司、哈萨克斯坦油气公司成立天然气管道合资公司共同建设。该管道工程 A 线于 2008 年7 月开工修建,2009 年底顺利建成,乌兹别克斯坦总统卡里莫夫和中国国家主席胡锦涛以及哈萨克斯坦总统纳扎尔巴耶夫、土库曼斯坦总统别尔德穆哈梅多夫共同出席了庆祝建成仪式。该管道于 2010 年实现双线通气。在此后的 30年运营期内,每年将从中亚地区向中国稳定输送至少约300 亿立方米的天然气。该管道进入中国境内后将与中国的西气东输工程相衔接,把来自中亚的天然气输往中国经济发达、对能源需求巨大的长三角和珠三角地区。因此可以说是中乌两国具有战略意义的能源合作项目。

　　2014 年 8 月 19 日,在中国国家主席习近平和乌兹别克斯坦总统卡里莫夫的共同见证下,中国石油天然气集团公司董事长周吉平与乌兹别克斯坦国家石油公司主席费依祖拉耶夫签署《中国—乌兹别克斯坦天然气管道 D 线企业间协议》和《穆巴列克天然气化工厂合作备忘录》。

　　根据协议,中国石油和乌石油将成立合资公司,共同建设和运营中国—中亚天然气管道 D 线在乌国境内管道,双方密切合作,全力保障项目按期投产。中乌双方还有意向在乌兹别克斯坦穆巴列克天然气处理厂基础上建设天然气化工厂,主要面向中亚市场生产聚乙烯和液化气等产品。双方将在近期启动这个项目的经济技术可研论证。

《中国—乌兹别克斯坦天然气管道 D 线企业间协议》的签订是双方又一互利共赢的能源合作成果。中国—中亚天然气管道 A/B/C/D 线均经过乌兹别克斯坦,体现了双方的高度互信。中国—中亚天然气管道 D 线投产后,中国从中亚进口天然气输气规模将达到 850 亿立方米/年,中国—中亚天然气管道将成为中亚地区规模最大的输气系统。

中国—中亚天然气管道 D 线的建设,既扩大了乌兹别克斯坦天然气的出口能力,促进中国国内油气工业和经济社会的发展,又使中乌经济联系更加密切,实现优势互补、互利共赢。《穆巴列克天然气化工厂合作备忘录》的签署,则使双方的合作领域有望从上游的勘探开发和天然气贸易延伸到下游化工领域,合作范围进一步拓展。

经过多年发展,中乌油气合作已取得丰硕成果。目前,中国石油在乌执行上游丝绸之路、咸海和明格布拉三个投资项目,以及中乌天然气管道项目,合作内容不断扩大和深化,成为丝绸之路经济带建设的重要实践。

二、中国与土库曼斯坦的能源合作

土库曼斯坦独立后和中国有着友好的双边合作关系,中土两国历届领导人曾多次进行过互访,两国各个领域的合作,尤其是能源合作近年来已经取得了不菲的成就。土库曼斯坦虽然由于其中立国身份而没有成为上海合作组织正式成员国,但由于土库曼斯坦曾经是苏联的一个加盟共和国、与上海合作组织中的其他从苏联独立出来的成员国有着传统的联系,其周边国家皆为上海合作组织成员国或观察员国,土库曼斯坦自身也多次以上海合作组织峰会的主席国客人参与上海合作组织元首峰会。尤其是考虑到土库曼斯坦重要的地理位置和其能源资源地位,以及中土能源合作对中国能源安全的重要性,因此本书也将其纳入研究对象。

自1991年土库曼斯坦独立以后,1992年1月6日,中国与土库曼斯坦建立正式的外交关系。此后,两国高层互访频繁,政治互信不断加深。中土两国在能源领域迅速开始了合作进程,主要集中在修建从土库曼斯坦到中国的天然气输送管道和中国从土库曼斯坦进口天然气的问题上。

2000年,土库曼斯坦与中国石油天然气集团公司签订了《中国石油天然气集团公司与土库曼斯坦石油部在石油天然气领域的合作备忘录》。2002年,中国石油勘探开发公司与土库曼斯坦石油康采恩签署了古姆达格油田增产改造技术服务合同,标志着中方首次在土库曼斯坦开展油田技术服务。

2006年4月,中土两国签署《中华人民共和国政府和土库曼斯坦政府关于实施中土天然气管道项目和土库曼斯坦向中国出售天然气的总协议》,根据协议,中土两国将和其他中亚国家一起共同建设旨在把中国进口的土库曼斯坦天然输往中国的中亚天然气管道。中亚天然气管道西起中亚最大河流之一的阿姆河之滨,穿过乌兹别克斯坦和哈萨克斯坦,通向中国的华中、华东和华南地区,包括中国境内的管道管线总长度约 1 万公里,预计 2009 年底即可开始输气。土库曼斯坦总统别尔德穆哈梅多夫曾经视察了中土天然气管道的建设,表示中土天然气管道将如期建成。管道建成后,土库曼斯坦将在 30 年内每年向中国提供 300 亿立方米天然气。2007 年 8 月 29 日,中国和土库曼斯坦天然气合作项目开工仪式在土阿姆河右岸地区正式举行。

2007 年 7 月 17 日,中国石油天然气集团公司又分别与土库曼斯坦油气资源署和土库曼斯坦天然气康采恩在北京正式签署《关于土库曼斯坦阿姆河右岸巴格德雷合同区块产品分成合同、天然气购销协议》。根据协议,在未来 30 年内,土库曼斯坦将通过规划实施的中亚天然气管道,向中国每年出口 300 亿立方米的天然气。为此将建立阿姆河天然气公司和中亚天然气管道公司。目前,该项目已形成两套输气方案:一是从土国出境后直接穿越哈萨克斯坦国境进入中国;二是经由土库曼斯坦的邻国乌兹别克斯坦到哈萨克斯坦,然后进入中国。

2008 年 8 月 29 日,中土双方签署《扩大 100 亿立方米天然气合作框架协议》,这标志着土库曼斯坦天然气合作项目作为中亚天然气管道的起点和主气源,将在未来的 30 年内,每年向中国输送天然气由原来的 300 亿立方米增加到 400 亿立方米。

2009 年 12 月 14 日,从土库曼斯坦通往中国的中亚天然气管道 A 线完工,中国国家主席胡锦涛同土库曼斯坦总统别尔德穆哈梅多夫、哈萨克斯坦总统纳扎尔巴耶夫、乌兹别克斯坦总统卡里莫夫一起出席了庆祝仪式。胡锦涛在通气仪式上出席在土库曼斯坦阿姆河右岸举行的中国—中亚天然气管道通气仪式。胡锦涛在仪式上致辞指出,中国—中亚天然气管道项目是中国、土库曼斯坦、乌兹别克斯坦、哈萨克斯坦精诚团结、互利合作的典范,承载着四国人民世代友好、互利共赢的良好愿望。四国本着互补互惠、平等互利、合作共赢的原则,积极开展能源合作,取得丰硕成果。中国—中亚天然气管道是四国又一重要合作项目,意义重大。中方愿同三国继续保持密切沟通,加强协调配合,确保管道安全、高效运营。胡锦涛强调,当前国际经济形势正在发生深刻复杂变化。四国应该同舟共济,加强合作,着力推动本地区国家共同发展。别尔德穆哈梅多夫、纳扎尔巴耶夫、卡里莫夫表示,中国—中亚天然气管道建成为四国经济发展合作注入新的活力,不仅符合四国人民利益和福祉,而且有利于地区稳定发展,对于促进国际能源合作、建立能源合作伙伴关系具有重要意义。相信这条新时代的"丝绸之路"将为加强中国同中亚国家的友好合作发挥重要作用。

按照规划,中亚天然气管道共分为四期,即 ABCD 线。2009 年投入运行的中亚天然气管道,即为 A 线。2010 年10 月 26 日,与之并行的 B 线亦投产,实现双线通气。中亚天然气管道 A、B 线西起土库曼斯坦和乌兹别克斯坦边境,穿越乌兹别克斯坦中部和哈萨克斯坦南部地区,经新疆霍尔果斯口岸入境,全长 1 833 千米,年设计输气量为 300 亿立方米,境内与我国西气东输二线管道相连,可保证长三角、珠三角等沿线4亿人口的生活燃料供应,最远可至香港。随后,为进一步扩大天然气输送量,2011年中亚天然气管道C线工程开工建设,这条线路与目前正在运行的A、B线并行,建成后将并入我国境内的西气东输三线配套工程,设计年输气能力为250亿立方米,工程造价22亿美元,定于2013年底竣工。

2013年9月,中国国家主席习近平访问了土库曼斯坦。9月4日,习近平主席同土库曼斯坦总统别尔德穆哈梅多夫共同出席中国石油天然气集团公司承建的土库曼斯坦复兴气田一期工程竣工投产仪式。在投产仪式上习近平发表致辞指出,复兴气田将为中土能源合作注入新的强大动力,从中国中亚天然气管道建成运营到阿姆河右岸气田产能不断增大再到复兴气田一期工程成功投产短短几年内中土能源合作实现了跨越式发展。别尔德穆哈梅多夫在致辞中表示土方愿同中方继续加强在天然气开采和运输国际能源安全等领域合作实现共同发展与繁荣。复兴气田是世界第二大单体气田,目前探明储量为46 000亿立方米,该气田是土库曼斯坦天然气对外出口的重要基地,也是中土天然气合作重要气源地。

在此次访问的两国元首会见中,习近平指出,中土战略伙伴关系实现良好开局,两国已成为合作共赢的利益共同体和守望相助的命运共同体。双方要继续深化能源合作,确保中国—中亚天然气管道建设和运营,做好复兴气田二期产能建设。土库曼斯坦总统别尔德穆哈梅多夫则表示,土方将搞好中亚—中国天然气管道、复兴气田二期开发等项目,如期实现对华输气目标。在习主席的此次访问中,中土双方都提到了要加紧解决技术性问题,以便完成 C 线建设并做好输气准备。一旦 C 线竣工投产,中亚天然气管道输送能力将达到 550 亿立方米。接近中国 2010 年天然气消费量的一半。在此次习主席访问中,双方还签署了《中土关于建立战略伙伴关系的联合宣言》,首次明确提出:中土两国将启动中亚天然气管道 D 线建设,确保 2016 年建成并通气,实现每年通过天然气管道运送土库曼斯坦天然气达到 650 亿立方米的目标。

天然气是一种相对环保而且燃烧效率较高的能源,但在中国的能源结构中所占比重并不是很大。从长远效应看,为提高我国的能源使用效率,减少能源使用对环境的消极影响,天然气在我国能源消费结构中所占的比例会越来越大。因此中土之间的能源合作项目也有利于优化我国能源结构,与土库曼斯坦等中亚国家的合作也为中国的能源"多元化"打开了一扇大门,中土能源合作对于中国的能源安全同样具有战略意义。

第五章 推动上海合作组织 能源合作与中国 能源安全战略

　　尽管多年来中国已经和上海合作组织一些成员国开展了富有成效的能源合作,对于解决中国目前面临的能源安全问题意义重大,但是,上海合作组织框架内的能源合作毕竟起步不久,在各方面都还存有不少问题,也面临着来自外部势力的很多干扰和竞争。在今后,中国需要做很多努力来继续推动上海合作组织框架内的能源合作。要保障未来中国的能源安全,开展上海合作组织框架下的能源合作是很重要的一个因素,而且在未来,这种合作不应该仅仅是简单的数量重复,更应该是机制的创新和层次的提高,成员国之间应该逐渐从简单的石油天然气贸易走向能源共同体模式,以构建能源战略同盟的方式使得能源出口方和进口方获得共赢局面,并且在国际能源市场上获得话语权。成立十多年的上海合作组织已经为成员国和观察员国开展能源合作提供了很好的框架平台。中国国家主席习近平在最近又提出"丝绸之路经济带"建设的战略构想,这也为上海合作组织框架下的能源合作展示了广阔的前景。同时,最近国际地缘政治形势的变化,也为中国和上海合作组织成员国在各个领域深化战略协作关系提供了又一个良好的契机。因此,中国必须抓住机遇,利用自身和环境的各种有利条件,积极拓展能源合作渠道,采取各种切实有效的措施来保障未来中国的能源安全。

第一节　上海合作组织能源合作与中国能源安全保障

开展和推动上海合作组织框架内的能源合作,是中国开展睦邻友好外交政策,加强与上海合作组织成员国发展双边合作关系的重要内容,也是改善中国能源安全环境的重要途径,无论是从经济效益考虑还是从地缘政治态势观察,其意义都是非常重大的。

一、稳定中国的能源进口渠道,保障能源进口数量,促进我国能源进口多元化战略的实行

中国正处于高速发展阶段,对石油天然气能源的需求与日俱增。目前中国每年进口原油接近 3 亿吨,对外依赖度在 60% 左右,而在 2020 年左右,这个数字将可能达到 4 亿吨左右的规模,中国的石油对外依赖度将达到 62% 甚至更高①。在与上海合作组织成员国开展大规模能源合作之

---

① 查道炯. 中国石油安全的国际政治经济学分析. 当代世界出版社,2005.301 页.

前,中国的能源进口来源主要来自中东和非洲地区,相对来说渠道比较狭隘,容易受到国际能源局势激烈变化的影响。2013 年,中国石油进口来源分布状况为:沙特阿拉伯19％,安哥拉 14％,阿曼和阿联酋 13％,俄罗斯 9％,伊拉克和伊朗均为 8％,委内瑞拉 6％,哈萨克斯坦 4％,科威特3％,刚果和巴西各 2％,其他国家共 12％。很显然,来自中东和非洲的进口占总进口量的 70％左右。① 而从目前中国的主要进口来源中东海湾地区、非洲地区来看,已经难以继续大规模地增加对中国的能源出口规模,这一方面指的是当地产能提升的能力问题,另一方面指的是如果这些地区的进口量在中国总进口量中的比例继续提高的话,将不利于中国能源多元化战略的实施,在地缘政治上带来的风险也将急剧上升。在未来,中国必须设法获得新的能源进口渠道。上海合作组织国家中石油天然气资源丰富的国家比如俄罗斯和哈萨克斯坦大多是中国的陆地邻国,而且与中国有着非常密切的友好合作关系。中国和俄罗斯、哈萨克斯坦、乌兹别克斯坦等国都有着战略伙伴关系的定位,与他们无论在政治、经济、安全还是国际事务上都有着许多共识,因此能源合作可以建立在战略高度,能够在相当长的时间得以稳定实行。这些资源丰富的国家不但愿意与中国进行合作,而且能够提供足够数量的能源资源。2008 年,中国从上海合作组织成员国进口的石油和石油制品为 2 240

---

① 美国能源信息署网站. http：//www. eia. gov/countries/cab. cfm？ fips=CH.

万吨,占当年中国石油和石油制品进口的 10.3%,是中国能源进口中位居中东和西非之后的第三大进口来源地区。[①] 2013 年,中国从俄罗斯和哈萨克斯坦两个上海合作组织成员国进口的石油占中国总进口量的百分比为13%,[②]依然是中东和非洲之后的第三大来源。在不久的将来,等到现在中国与这些成员国正在进行中的能源合作项目相继完工后,这个进口数量及其占中国能源进口的比例还将继续上升。一旦在建的各条油气输送管道全部完工并且满负荷运转的话,理论上中国将有从俄罗斯和哈萨克斯坦进口 5 000 万吨石油的潜力(中俄管道 3 000 万吨,中哈管道 2 000 万吨)以及 1 000 亿立方米以上的天然气,这就为中国获得稳定的能源进口渠道和足够的能源进口数量提供了坚实的保障,而这种保障在与其他地区的国家是很难得到同样的效果的。同时,这也将可以基本实现中国从海外进口能源渠道多元化的目标,使得我国进口能源的渠道分布更为分散,更为平均,使得我国的能源进口多元化战略成为现实。

二、有利于改善中国的能源地缘政治环境

中国是目前世界上第二大能源进口国,每年进口的能

---

① *BP Statistical Review of World Energy 2009*,原文用的是苏联国家的概念,但苏联范围内 15 个新独立国家中事实上向中国出口石油和石油制品的主要就是上海合作组织的俄罗斯和中亚国家。

② 美国能源信息署网站. http://www.eia.gov/countries/cab.cfm? fips=CH.

源数量和购买能源的外汇金额总值都是为数巨大。由于美国的能源产量在迅速提升，在几年之内，中国就将成为世界第一大能源进口国。但是在世界各大能源进口国家中，中国的能源地缘政治地位其实是较为脆弱的。美国目前还是世界最大能源进口国家，美国同时又是世界唯一超级大国，其政治经济影响力遍及全世界，其军事强制执行能力更是世界上首屈一指。因此美国虽然是世界最大能源进口国，却几乎没有任何严重的能源地缘政治上的威胁，对于美国的主要能源进口国家，美国几乎都有足够的政治和经济影响力使其维持与美进行能源合作的政策，即便出现特殊情况，美国也会动用其强大军事力量强制执行自己的战略和政策。在冷战时期美国曾经多次策划在伊朗、委内瑞拉和其他美国进口石油的产油国内发动军事政变，其目的就是为了影响与直接控制这些国家的对外政策。冷战后的美国对伊拉克两次发动战争，也被国际舆论认为很大程度上是为了控制国际能源市场的未来走向。而中国的主要能源进口国几乎都处于中国没有太大政治经济影响力，更没有运用强制性力量可能性的地区，比如海湾地区的伊朗、沙特阿拉伯、阿联酋等国和非洲地区的安哥拉、苏丹、尼日利亚等国。这些国家现在虽然奉行了与中国进行友好合作的政策，其现任政府也都与中国保持着正常的友好合作关系，但是一旦这些国家内部发生地缘政治的剧烈变动，中国几乎只能被动地接受后果，很难施加实质性的影响能力。如果这种变动导致对方的外交和能源战略发生重大变动，中国也只能接受既成事实。比如假设中东地区地缘政治形势发生巨变,美国发动对伊朗战争,推翻伊朗伊斯兰政府,扶植亲美政府,新政府上台后的外交和能源政策必然会受到美国重大影响,现有的中国和伊朗能源合作关系能否继续维持下去就属未定之数了。同样的,苏丹等国家也可能面临如此局面。而上海合作组织框架内的能源合作是中国与一些近邻国家直接开展的,这种合作是在上海合作组织框架内进行的,有与中国的友好合作关系为基础,有相当的机制性保障。由于这些国家是中国邻国,无论是历史上还是现实中都与中国有着密切的传统联系,即便国内发生重大政治变动,一般也不会在对待中国的政策上发生根本变化。例如2005年和2010年先后发生政局动荡和政权变更的吉尔吉斯斯坦,新政府都没有改变与中国友好合作的关系和政策。苏联解体后的中亚国家都迅速与中国关系正常化,与中国发展了诸多领域内的双边合作关系。中国与这些国家山水相连,腹背相依,使得中国的能源地缘政治环境得到了较大改善。

三、有利于我国新能源安全观的实践

上海合作组织能源俱乐部成员国既有能源输出国,又有能源消费国和能源过境国,这与国际能源机构(IEA)全部由能源消费国组成、欧佩克全部由能源生产国组成有着极大的不同。在国际能源领域,不同类型、不同利益取向的国家加强平等合作、寻求互利共赢。2006年7月在俄罗斯圣彼得堡举行的G8会议上,中国国家主席胡锦涛提出以"能源共同安全"为核心的新能源安全观最本质的要求。在

那次会议上,胡锦涛发表讲话指出:"要加强能源开发利用的互利合作。实现全球能源安全,必须加强能源出口国和消费国之间、能源消费大国之间的对话和合作。"[①]中国国家主席习近平也曾提出:"全方位加强国际合作,实现开放条件下能源安全。在主要立足国内的前提条件下,在能源生产和消费革命所涉及的各个方面加强国际合作,有效利用国际资源。"[②]很显然,中国把加强能源出口国和消费国之间的合作视为实现全球能源安全的重要手段。因此,上海合作组织框架内的能源合作机制完全可以成为我国展示和推行新能源安全观的平台。这样一个具有新型理念的"国际能源政治中心"的出现,将是中国倡导的新能源安全观的具体实践,它将对全球能源格局产生深远影响,推动新的、更加公平的国际能源秩序的形成。因此这种能源合作本身就是中国能源战略的重要组成部分。

四、保障中国能源通道的安全,改善海上运输的安全困境

现在中国的能源进口主要来自中东和非洲地区,而这些地区的能源运回国内主要依靠海运,尤其是依赖非常固

---

① 中新网:国家主席胡锦涛提出发展协同保障的新能源安全观. http://www. chinanews. com/others/news/2006/07 - 17/759408. shtml.

② 新华网. 习近平:积极推动我国能源生产和消费革命. http://news. xinhuanet. com/politics/2014 - 06/13/c _ 1111139161. htm.

定的几条航线，比如波斯湾—霍尔木兹海峡—印度洋—马六甲海峡—南海—中国大陆，或者是西非沿岸—好望角（北非可走苏伊士运河—红海—亚丁湾）—印度洋—马六甲海峡—南海—中国大陆，而这些航线和平时期也经常会出现海盗抢劫滋事，一旦遇到战争等不测事件，更是容易被潜在的敌对国家封锁和控制，从而使得中国的能源海上生命线有被掐断的危险。以中国现有的军事力量并无足够能力保护这些海上通道的畅通无阻。而中国与上海合作组织成员国进行的能源合作，进口能源全部通过陆地管道运输或者是铁路与公路的运输，不需要经过第三国，更不经过中国无力控制的海上航线。中国目前与上海合作组织国家建设中的多条油气运输管道全部深居亚欧大陆腹地，即便中国一旦处于战争或冲突的极端局面，相对而言，保护这些中国周边的陆上运输通道的把握和可行性要大得多。

五、对世界能源市场产生重要影响

从长远看，上海合作组织框架下的能源合作一旦进入机制化的多边合作领域，上海合作组织国家能够形成一个同时拥有世界较大能源输出国和能源进口国家集团的能源共同体的话，它将逐渐对世界能源市场产生重要影响，尤其是它庞大的能源生产数量和进出口贸易量将可能对世界能源市场价格产生影响。现在中国能源安全问题的一个方面就是国际能源价格的大幅波动经常使得我们不得不承受巨大经济利益的损失，而且有些波动很可能本身就是针对中国而来，是某种迫使中国付出更大代价的炒作。现在国际能源市场的价格基本是由主要西方国家的能源交易所决定的，一旦上海合作组织国家能够形成能源共同体，开辟自身的能源交易机制和能源金融机制，考虑到上海合作集团内部庞大的能源贸易数量，理论上也将取得和世界其他能源交易场所类似的影响世界能源价格的一定能力。如果上海合作组织国家组成的能源集团能够做到这点，那么将在很大程度上可以调节和抑制国际能源市场的剧烈波动，以避免这种价格大幅波动给成员国带来的损害。必须指出的是，不仅仅是中国这样的能源进口国容易受到国际能源市场波动的伤害，对能源出口国而言，这种伤害同样可能。比如2008年俄格战争和2014年乌克兰危机之后，国际能源市场都出现大幅度波动，油价急剧下跌，使得国家财政严重依赖能源出口的俄罗斯受到极大影响。所以上海合作组织国家开展能源合作并能够形成能源共同体的话，它将不但给上海合作组织内部的能源进口国带来利益，对于能源出口国而言也可以避免能源价格大幅波动给自身经济带来的不稳定性，从而保障所有上海合作组织成员国的能源安全。

六、可以推动中国与上海合作组织相关成员国和观察员国的全面友好合作，有利于上海合作组织的可持续发展

整体而言，在上海合作组织框架内加强能源合作乃至构建统一能源空间，无论是对各成员国，还是对组织本身的可持续发展都具有重要意义。自2001年成立以来，上海合作组织安全合作卓有成效，但经济领域的务实合作一直进展不大，迫切需要实现发展模式的转型。推动统一能源空间的建设，有望使能源合作成为区域经济合作的突破口，带动贸易、交通、运输、化工、机械等相关领域的合作，使上海合作组织由虚化实，保持长久生命力，可以增加组织的凝聚力。统一能源空间的建设将使上海合作组织各国利益纽带更加紧密，相互依存度不断加深，对组织的需求也将相应提高。避免上海合作组织成员国在一些利益问题上进行无谓内耗，从而增进彼此的互信。目前中俄两国之间，以及印度在上海合作组织地区存在着一定的能源利益竞争是一个客观事实，并且已经成为上海合作组织发展的潜在消极因素。上海合作组织框架内如能建立统一能源空间，不仅可以避免成员国内部无序竞争，也可提高政治互信水平；可以提升上海合作组织的国际影响力。上海合作组织内产油大国与消费大国共同组成能源互补的合作网络，将改变地区能源格局，并对国际能源形势走向产生重大影响。上海合作组织的国际地位和影响力也将得到相应的提升。同时这种合作也有利于中国和俄罗斯以及其他成员国的战略伙伴关系和友好合作关系的深化，改善中国的周边环境。中俄互为战略协作伙伴，中俄关系影响到我国的战略全局，具有重大战略价值。上海合作组织能源俱乐部的建立可望进一步扩展两国战略协作的领域，并且有可能带动中俄双边能源合作和其他领域的务实合作。通过能源合作，可以强化我国与中亚国家互利合作的纽带，对于防范外部势力构筑西部对华遏制带、防范"三股势力"对我境内渗透破坏、维护西部战略方向的安全，具有重大意义。利于维护我西部战略方向的安全。

第二节　上海合作组织能源
合作面临的挑战

虽然中国与上海合作组织成员国之间的能源合作已经取得了相当成果，但是这种合作并不是轻而易举的。在未来，上海合作组织框架下的能源合作依然面对着来自各方面的许多挑战。

一、各成员国对于未来能源发展战略的认识尚有差异，在合作目标上也存有一定分歧

目前上海合作组织一共有 6 个正式成员国，5 个观察员国，虽然进行能源合作有利于各国利益已是各成员国的共识，但是各国不同具体情况决定了不同国家的能源战略必然存在一定差异，而这种差异在一定程度上也一定会对相互间的能源合作形成某些制约。例如全球最大能源出口国俄罗斯国家能源战略关注的焦点主要是考虑本国和全球范围内的能源安全，必须保证俄罗斯有能源多元化出口所需要的各种基础设施，要提高能源的利用效益，要持续发展技术创新等。从这个战略出发，俄罗斯对上海合作组织框架下的能源合作的要求是：应该形成有前景的规划；要挖掘能源生产的潜力；要综合考虑出口国、过境运输国、进口国路线的畅通和安全；要考虑各种能源转运站和运输基础设施方面的安全；要鼓励和发展投资以及技术创新。俄罗

斯考虑的自身利益还包括多极化的世界地缘政治。而中国作为世界最大能源进口国之一，随着国内经济持续稳定地快速增长，对进口能源的需求越来越多，希望通过上海合作组织框架内的能源合作机制可以为中国提供长期稳定的油气资源，改善中国的能源安全问题，同时通过与能源出口国的互补性合作，加强与这些国家的双边合作关系，改善中国西部的周边环境。目前，中国已经成为世界第二大能源消费国和能源进口国，国内经济发展和居民生活所需的能源消费，尤其是石油消费连年大幅度增长，能源对外依存度逐年提高，供求关系正呈现日趋紧张的态势。因此，对中国而言，能否获得充足、稳定、来源多元化的能源供应已经成为影响中国经济发展的重要前提。在"十一五"时期，中国能源发展的总体战略目标就是："贯彻落实节约优先、立足国内、多元发展、保护环境，加强国际互利合作。"①现在中国与上海合作组织成员国之间的能源合作的基本状况是：中国—哈萨克斯坦的输油管道已经建成开通；连接中国和哈萨克斯坦、乌兹别克斯坦以及土库曼斯坦的中亚天然气大管道 ABC 三线也已经自 2009 年末起陆续开通；中俄之间连接俄罗斯远东石油大管道和中国大庆之间的支线管道也已于 2010 年内贯通。在中国国内，连接中亚天然气大管道的西气东输二线工程也已得到国务院批准而开始建设。西气东输二线工程总投资达到 930 亿元人民币，建成后将直

---

① 中国发展门户网. 我国能源发展形势. http://www. cn. chinagate. cn/economics/zgnyfzzl/2007 - 04/content_2372975. htm.

接与中亚天然气大管道相连,可以直接引进境外天然气输往中国东部。与此同时,容量达到 2 680 万立方米的中国石油战略储备二期工程也已规划完毕,成都、天津等城市附近的千万吨级炼油厂也将陆续开工。根据中国能源部门人士的意见,"随着这些工程逐步实施完成,不仅将有效调整能源结构,也将增强中国能源安全的保障能力"。① 由此可见,能源战略涉及每个国家的国家安全观和切身利益(包括开采的能源品种和数量、消费量、进出口量,能源基础设施建设等),不同国家关注的焦点会有所不同,这种不同也会在政策和商业行为上体现出来。因而这种不同和差异就会影响到不同国家间能源合作的进程,中俄能源合作十多年历史的曲折进程,就是很好的案例。

二、各成员国内部还存在一定的利益取舍之争

虽然就总体而言,上海合作组织框架内成员国间开展能源合作符合各国长远利益,但各成员国内部也存在不同的利益集团和政治力量,他们对这种合作的评估由于出发点不同,其结论未必一致。有时候这种力量和声音能够对上海合作组织成员国间的能源合作产生一定的消极影响。在俄罗斯和中亚国家国内各利益集团对与中国深化能源合作一直存在不同的声音,中国威胁论、中国扩张论还有一定的市场。而其他成员国相互间的利益纷争也是经常发生

---

①　周黄蜂,安蓓.2008 年中国能源形势报告:能源发展战略透露出新意.市场报,2008 年 12 月 15 日.

的,各种民族分裂和恐怖主义行为还时有发生,也对这种能源合作形成一定的潜在威胁。在这种上海合作组织成员国内部的意见分歧中,中国与俄罗斯两个大国围绕上海合作组织能源合作的隐性竞争造成的影响相对比较大。俄罗斯国内各界人士对上海合作组织框架下的能源合作心态比较复杂,一些集团特别是能源大公司历来把中亚—里海地区的能源资源认为是俄罗斯的势力范围所在,既反对西方国家介入,对中国与该地区国家开展能源合作也存有一定戒心。俄罗斯为此插手或者鼓励本国能源公司参与中亚各国的天然气生产和能源运输企业的重组,通过对中亚国家内苏联时期的油气运输管道进行价格折旧、更新和置换等方法来获取对这些管道的部分控制权;通过与这些地区的有关国家签署各类协议,以产品分成的方式参与相关油气资源的勘探、开发和加工进程。俄罗斯还出高价收购土库曼斯坦、哈萨克斯坦以及乌兹别克斯坦等国用于出口的天然气,以试图实现价格垄断和对一些国家管道进行控制的认可。俄罗斯还试图成立一个包括哈萨克斯坦、土库曼斯坦和乌兹别克斯坦等天然气生产国以及白俄罗斯、乌克兰等天然气过境运输国在内的,类似于欧佩克那样的"独联体天然气联盟",其长远打算是把伊朗、卡塔尔、阿尔及利亚等世界天然气生产大国也吸引进这个"天然气联盟",以此形成对世界上主要的天然气进口用户即欧洲国家和中国等的制衡。俄罗斯还提议建立"里海五国同盟",以利用俄罗斯对这些国家的传统影响力来为俄罗斯自身和一些利益一致国家谋求对世界能源市场的优势。俄罗斯为了保护自身在中亚地区的传统能源利益和优势地位,对中国与中亚国家的能源合作时常有一些疑虑的言语,俄罗斯国内也有一些势力借此大做文章,渲染中俄两国在能源领域尤其是在中亚地区竞争因素。

三、上海合作组织各成员国在关于能源合作的观念上也存在一定差异

俄罗斯和一些中亚国家迄今为止在很大程度上尚缺乏市场经济观念,对国家主权和国家利益问题一直比较敏感。其政府官员、企业高管乃至普通老百姓,一方面希望外国投资以加快本国经济发展,另一方面却又始终担心外国投资者会损害自身利益,甚至有意见认为外国企业前来投资就是为了掠夺本国的资源,本国会成为外国的资源附属国。而中国方面则始终认为互利共赢是当今世界各国开展开展经济合作的基础,经济合作包括能源合作应该遵循市场经济的准则,应该是双赢或者多赢,而不是零和。这种不同国家间对于能源合作观念上存在的一定差异也会对上海合作组织能源合作产生一定消极影响。在中国和其他成员国之间存在的这种观念差异很大程度上是因为目前中国与俄罗斯和一些中亚国家的贸易中,中国的进口主要是能源和其他资源,而出口主要是各种制造业产品,俄罗斯和哈萨克斯坦难以接受这种贸易结构长期化,认为这会使得自己事实上成为中国的原料产地和商品市场,因此对于扩大与中国能源合作有所瞻前顾后,既希望得到能源合作带来的巨大利益,又担心这种合作使得双方不平衡的贸易结构固定化长期化。

四、外部地缘政治势力的恶意竞争

上海合作组织能源合作还受到其他国外势力的干扰和影响,而这种外来影响充满了地缘政治竞争的意味,突出表现在:目前,美国和上海合作组织观察员国伊朗之间因为伊朗核计划而导致的尖锐矛盾尚未终结;阿富汗局势日益严峻、美国和西方军队在阿富汗处境日益窘迫的问题又对美构成严峻挑战;欧盟则在经历了近年来俄罗斯多次利用自己的天然气出口国强势地位挑起天然气危机,对欧洲社会生活造成严重威胁后急于摆脱对俄的能源依赖,试图直接从中亚—里海地区获取资源以减少对俄罗斯能源的依赖等。

美国把其对中亚地区的政策作为其全球战略的一部分,对于美国的中东战略和能源战略都具有重要的影响。美国著名的中亚问题专家斯塔尔把美国在中亚的战略目标归纳为大致有如下几个:推进反恐战争;建立与美国相联系的永久性安全设施;让阿富汗及其邻国有能力保护自身免受伊斯兰极端分子和毒贩的危害;努力加强该地区的经济和相关政府机构,使之达到该地区能够充当中东和南亚、东亚之间政治与经济的桥梁;培育公民可以参与决策的政治体制,为其他伊斯兰国家树立榜样;等等。① 简而言之,美国的中亚战略目标和安全政策实际上包括地缘政治和价值观念两部分内容。前者就是要维护阿富汗战争的胜利成

---

① S. Frederick Starr: A Partnership for Center Asia, *Foreign affairs*, June/July, 2005.

果,防止中亚地区的恐怖主义和极端主义势力成为对美国的威胁,确保美国在中亚的军事和安全存在。而这两个目标显然对于上海合作组织的发展形成了严重的消极影响。中亚地区巨大的能源资源潜力及其未来输出通道也是美国非常关心的。"美国另外的目标包括:控制来自里海盆地的石油供应——特别是在一条完全为西方所拥有的从阿塞拜疆经格鲁吉亚到土耳其通往地中海的输油管道正在建设之际——以及拉姆斯菲尔德提出的建立'睡莲漂浮叶'的计划,即在世界范围内建立众多可随时启动的小基地,以便为美国部队提供通道。"①美国还把原来分由国务院不同部门管辖的中亚国家和南亚国家合并到一个部门,统一协调其战略和政策。美国对中亚战略的一个很重要的意图就是避免中亚地区巨大的能源资源由俄罗斯或者中国来主导,而是要面向西方,"所谓大中亚计划的核心,就是中亚的能源不能往东或往北,而是要往南",②往南就是经过美国占领的阿富汗通过巴基斯坦进入印度洋。

各国铺设从中亚地区通往欧洲、南亚等地的新输油气管线方案和决定价格的博弈仍在继续。近年来,美国和西方国家加强了对中亚和里海地区的工作力度。现在巴库—第比利斯—杰伊汉的输油管道已在运作;通向欧洲的跨里

---

　　①　美国耶鲁大学全球化研究中心网站. http://yaleglobal. yale. edu/display. article? id=6060.

　　②　引自2006年6月26日哈萨克斯坦总统战略研究所所长苏丹诺夫在上海国际问题研究院举办的《中亚局势和上海合作组织》国际研讨会上的发言记录。

海输气管道(Nabucco),也列入了欧盟优先发展的大项目计划之中。西方能源跨国公司凭借其强大资本、技术实力、管理经验和捷足先登的优势,欲称霸国际能源市场。美国等西方国家多方阻遏中俄获取上海合作组织地区的能源资源。已经掌控中亚—里海地区近1/4石油资源、拥有"里海管"集团大量股份并建设了绕开俄罗斯、面向西方的巴库—杰伊汉管线的美国等西方国家竭力推行大中亚计划,主要目的是加强对该地区的控制,争夺油气资源,以挤压俄的战略空间、抑制中国崛起、防范伊朗做大。[①] 对我国扩大与这些国家的能源合作构成严重挑战。

日本一直是中俄能源合作中的有力竞争者。中日作为东北亚地区两个能源消耗大国,都将自己能源进口的多元化目标瞄准了俄,从而导致两者在一定程度的竞争。中国和俄罗斯在中亚地区也有直接涉及能源的利益之争,其突出表现在应如何长期合理利用和分配中亚国家的天然气资源。

第三节 推动上海合作组织框架内能源共同体的建构

上海合作组织的能源合作已经取得了一些成果,中国在上海合作组织框架内与其他成员国的能源合作不但符合相关各方的能源利益,更重要的是这种合作对于解决中国

---

① 徐鹤鸣. 透视美国的"大中亚"战略. 国际问题研究, 2007(1).

面临的能源安全问题具有十分突出的积极意义。因此,在未来,应该继续推动上海合作组织框架下的能源合作,但仅仅是简单的在数量上增加这种能源合作是不够的,各种双边合作关系的简单相加并不能提升这种能源合作的层次,也不能和很好地保障所有成员国的利益,有时候甚至还可能产生内部的不良竞争。因此,未来上海合作组织框架下的能源合作必须有长远战略规划,朝着建立能源共同体的目标发展,这将不仅有利于中国和有关成员国的双边合作关系的发展,而且有利于我国能源安全问题的解决。

一、上海合作组织能源共同体的建构

目前中国与上海合作组织成员国之间能源合作的大部分项目是双边合作,其实其他成员国之间的能源关系也大部分是双边合作关系,这种合作方式在初期对于满足各方的互利需求是有利的,但是这种合作方式在上海合作组织内部很难得到共赢的局面,进口国之间(印度和中国)、出口国之间(俄罗斯、哈萨克斯坦、伊朗)很容易产生利益分歧和互相猜忌,从长远看,与成立上海合作组织促进成员国之间友好合作关系以及促进区域合作的宗旨有不够和谐之处。

事实上,在上海合作组织内部,很多国家的领导人和学者也都意识到了这一点,因此近年来,如何使得上海合作组织内部的能源合作逐渐从双边走向多变并最终形成机制化的某种联盟一直成为关注的焦点。在这其中迄今最有意义的是2006年6月在上海举行的上海合作组织元首峰会时,俄罗斯总统普京正式提出了在上海合作组织内部建立能源俱乐部的设想。虽然对于何时成立这个能源俱乐部，这个俱乐部的职能和目标到底是什么所有成员国还没有明确设想，但是普京的倡议显然引起了所有成员国的共鸣。此后不久，上海合作组织就成立了能源工作组，几个月后，通过了《上海合作组织能源俱乐部章程》。中国对于建立上海合作组织能源俱乐部的设想也做出了积极的回应，胡锦涛主席和习近平主席都表示赞成建立上海合作组织能源俱乐部以促进成员国之间的能源合作。

虽然能源俱乐部的设想很快引起各国的反响，但是以现在的信息分析，俄罗斯提出这个能源俱乐部，很大程度上还是从俄罗斯的利益考虑出发，其基本立场就是上海合作组织内部对于能源合作应该有较多的沟通和信息交流，各国应该对能源合作规划和项目进行商讨，但似乎俄罗斯还不愿意发展一个实质性的能源合作联盟。因为在目前，俄罗斯还是上海合作组织内部最为强势的能源国家，俄罗斯希望通过能源俱乐部这种形式最大限度地发挥俄罗斯对其他国家能源合作的影响，而一旦成立有一定约束性的能源合作联盟，显然俄罗斯的能源优势地位将受到其他成员国的约束而无法全部发挥，在双边合作中处于相对弱势的一方在有一定约束性的联盟中往往能够改善自己的地位，这并不是俄罗斯愿意看到的。而其他国家之所以热衷这个话题，是因为这个设想有助于上海合作组织内部对这个问题相关组织机制建构的正式探讨，但是每个国家心目中的发展道路肯定是不同的。所以，在一段时间内，能源俱乐部概念会很热，但是其组织机制尚难正式建立，即便建立，也很可能将是一个形式大于内容的论坛式机制，这从现在的《上海合作组织能源俱乐部章程》可以看出。在宪章的第一章总则里表明："上海合作组织成员国能源俱乐部是非政府协商性机构，该机构把上海合作组织成员国哈萨克斯坦、吉尔吉斯斯坦、中国、俄罗斯、塔吉克斯坦、乌兹别克斯坦6国政府机构和实业界代表，以及这些国家能源领域的信息分析中心和科研机构联系在一起，就上海合作组织成员国改善能源安全、协调能源战略、促进能源生产、运输和消费各方之间的协作等问题进行广泛的对话"，而在第二章关于上海合作组织能源俱乐部的任务和工作一共有四条，"第一条能源俱乐部的主要任务是为协调上海合作组织各成员国的关系创造一个全方位讨论其能源战略的信息交换平台，并制定改善成员国能源安全的建议；第二条讨论上海合作组织能源生产、运输和消费各方在中亚及国际能源市场上加强协作的问题；第三条促进上海合作组织成员国在能源领域的有效合作；第四条实现上海合作组织成员国之间、实业界和金融界之间能源信息和能源技术的交换"。①

可见，现在各国心目中的能源俱乐部还只是一个交流信息、协调话题的地方，是一个真正的"俱乐部"，没有起到实质性作用，还难以看到它对上海合作组织框架下能源合作实际的推动作用。因此从长远发展战略规划而言，若要真正推动上海合作组织框架内的能源合作，并使得这种合

---

①　该章程中文版全文本书附录，引自《国际石油经济》2007年第7期。

作带有"战略联盟"①的性质,使得所有成员国都能从这种合作中得到能源利益的保障,上海合作组织在未来可以考虑形成某种"能源共同体",这种能源共同体的名称并不重要,可以命名为上海合作组织能源共同体,或者叫能源集团,或者沿用能源俱乐部亦可,关键是它必须具有实质性的作用。

首先,能源共同体应该能够对所有成员国的能源合作的性质、目标与主要职能有所明确的规定,在此基础上进行组织、规划、协调。上海合作组织内部能源进出口国家较多,进出口数量也较多,如果没有战略规划和协调机制,只能是自行其是的双边贸易合作,在有些情况下不同的利益方还可能产生不良竞争引起内耗,因此需要对能源合作开发、基础设施建设、利益分配机制等进行一定的规划和协调。

其次,该共同体应该具有对各成员国有一定约束力的运行机制。任何一个有效率的合作集团都必须在内部有一定的约束机制,权利和义务同时承担,否则必然导致最后的有利共逐之,无利皆避之的局面。欧盟、东盟等比较有效的区域合作组织都有着对成员国有一定约束力的运行机制,欧佩克组织关于石油的增产或限产决定也对成员国有一定的约束效力。未来的上海合作组织能源共同体也应该如

---

① 此处的"战略联盟"不是严格定义的术语,不具有政治安全上的联盟意义,是指在某一领域有着共同利益的行为主体组成的合作集团。

此,这种约束机制可以是有上海合作组织元首会议授予其相应权利,也可以由所有参加者共同选择合适的办法组成。

第三,各成员国为了各自的能源利益保障和在国际能源市场上维护整体利益,有可能要在共同体内部进行一定的利益和权利让渡。在一个共同体内部,必然有时会产生一定的利益差异和机会不均等,但是如果各个成员国总是追求自己的绝对利益的话,这种合作是不可能长久的。因此,成员国必须在某种程度进行一定的利益和权利让渡,这种让渡从长远来看有利于保证所有成员国的共同利益。

第四,该共同体还应该在遵循市场原则的基础上秉持开放的原则。上海合作组织并非是一个封闭性的地区组织,而是一个开放的地区合作组织。这种开放一是表现在其成员国并非是固定不变的,最初上海合作组织由上海五国组成,后来增加了乌兹别克斯坦为正式成员国,后来又增加伊朗、印度、巴基斯坦、蒙古和阿富汗为观察员国,还有白俄罗斯、斯里兰卡和土耳其为对话伙伴国等,现在还有一些国家希望加入上海合作组织。在内部机制进一步完善的情况下,上海合作组织的成员国数量还会变化。这种开放的另一种表现是其各种领域的合作并不仅仅限于组织内部,现在上海合作组织和东盟、海湾国家组织、独联体集体安全条约组织、欧亚经济共同体组织等都有对话磋商关系。同样,上海合作组织框架下的能源共同体也应该是开放的,这种开放一是指其成员数量是开放的,本着合作互利的原则自愿参加,上海合作组织成员国未必一定参加,非上海合作组织国家只要承认和遵守能源共同体的原则也可以参加；二是指合作的方式也是开放的，本着市场原则既可以成员国内部进行合作，也可以成员国与外部国家进行合作，只要这种合作不妨碍能源共同体的共同利益。事实上，上海合作组织能源共同体越是开放，参加的成员越是多，与非成员合作越是广泛，其对世界能源市场的影响力就越大，得到的话语权也越大，从而也越能保障成员国的共同利益。

第五，上海合作组织能源共同体应该具有配套的能源金融体系和机制，共同应对国际能源市场各类风险，特别是"亚洲溢价"问题。能源是一项投资大、见效慢的项目，因此所有成员国集资组建上海合作组织能源开发银行将是对能源合作，尤其是需要大量前期资金投入的勘探开采、基础设施建设具有重要意义。上海合作组织现在建立了银行联合体，在此基础上组建专门的开发银行已经有了一定的基础。在2013年9月的上海合作组织杜尚别元首峰会上，习近平主席就提出要"加强金融领域合作，成立上海合作组织开发银行和上海合作组织专门账户"，这对于打破目前国际能源市场以美元作为唯一结算货币的局面、增加上海合作组织成员国在国际能源市场上的话语权和影响力是非常重要的。另外，从长远看，上海合作组织能源共同体如果希望在国际能源市场拥有较大影响力、话语权和规制权，建立相应的能源交易中心也是必须考虑的。当今世界能源市场的主要规则和价格体系的主导者基本都由西方能源公司与纽约、伦敦等几个传统大型能源交易中心所决定，上海合作组织能源共同体要维护自己的共同利益，减少世界能源市场波动的冲击和损害，就应该有自己的交易中心来平衡世界能源市场中的传统势力。这其中对于中国和印度等上海合作组织内的能源进口国来说，一个需要解决的突出问题就是"亚洲溢价"问题。

　　中国与印度等上海合作组织内主要能源进口国，除了一般的能源进口渠道、能源运输通道等能源问题外，还面临一个特殊的"亚洲溢价"问题。所谓"亚洲溢价"现象是日本能源经济研究所首先提出的。20世纪90年代，该所专家发现，中东产油区同一时间出口同种石油给亚洲的离岸价格普遍高于给欧美的价格。统计数据显示：1995年至2003年，"亚洲溢价"年平均值为每桶1.3美元以上，近几年还在逐渐增加。2009年1月，与中东出口美国的原油价格相比，"亚洲原油溢价"已急剧攀升至每桶6—7美元，达到历史最高水平。以沙特产原油为例，2009年1月份面向亚洲的离岸价格为每桶41.19美元，而同期面向欧洲的价格为37.95美元，面向美国的价格更是低至33.54美元。因此，与欧洲相比，同期的"亚洲原油溢价"为3.24美元，与美国相比则达到7.65美元。[①]

　　"亚洲溢价"的形成有着诸多原因。历史上，西方"七姊妹"大石油公司最早在中东地区开始石油勘探开发作业，并在之后相当一段时间内垄断了中东石油的开采业务。在石

----

　　① 中石油官网.中东原油出口"亚洲溢价"现象加剧. http：// www. cnpc. com. cn/CNPC/xwzx/hyxx/％D6％D0％B6％AB％D4％ AD％D3％CD％B3％F6％BF％DA％A1％B0％D1％C7％D6％DE％ D2％E7％BC％DB％A1％B1％CF％D6％CF％F3％BC％D3％BE％ E7. htm.

油产业成为中东产油国的经济支柱以前,中东国家的政治经济实力相对弱小,他们的石油政策完全受以美国为首的西方列强的控制。政治上,以沙特为首的几个中东产油国有赖于美国的政治支持和军事援助,对美国在原油出口价格方面采取"优惠"政策,符合其国家利益。同样,欧洲主要国家与中东地区有着较深的历史渊源,中东国家与欧洲,尤其与英、法这两个安理会常任理事国之间,存在着战略利益。而亚洲国家在国际政治尤其是中东事务中的影响力相对较弱,在原油进口方面也就很难得到中东国家在价格上的优惠。经济上,市场不对称是一个非常重要的原因。中东产油国认为,按照目前的价格可以保证他们的原油在三个市场都有竞争力,并可确保销路畅通。亚洲主要石油进口国对中东原油的依赖程度很高,而美国和欧洲的原油来源较分散。为了保证自产原油在欧美市场的竞争力,中东国家必然要在价格上让步;而对于亚洲原油市场来说,中东原油处于相对的垄断地位,中东产油国在定价问题上有主导权。另外,国际能源市场上原油定价规则的不平等是形成"亚洲溢价"的直接原因。中东原油出口离岸价格由基准价格和贴水两部分组成。中东给欧美的贴水一直比亚洲优惠,而基准价格则根据不同出口目的地基准石油品种的期货价格来确定。美欧都有能够较好反映当地原油供求趋势的期货市场及期货品种,而亚洲地区区石油期货交易起步晚,目前亚洲地区是以阿曼和迪拜月平均价为基准价格,这不仅高于美欧基准价格,而且深受其变动影响。

　　亚洲国家若想从根本上改变在中东原油市场上的不利

地位,必须发展亚洲石油期货交易,共同培育亚洲原油定价中心。亚洲国家基于这一目的进行能源合作已经成为许多国家政府和学者的共识,2002 年,菲律宾在"东南亚国家联盟"与中日韩三国的共同会议上首次提出了"亚洲溢价"问题,得到了响应。2004 年 8 月,在维也纳举行的欧佩克会议上,印度观察员代表亚洲主要原油进口国与中东产油国又进行了磋商。中日韩三国就此进行合作也是许多专家呼吁的。相对而言,上海合作组织在这方面具有更多的优势和基础。

上海合作组织成员国内部有着世界上最主要的石油天然气出口国如俄罗斯、伊朗、哈萨克斯坦等,也有着世界上最主要的石油天然气进口国如中国、印度等(具体数据参看前文),其石油天然气的贸易量是非常巨大的。而且其中主要能源出口国家包括了中亚、欧洲和中东三个地区,中国和印度通过上海合作组织内部的能源合作更多地进口俄罗斯、哈萨克斯坦和伊朗等国的能源,本身就降低了对中东海湾地区石油的依赖程度。但是简单的贸易量的变化并不会改变能源定价的规则。要消除"亚洲溢价"现象对中国印度及其他亚洲国家的经济利益上的损害,就必须逐步改变目前的能源市场规则,使得中国印度和其他亚洲国家在能源贸易上不仅仅受西方以及海湾地区的能源交易中心和期货市场的价格控制,而要形成自己的、能够影响世界能源价格的能源交易中心。

在这方面,上海合作组织日益进行的金融合作将能够起到相当的促进作用。上海合作组织成员国之间巨大的能源贸易量、成员国以合作为基础的稳定的政治关系,以及逐渐成熟的能源合作机制都为未来建立上海合作组织框架中的能源交易中心及期货交易市场提供了有利条件。在未来,上海合作组织框架中的能源交易中心将大大促进和规范各成员国互相间的能源合作,对世界其他地区的能源合作,尤其是能源价格的制定规则也会逐渐发生重大影响,从而对"亚洲溢价"这一不尽合理的现象形成冲击。世界能源市场稳定价格体系的形成,是有利于上海合作组织内部所有能源出口国和进口国的长远利益的,也是上海合作组织开展机制性能源合作的重大目标之一。

上海合作组织框架中未来能源交易中心比较合适的建立地点应该就是上海,一是符合上海合作组织的名称,二也符合上海要建设世界金融中心的发展定位。

二、推动和深化上海合作组织框架下能源共同体的有利条件

从现在情况看,在未来形成上海合作组织框架下的已经具备一定的有利条件,从长远看,这是符合上海合作组织成员国的共同利益的,对于中国能源安全的保障也具有积极意义。

1. 上海合作组织成员国建立能源共同体具有共同的行动目标基础

振兴经济、加速发展是今后较长时期内上海合作组织成员国共同的战略任务,各国存在着共同发展的客观需求。加强对外能源合作是中国对外经济合作的核心战略之一。

充分发挥能源优势,大力拓展能源市场,推动经济发展是俄、哈、乌等所有成员国的战略选择。虽然俄罗斯和中亚国家均致力于扩大能源出口,但也都面临出口市场单一,容易受到世界能源市场波动和地缘政治动荡影响的挑战。增加油气出口渠道,开辟稳定、安全的油气出口也是这些国家能源战略目标之一。推动上海合作组织框架下的能源合作与俄、哈、乌、伊、土等上海合作组织内油气资源出口国的发展战略目标是相适应的。

2. 上海合作组织具备建立能源共同体的互补优势

首先是资源市场互补优势。上海合作组织的成员国和观察员国中,俄罗斯、哈萨克斯坦、乌兹别克斯坦和伊朗以及与上海合作组织关系密切的土库曼斯坦是能源丰富、拥有较大能源出口潜力的国家。而中国和印度则是上海合作组织内部能源进口最多的国家,而且在未来它们对能源的需求呈不断上升趋势的。在当今世界存在不少由于共同经济利益组成的“战略联盟”,特别是某些拥有特殊资源优势的国家组成了合作集团以共同应对世界市场的变化,比如石油输出国集团(OPEC),但是 OPEC 的问题是所有成员都是石油出口国,其应对世界市场的能力其实是受到约束的,因为在大宗贸易中,并不总是卖家占有天然优势。在世界经济形势波动的情况下,国际能源市场完全可能因为资源过剩而成为买方市场,一旦形成这样的局面,这种所有成员都是出口国的联合体反而容易出现利益纠葛和内部竞争。OPEC 组织内部成员政治体制、经济体制、在国际事务中的立场和利益归属相差甚大,这也给组织协调统一行动带来巨大障碍,这就导致了冷战结束以来,OPEC 组织作用日益减弱、对世界能源市场的影响也逐渐减小的局面。而上海合作组织未来的能源共同体与之不同的是,上海合作组织内既有俄罗斯、哈萨克斯坦、乌兹别克斯坦、伊朗等能源出口大国,同时又有中国和印度这样的能源进口大国,从而使得其内部能源结构大大优于 OPEC 这样的单一集团,即便世界能源市场出现大幅波动,上海合作组织能源共同体由于内部有着足够的能源相互进出口数量,可以避免出现价格大起大落以及出口国之间和进口国之间因为自身利益而互相恶性竞争。反过来,如果上海合作组织能源共同体的能源贸易数量足够大,那么这种抗冲击能力结构本身也是对世界能源市场的一个稳定机制。

其次是资金技术和管理互补优势。上海合作组织成员国在涉及能源合作的资金、技术和管理等方面也具有很强的互补性,可以互相取长补短。中国拥有世界最大数量的外汇储备,积极推动"走出去"的能源合作战略,大力加强能源产业的国际合作。俄罗斯和哈萨克斯坦的经济在最近几年也有长足的发展,经济实力已经开始有所恢复。虽然2009 年的国际金融危机爆发之后以及国际地缘政治的变迁对一些成员国的经济发展造成了一定的冲击,但从长远来看,中国、俄罗斯、哈萨克斯坦、印度等国都具有较大的发展潜力,其经济实力在未来得到较快的提升是可以预期的。俄罗斯在某些油气勘探和开采技术领域具有世界较先进的水平,中俄两国在经济转型过程中积累的现代企业管理经验一定程度上也有助于增强上海合作组织能源合作的科学性和合理性。

3. 上海合作组织能源共同体建构已经具备一定的政治基础

总体而言,上海合作组织成员国的战略利益有着较为广泛的一致,在许多重大国际问题上有着相同或相似的观点和立场;很多成员国彼此间形成了各种战略合作伙伴关系。上海合作组织各成员国彼此间奉行不干涉内政原则,尊重各国自行选择的发展道路,不存在严重的政治障碍;随着上海合作组织本身的不断发展,成员国之间的政治互信也在不断加深;还有很重要的一点是上海合作组织大部分核心成员国具有类似的至少是互相不冲突对立的价值观,其政治经济模式有一定的同质性;"互信、互利、平等协商,尊重多样文明,谋求共同发展"的上海精神已经成为所有成员国的共识,这为上海合作组织各成员国进一步深化在能源领域的相互合作,包括建立统一能源空间奠定了扎实的政治和安全基础。

4. 建立上海合作组织能源共同体已具备必要的物质条件

首先是地理位置上的条件优越。上海合作组织各成员国领土广袤,从最东边的太平洋西岸一直到最西边的波罗的海沿岸,几乎覆盖了欧亚大陆的大部分,上海合作组织成员国已经拥有了纵横交错的陆上管道运输网络、四通八达的铁路、公路以及水路等各种便捷的交通体系,这就为彼此间开展能源合作提供了优越的自然条件。上海合作组织成员国这种连成一片的地理格局,尤其适合采用陆上管道来运输石油和天然气,比起海运方式可以明显节省成本,增加运输环节的安全。比如俄罗斯新发现的油气田大多数位于其亚洲西伯利亚领土上,离中国的距离要远远近于俄罗斯传统的能源出口对象西欧各国,哈萨克斯坦的石油天然气资源虽然主要位于本国西部靠近里海的地区,但离中国要比向西越过里海、高加索地区和黑海再输往欧洲要近了很多。随着铁路技术的日益发展,在今后,通过铁路运输石油天然气资源也是一个重要的补充手段,这也是上海合作组织成员国的一个独特优势。

其次,正如上文阐述的,上海合作组织中部分成员国拥有极其丰富的石油天然气资源,是世界上主要能源出口国,而部分成员国则是世界上最主要的能源进口国,从而形成了天然的互需互利关系。

三、推动上海合作组织框架内能源共同体建构的对策思考

要将上海合作组织框架下的能源合作提升到新的高度,尚须在主观上作出艰巨努力。中国政府尤其需要在政策层面有所创新和突破。

1. 应更加注重开展与上海合作组织成员国能源合作在我国能源战略中的地位

在推动上海合作组织框架下的能源合作长期战略的制订时,应进一步强化与上海合作组织国家的能源合作在中国能源国际化、多元化安全保障体系中的重要地位,并使能源合作成为上海合作组织整个经贸合作大框架之下的基本

组成部分。中国政府要在与俄罗斯和中亚国家协商一致基础上,制订出上海合作组织框架下的中国与各成员国能源合作长期战略纲要,作为协调、指导境内外能源投资开发、进出口、加工等多方面合作的指南,使各项合作方向清晰和有规可循。

2. 妥善处理上海合作组织框架内外能源合作方面的各种利益关系与矛盾,争取互利多赢

国际能源合作往往是盘根错节的多头利益博弈,超出买卖双方两家范围,甚至也不仅仅限于上海合作组织范围之内。因此,首先,要处理好上海合作组织框架内双边与多边能源合作关系,避免相互掣肘及零和博弈,形成合力,力求双赢与多赢的一致性,促进合作成功。在与一方进行能源合作时力求避免被其他方解读为对自己利益的威胁,引发不必要的矛盾和冲突,如中哈油管项目曾被某些人误读为对中俄油管的替代物和对俄罗斯利益的挑战,实际上,中哈油管将成为中俄哈三方合作的平台,在未来,俄罗斯出口中国的石油完全可以使用该管道系统。其次,要注意处理好上海合作组织内外之间的能源合作关系,比如要处理好中国与土库曼斯坦、伊朗等国的油气合作和中国与上海合作组织正式成员国之间的合作关系。还要看到在上海合作组织框架内成员国互相之间进行能源合作的同时,其他国家特别是美国、日本、韩国等也会与俄罗斯、中亚国家开展能源合作往来。因此要注意处理好这几种合作之间的竞争关系,要消除传统的零和原则观念,不要造成非友即敌、你死我活的态势,要以开放的心态看待各种能源合作和竞争

关系，做到以我为主，扬长避短，争取互利多赢。同时，也要对竞争对手的各种可能策略做到知彼知己，防止那些损人利己的行径造成于我不利之局面。对于各种合作之间产生的矛盾和利益纠纷，主张通过对话和协商以求得变零和博弈为多赢博弈。第三，中国要积极推动上海合作组织与欧亚经济共同体、独联体、亚行、南盟等国际组织和金融机构的对话和联系，利用区域外的资金、技术和管理经验优势来促进和深化本区域内的能源合作。上海合作组织六个正式成员国国都已经参与了亚行倡导的中亚区域经济合作机制以及联合国开发计划署支持的"新亚欧大陆桥国际协调机制"。2006年5月8日，上海合作组织还与欧亚经济共同体在北京签署备忘录，同意把能源合作作为双方多领域合作中的重点。

3. 扩大上海合作组织能源合作的领域，谋求多元化的合作方式

目前，中国与上海合作组织成员国之间的能源合作主要内容为从这些国家进口石油和天然气，共同建设能源运输管道等，在今后，应该继续扩大合作的领域，比如可以包括石油天然气深加工、石油化工机械制造、能源运输体系以及终端销售等领域的合作。通过多元化的合作将不仅能够扩大合作领域，创造更多的合作效益，而且有利于增加合作各方的就业机会和推动一些偏僻地区的经济发展，同时多元化的合作也可以降低合作方的一些互相猜疑。例如目前俄罗斯对中国热衷于从俄进口石油天然气及其他矿产金属等初级产品不甚满意，因为这种贸易结构导致俄罗斯的出

口结构低级化。所以,通过扩大能源合作的相关领域,提升能源合作的结构层次,可以起到巩固和优化中俄两国能源经贸合作的结构,消除彼此间一些疑虑的作用。为扩大这种多元化的合作领域,中国能源企业应该积极地"走出去",政府也应该鼓励和引导能源企业增加对上海合作组织成员国的能源投资,在这些国家境内外进行勘探开采、销售运输、石油化工、发电输电等多方面的合作,这将大大深化中国与这些国家的能源合作,显著提升中国与俄罗斯、中亚等上海合作组织成员国的能源合作水平。

4. 注意避免能源问题政治化,提高能源合作实效

上海合作组织成员国的一个共同特点就是几乎所有国家都处在经济发展模式向市场经济转型阶段,能源合作政策虽然有地缘政治的因素,也有各国一定的政治背景考量,但能源合作本身要建立在国家经济利益和市场经济准则的基础之上,合作成功的基础是互利共赢。要舍弃将能源合作政治化的传统思维,按照市场经济规律切实推动能够产生实效的合作。俄罗斯外交部部长拉夫罗夫曾经指出,上海合作组织应该促进建立本区域内的能源合作体系,充分考虑所有成员国的利益,"不能将能源政治化"。在准确掌握国际能源市场变化的规律和协商的基础上,成员国应该合理制定具有前瞻性、稳定性的长期贸易和运输(包括过境)价格协议,使得所有的合作方都能够在不受国际市场急剧波动的影响,在正常的价格范围内进行长期稳定的合作和能源进出口贸易。同时,上海合作组织也要避免多边国际组织通常可能面临的由于各成员国的利益分歧而造成长

期议而不决、决而不行的困境,要积极促进上海合作组织内合作机制的建设,不仅要重视政府高层领导人相互之间的交往,也要注意增加各国能源企业管理层的交往和互信,使得各成员国的政府、企业和社会等不同层面形成各级对话和合作机制。2006年6月14日成立的"上海合作组织实业家委员会"就是一个很好的平台。

5. 建立和完善能源合作机制,促进上海合作组织框架下的能源共同体的形成

中国要与有关国家共同整合上海合作组织内部的能源合作,推动双边能源合作逐渐走向多边能源合作,协调各成员国利益,最终争取形成上海合作组织框架内的能源合作机制,组成各国平等互利的"能源共同体"。现在上海合作组织内部的能源工作小组和《上海合作组织能源俱乐部宪章》的制定已经表明一个在"上海合作组织"框架下的区域性能源合作与协调机构已开始基本形成。哈萨克斯坦总统纳扎尔巴耶夫曾经指出:"把俄罗斯、哈萨克斯坦、中亚和中国连接起来的现有输油管道为上海合作组织建立一个共同能源市场奠定了良好的基础。我们的行动应当旨在成立一个能源俱乐部。在我们的理解中,它可以成为亚洲能源战略中的一个关键因素。"[1]在今后,成立更加紧密、更加有效的能源共同体或能源联盟的设想将对所有成员国的经济发展提供较大的机会和利益。2003年9月在上海合作组织

---

[1] 陈小沁.上海合作组织能源一体化前景探析.国际经济合作,2008(10).

成员国政府首脑会议上通过的《多边经贸合作纲要》,已经对上海合作组织内部的能源问题给予了特别关注并明确表示将促进成员国这方面合作的开展。《纲要》认为该领域的合作的主要内容包括以下几个方面：改进现有能源设备和系统,发展成员国间交通基础设施,联合开发新的石油天然气产区和共同开展地质勘探,为成员国相互开放能源市场和实现无障碍跨国运输创造条件,培养和提高成员国能源领域专家的专业水平等。合作的目标是各成员国在能源领域的积极合作将为最终构建统一能源空间、实现成员国的能源一体化创造条件。

　　显然,一旦未来能够形成成员国的统一能源共同体,将会要求所有成员国制定基本统一的区域和国家级能源战略,在石油和天然气领域共同商讨拟定政策指南和相互关系原则,共同开发研究新能源和环保技术。这种比较高级形式的合作需要所有成员国在政策上予以强力支持,比如按照市场原则统一能源价格和运价,统一相关的税收体系、防止供应方的恶性竞争等。能源共同体还将要求成员国共同进行大规模投资来改造与建设彼此相连的交通运输基础设施。而这一切如果没有一个能够协调各成员国利益的组织机制是难以做到的。因此,该机制的建设将是未来推动上海合作组织能源合作的关键性措施。

　　6. 深化金融体系的合作,为能源共同体夯实物质基础

　　现在上海合作组织内部的能源合作以及经济合作的项目资金大都是在双边项目中运转,而要促进共同的能源合作必须有共同的金融体系予以保障。目前,各成员国都面

临着金融危机对本国经济和金融的冲击,各国除了采取各自的经济和金融政策进行应对的同时,也提出了合作应对的问题。因此,各成员国应该利用这个机会进行深入的金融体系的交流和合作,尤其是多边事务的合作,积累经验。金融领域的合作对于推进和深化上海合作组织成员国能源合作具有非常重要的意义。上海合作组织于2001年成立以来,金融合作作为经济合作的重要内容也受到各成员国的日益重视。2004年比什凯克成员国总理会议批准的《〈多边经贸合作纲要〉实施措施计划》包括11大类、127项,涉及能源、交通、电信等优先领域的合作内容,确定了金融重点优先支持的领域。2005年,胡锦涛主席在上海合作组织阿斯塔纳峰会上呼吁尽快建立银行联合体,为深化经济合作创造有利条件。同年10月,上海合作组织银行联合体协议在莫斯科签署,标志这一新型国际金融区域合作机制正式建立。成立银联体旨在保证在上海合作组织框架内,所有成员银行的安全和有效运行,为成员国的持续发展、为一系列重大项目的落实提供资金保障。目前,银联体已完成了自身的组织、筹建工作,进入实际运作阶段。

由各国有实力的大银行组成的上海合作组织银联体成立后主要采取灵活的市场化方式为区域内大项目提供融资服务,探讨由各国银行根据市场原则对区域内项目组织银行贷款,拓宽区域内项目的融资渠道。如中国国家开发银行作为上海合作组织银行联合体主席行,积极搭建银行联合体制度框架和合作平台,工作重心在于基础设施建设领域和能源开发领域,完成了中石油、中石化、中化、中信海外重大并购项目以及中哈石油管道、五矿智利铜、中信集团收购加拿大内森斯能源有限公司哈萨克斯坦能源资产、中国化工集团公司收购法国安迪苏公司等重大项目,成功地促成了哈萨克斯坦和中国合作修建的马伊纳克水电站的项目。①

为促进金融合作并以此为后盾推进能源合作,上海合作组织在今后合作进程中应从基金建立、政策支持、机构设置、金融监管、信息交流机制等制度建设方面构建起上海合作组织金融合作的平台。现在,可以为上海合作组织框架下能源合作提供金融服务和支撑的金融机构比如新近成立的由包括中俄印三国在内的金钻国家组建的"金钻国家开发银行"、以中国为主导建立的亚洲基础设施投资银行以及未来可能成立的上海合作组织开发银行等。

7. 积极推动多边能源合作的发展

上海合作组织框架内的能源合作虽然拥有良好的客观基础和主管意愿,但由于种种原因,目前这种能源合作更多地是在双边领域开展,多边领域的能源合作则起步不久,需要在今后大力予以推动,上海合作组织框架内的能源合作最终能否成为有效的能源合作机制并能够对国际能源市场形成较大的积极影响,很大程度上取决于这种能源合作能否是多边的开放性合作。

我们可以通过中国与中亚的天然气管道合作这个案例

---

① 王海燕.上海合作组织金融领域的制度安排与功能合作.国际贸易,2010(2).

分析上海合作组织框架内能源合作多边话的成效和潜力。

2009年12月14日,中国中亚天然气管道在历经一年半建设后实现单线开通输气,2010年实现双线输气。初期年运力约50亿立方米。该管道起于阿姆河右岸的土库曼斯坦和乌兹别克斯坦边境,经乌兹别克斯坦中部和哈萨克斯坦南部,从阿拉山口进入中国,成为"西气东输二线"。管道全长约一万公里,其中土库曼斯坦境内长188公里,乌兹别克斯坦境内长530公里,哈萨克斯坦境内长1 300公里,其余约8 000公里位于中国境内。项目全面竣工后,在30年的运营期内,每年将从中亚地区向中国稳定输送约300亿立方米的天然气,相当于2007年我国国内天然气总产量的一半左右。胡锦涛主席同土库曼斯坦总统别尔德穆哈梅多夫、哈萨克斯坦总统纳扎尔巴耶夫、乌兹别克斯坦总统卡里莫夫一起出席了管道的开通仪式。在未来该天然气管道ABCD四线全部开通后,其运输能力可达到每年850亿立方米。

中国中亚天然气管道的开通是中国与中亚国家在能源合作领域互利合作的成功尝试,它也是上海合作组织框架内多边能源合作的典范项目。

对中国而言,随着国家社会经济生活发展以及能源结构调整,未来对清洁能源天然气的需求将大幅提高,供需矛盾将进一步加大。对中亚国家而言,能源约占2008年土库曼斯坦工业产值的47%,哈萨克斯坦工业产值的56%以及固定资产投资的54%,乌兹别克斯坦能源出口的1/5。独立后,土、乌、哈多次深切感受到管线单一的弊端,无论是进出口量还是进出口价格均不得已受制于人,进而抑制本国的能源发展和能源收入。管道多元化的意义毫无疑问非常重大。中亚国家均将此问题提高到国家安全保障的战略高度,不仅关涉经济发展,更是维护独立与主权的重要依托。因此,这些国家都把加强与中国的能源合作作为其维护本国能源安全利益的重要政策取向。中国中亚国家天然气管道项目的合作与本书所阐述的上海合作组织国家的能源合作是完全建立在各方客观基础和主观愿望之上的互利行为的观点是完全相符的。它表明上海合作组织框架内的多边能源合作是可以取得重大成就并同时符合各成员国的重要利益。

8.未雨绸缪,重视铀能源问题

虽然目前上海合作组织框架内的能源合作主要还是以石油和天然气资源为主,但是从长远来看,铀能源也将是一个值得重视的问题。

随着世界经济环境的逐渐变化,尤其是降低能源消耗特别是减少碳能源的消耗对于保护人类未来生存环境具有重大意义已经逐步成为全世界的共识,再加上目前世界上石油天然气资源的消耗速度大于各国探明可开采储量的增加速度,因此寻求"更干净、更节能"的能源资源是未来的焦点问题。在目前成熟的技术中,以铀为基本资源的核能是其中引人注目的可以部分替代碳能源的一项。核能发电既不排放温室气体,又可减少油气进口国对能源进口的依赖增强本国的能源安全,而且核能发电已经在价格上具有竞争力,因此世界各国纷纷将其视为能源战略的重要组成部分。

中国正处于核电发展的新时期,按照国家核电发展规划,到 2020 年,中国核电装机容量将达到 4 000 万千瓦、在建 1 800 万千瓦,届时天然铀年需求量将达到 8 000 吨左右。[①] 中国国家能源局局长张国宝在接受媒体采访时曾表示未来中国可以自给 70％的铀需求,30％则需要进口。[②] 因此如何加强国际合作确保中国铀资源和核能发展将也是中国能源安全的一个问题。

2008 年 6 月,国际经合组织核能机构(NEA)和国际原子能机构(IAEA)联合公布了 2007 版红皮书——《铀 2007:资源,生产和需求》,根据该红皮书的预计,到 2030 年,全球核电装机容量可能增加到 509 亿—663 亿千瓦,这意味着天然铀年需求量将达到 93 775—121 955 吨。世界铀资源分布并不平均,已探明资源主要集中在少数国家,其中主要集中于澳大利亚、哈萨克斯坦、俄罗斯、南非、加拿大 5 个国家,它们探明的铀资源量占世界总资源量的 63.3％。[③] 其中哈萨克斯坦和俄罗斯都是上海合作组织成员国。尤其是哈萨克斯坦,其铀能源产业在近几年迅速发展,探明的铀矿藏资源也日益增多。哈萨克斯坦的已探明铀储量位居世界第二,2008 年天然铀产量达到 8 521 吨,比 2007 年增长 28％,2009 年铀产量将增至 1.19 万吨,到 2010 年

---

① 国内勘查结合海外贸易 我国核电铀有保障. 经济参考报. 2008 年 10 月 31 日.

② 凤凰网. http//finance. ifeng. com/stock/roll/20090710/920289. shtml.

③ 吴瑾,白云生. 世界天然铀资源近况及启示. 中国核工业, 2008(8).

将进一步增至 1.8 万吨,届时哈萨克斯坦将成为世界上最大的产铀国。①

近年来,中国与哈萨克斯坦等上海合作成员组织国在铀能源的合作也稳步开展,现在中国已经从哈萨克斯坦和乌兹别克斯坦进口铀。中国唯一以核电为主业、由国务院国有资产监督管理委员会监管的中央企业广东核电集团有限公司(简称"中广核")在 2009 年 4 月与哈萨克斯坦达成有关协议,共同出资成立谢米兹拜伊铀有限责任合伙企业,计划增加在哈萨克斯坦境内两国合资企业的铀产出,并合作兴建发电厂。目前双方合资企业铀年产量约为 100 吨,双方计划在哈萨克斯坦联合开发一座总储量约 4 万吨的铀矿,在 2008—2012 年间中国从哈萨克斯坦进口 24 200 吨铀,联合在中国建设"多座"核电厂。②

从长远来看,随着各国经济和环保事业的发展,中国与上海合作组织成员国在铀能源合作领域的合作潜力也是巨大的,上海合作组织在这方面也要未雨绸缪,做好相应的准备工作。

第四节　中国能源安全保障的战略思考

迅速发展的中国在未来面临着相当严峻的能源安全问

---

① 郭志峰. 哈萨克斯坦铀资源开发近况. 国外核新闻,2009(2).

② 中国有色网. 中广核与哈萨克斯坦合资企业计划提高铀产量. http：//www.cnmn.com.cn/ShowNews.aspx? id＝15814.

题,要切实解决我国未来的能源安全问题,确保我国未来的可持续性发展,需要制定一个正确的能源安全保障战略,这个能源安全保障战略应该整合全球能源合作的政策,其中上海合作组织框架下的能源合作包括推动上海合作组织能源共同体的建构应是该政策的重要组成部分。毫无疑问,推动上海合作组织框架下的能源合作是应对中国能源安全问题的一个有效策略,但仅如此是不够的,我们还必须在国家总体能源战略的指导下,制定全面的、有前瞻性的各项具体政策方针和策略,包括国内能源政策和国际能源合作政策。

一、应对能源安全保障问题的国内对策思考

中国作为一个能源生产大国和能源消费大国,其国内能源战略政策的导向对于中国未来能源安全能否得到保障是至关重要的。因此必须从可持续发展的视角来看待中国未来的国内能源战略。

1. 根本改变我国传统的经济模式,尽快转换我国经济结构

改革开放以来,中国实现了快速的经济增长,但代价也是相当昂贵的。这种增长方式的特点是高投入、高消耗、高污染和低效率,是一种粗放型的经济增长模式。要实现经济发展模式的转变,就应该积极贯彻和实施"十一五"规划中明确提出的 2010 年在国民经济再翻一番基础上降低能耗 20% 的目标并在此基础上继续降低我国发展经济所需的能耗,转变传统的高消耗的粗放经济增长方式,促进高效的集约化经济增长模式的发展,以减轻我国经济增长对石

油需求的过度依赖。加快产业结构升级步伐,重塑我国经济产业在国际上的竞争定位,积极发展高附加值的产业。由于新一轮全球产业结构的调整过程中,我国过多地承接了发达国家高能源消耗产业和技术转移,使得当前的产业结构中充斥着低附加值、高能源消耗的制造业。所谓的"世界工厂"造成了大部分产能过剩的现状,而且导致能源需求快速增长,国内出现了"煤、电、油、气"全面紧张的局面。因此,非常有必要扩大对外投资规模,主动调整我国在国际分工中的地位某些低附加值的粗放型产业、以减轻中国经济对能源的过度依赖。

2. 立足于国内,加大对我国自身能源的勘探、开发和建设

虽然我国现在国内能源生产不能自给,但中国并不是能源资源稀少国家,从长远看,我国本身能源生产还有很大潜力。随着大庆等老油田产量的下降,近年来,新疆已逐渐成为国内第三大石油基地,石油产量占全国的12.7％。新疆的石油和天然气储量分别占全国石油和天然气总量的30％和40％。又如,2007年5月,中国石油天然气集团公司在河北省唐山市境内(曹妃甸港区)发现了储量规模达10亿吨的大油田——冀东南堡油田,这是40多年来中国石油勘探的最大发现。南堡油田的发现将极大地增强国内能源安全的供应保障能力。① 除了陆地资源以外,中国的

---

① 中石油发现10亿吨储量大油田.中国经营报,2007年5月8日.

海底大陆架也储藏有丰富的能源资源。从目前来看,海洋石油天然气工业是中国成长最快、发展潜力巨大的新兴海洋产业,其年均增长率高达 32.3%;国内目前已有 25 个海上油气田投入开发,年产石油 2 000 多万吨。[①] 国内能源生产数量的增加,将有助于减少我国对进口能源的过度依赖性,也有利于我国在波诡云谲的国际能源市场中周旋自如。另外,近年来世界能源领域出现"页岩气革命",在开采页岩气领域领先的美国借助页岩气开采已经接近把美国从一个能源进口过转变为能源出口国。页岩气是从页岩层中开采出来的天然气,是一种重要的新兴能源,但开采难度很高。经过不断地探索和努力,现在中国的页岩气开发也已经开始进入成熟阶段。根据已有信息,中国有着非常丰富的页岩气资源,全国页岩气储藏量为 134 万亿立方米,其中仅四川省就拥有约 27.5 万亿立方米,全国可采资源量为 25 万亿立方米,四川省可采资源量即达 4.42 万亿立方米。[②]

3. 优化我国能源使用结构,大力发展替代能源和可再生能源

近年来,我替代能源和再生能源产业发展较为迅速,在今后,要加快如下几个领域的技术研发和突破,其中包括:

一是积极推动研发加快煤代油技术的产业化途径。中

---

① 新浪网. 海洋经济发展纲要实施 我国全面提升海洋实力. http://news.sina.com.cnlc/2003-06-10/10111154965.shtml.

② 中国新闻网. 页岩气开发将进入"井喷"四川能源领域改革欲破题. http://energy.people.com.cn/n/2014/0320/c71661-24683368.html.

国的煤炭资源极其丰富,现在仅仅可开采的煤炭储量就为
1 145亿吨,储藏开采比高达110左右。以煤代油是一项技
术含量较高且具有很大潜力的能源替代政策,它包括两方
面的基本含义:一方面是改造以石油制品为燃料的装置,
通过煤炭的洁净利用来代替石油产品;另一方面是研究开
发和推广应用可以在技术上代替石油制品的煤炭洁净利用
的新技术和新产品。

　　二是加快"可燃冰"(天然气水合物)资源的技术研发和
应用进程,将其列入国家能源发展规划之中。目前全球"可
燃冰"的总储量大约为1.1万亿吨,是石油、天然气以及煤
炭等主要碳能源总储量的两倍多。世界主要发达国家对
"可燃冰"技术都非常重视,已经开始就该技术展开了广泛
研究。从今后中国能源长远安全利益的角度出发,中国现
在也应该开始着手在该领域有所发展和突破。

　　三是加强以植物等生物物质生产燃料酒精的技术研发
和应用工作,目前美国、瑞典等西方发达国家在这方面已经
达到了较高的技术水平和一定的产业化程度,中国也应该
在这个领域尽快取得技术突破并尽快实现产业化。美国、
瑞典等国在这方面已经达到了较高的产业化程度,美国利
用玉米研发替代能源的数量之巨大已经引起国际粮食市场
的波动。我国作为农业大国,生物资源丰富,潜力巨大。

　　四是加大可再生能源的使用比例,包括风能、太阳能、
水能、生物质能、地热能、海洋能等非化石能源。长期以来,
由于缺乏政策引导和财政支持,中国可再生能源的利用率
一直比较低。2005年2月,第十届全国人民代表大会常务

委员会第十四次会议通过了《中华人民共和国可再生能源法》，从而为可再生能源的开发利用提供了法律依据。同时，按照中国政府制定的可再生能源长期发展战略的规定，到 2010 年，中国的可再生能源将占能源消费总量的 10％，2020 年达到 18％，2030 年达到 30％，2100 年达到 50％。

五是逐步提高新能源在中国总体能源消费中所占的比重，逐渐改善我国的能源消耗结构，降低对石油天然气能源的依赖度，这应该是今后相当长一段时期内我国保障石油安全的重要策略。

4. 加快石油战略储备建设，健全能源安全应急预警机制

目前，中国已制定了石油储备规划：逐步建立能够保障国内石油供应安全、应对石油突发事件、稳定石油市场的国家石油储备体系；逐步建立政府储备与企业储备两者的合理分工，储备品种适应市场需要，石油生产、加工、销售、进口和储备密切衔接的运行机制；逐步建立健全石油储备法律制度；逐步建立稳定的石油储备资金来源保障体制。2003 年 5 月，中国正式成立了国家发展和改革委员会石油储备办公室，专门负责协调石油储备。2003 年，中国开始规划建设首批四个战略石油储备基地，分别位于大连、青岛、宁波和舟山。2007 年，位于浙江宁波的镇海石油储备基地已经建成注油。2010 年，中国基本建成相当于 30 天进口量的石油战略储备规模。现在，位于我国中西部地区的二期和三期战略石油储备基地也正在建设之中，完全建成后，将使得我国能够拥有符合世界标准的 90 天进口量石

油战略储备。石油战略储备的建成,将大大增加我国面临世界能源危机时的缓冲和周旋能力,改善我国的能源安全态势。

5. 大力提高我国能源使用效率,降低能源无谓消耗

我国目前的能源使用效率相当低下。2004年世界石油消耗水平为每万美元0.93吨,中国为1.87吨,中国石油消耗水平为世界的2.01倍,分别为美、日、印的2.34、3.60和1.04倍。[①] 2013年,中国的GDP总量约为日本的1倍半,而石油消耗约为日本的2倍半,即经过多年改善后,中国的石油消耗水平依然为日本的1.6倍多,考虑到中国使用其他能源如煤炭水利等要远远高于日本,所以中国的实际能源效率还要更低一些,这种现象也说明提高我国石油使用效率潜力较大。如果我国的能源利用效率能够达到西方发达国家水平,我国的能源消耗将大大下降,能源进口量也将可以大大缩小,从而大大缓解我们面临的能源安全问题。

当然,除了提高利用效率以外,厉行节约也是有效地降低能源消耗的办法。坚持节约原则,控制能源消费的总量,积极贯彻《节能法》中的原则和措施,合理利用投资、财税和价格等杠杆来平衡能源消费,鼓励节油,抑制无效和低效的石油消费,降低石油在经济发展和居民生活中的消耗量。国家为节能减排制定法律基础基础,健全节能技术和标准

---

① 李春光. 我国新时期石油战略的思考. 学习时报,2005年11月7日.

体系,鼓励推广应用节油和代油产品,限期改造高耗油高耗能的工农业设备,加强对石油制品消耗的监管力度,提高能源利用效率,通过采取各种技术经济等约束措施,抑制对石油需求的不合理膨胀。

6. 要大力提倡环保节能的生活方式

随着我国经济的发展和人民生活水平的日益提高,汽车,空调和各类高耗能消费品大量迅速进入我国居民家庭,尤其是私人汽车的增长更是令人瞩目。目前,汽车用油已经接近全国石油消耗总量的四成,预计到 2020 年公路交通运输用油将达到全国总量的 60%。向广大国民提倡新型生活方式,减少使用高耗能的汽车、家电等消费品以及各种一次性消费品,大力推广使用公共交通、新能源交通工具也将对我国节能环保作出较大贡献。

二、应对能源安全保障问题的全球对策思考

毫无疑问,在中国的对外能源依赖度已经接近 60%,并且在未来十年对外依赖度将更高的形势下,中国必须制定保障自己能源安全的全球政策。

1. 积极推动"丝绸之路经济带"建设,把上海合作组织框架内的能源合作作为"丝绸之路经济带"建设的核心

2013 年 9 月,习近平主席访问中亚诸国时,在哈萨克斯坦的纳扎尔巴耶夫大学发表演讲时提出了建设"丝绸之路经济带"的战略构想。为了使欧亚各国经济联系更加紧密、相互合作更加深入、发展空间更加广阔,可以用创新的合作模式,共同建设"丝绸之路经济带",这是一项造福沿途

各国人民的大事业。所谓"丝绸之路经济带",大致上沿着古丝绸之路的走向,从中国经过中亚、西亚、高加索、东欧一直通往西欧,将亚洲东部沿海和西欧这两大经济圈连接起来,被认为是"世界上最长、最具有发展潜力的经济大走廊"。在现代交通、资讯飞速发展和全球化发展背景下,促进沿线区域经贸各领域的发展合作,既是对历史文化的传承,也是对该区域蕴藏的巨大潜力的开发。

上海合作组织成员国和观察员国几乎全部处于"丝绸之路经济带"沿线地区,这些国家的积极参与是"丝绸之路经济带"建设不可或缺的前提,而"丝绸之路经济带"的构想本身也为所有这些国家开展全面的经济合作、谋求共同发展提供了更广阔的平台。现在,大部分上海合作组织成员国和观察员国都表示将积极参加"丝绸之路经济带"的建设和合作。目前,在这些国家中,最成熟也最能为这些国家经济发展带来较快收益的恰恰就是能源合作。能源合作需要对各国的基础设施、投资环境、高新科技、装备技术、金融服务等诸多领域进行提升和改造,本身就能对各国的经济发展起到火车头般的推动作用;而成功的能源合作又能使各国彼此间能够形成密切的经济联系和互利共赢局面。因此,把能源合作作为推动"丝绸之路经济带"建设的核心因素,是使得沿线国家在未来能够经济社会同步发展、形成命运共同体、从而大大促进沿线国家和地区繁荣进步的有效途径。

2. 构建多元化的石油运输通道

目前,按照中国进口石油的来源,中国主要依赖海上运输,因此像马六甲海峡、苏伊士运河、巴拿马运河、好望角、波斯湾和霍尔木兹海峡、红海和曼德海峡等地就成为中国能源进口的咽喉之地,而中国对这些地区控制和影响能力的阙如又给中国能源安全带来很大隐患。油气是通过马六甲海峡的运输线,目前中国石油进口总量的大约80%都要经过此线,而这条海峡又是美国全球战略中必须控制的16个咽喉水道之一,美国控制马六甲海峡,就等于是遏制住了中国的能源通道。因此,中国要积极采取和实施各种措施和手段来使得我国石油运输通道多元化。其中加强在上海合作组织框架内的能源合作在很大程度上可以缓解这个问题,现在正在修建的一系列中国与上海合作组织成员国之间的能源管道在建成以后将明显拓展我们能源进口的多元化渠道。另外,现在已经正式开始的缅甸石油管道①计划在完成以后也将可以分流部分原来经过马六甲海峡的进口能源,一定程度上也可以增加我们能源安全的系数。另外,在未来,中国还可以考虑泰国领土上的克拉地峡运河工程和开辟经过巴基斯坦连接中国新疆和中亚地区乃至伊朗地区的路上运输线路(包括管道和铁路公路),如果能够开辟所有这些通道,中国能源地缘政治环境将大大改善。

3. 坚持能源企业"走出去"战略

中国能源企业"走出去"战略始于20世纪末,尤其是在2000年10月举行的中共十五届八中全会通过的《中共中

---

① 海上运输船队的石油从缅甸实兑港上岸,通过输油管道直达云南昆明。

央关于制定国民经济和社会发展第十个五年计划的建议》提出了"实施'走出去'战略，努力在利用国内外两种资源、两个市场方面有新的突破。鼓励能够发挥我国比较优势的对外投资，扩大经济技术合作的领域、途径和方式，支持有竞争力的企业跨国经营，到境外开展加工贸易或资源开发"①的方针以后，"走出去"战略便成为中国能源企业的一项国家级政策，十多年来，中国能源企业在"走出去"战略指引下，在亚非拉广大地区开展投资形式，获得了不少成果，包括收购外国能源公司（独资或参股形式），获得海外油气田的开采权，获得海外油田的份额油②等，取得了客观的效果。2012 年 12 月 7 日，加拿大政府宣布，决定批准中国海洋石油有限公司（简称中海油）以 151 亿美元收购加拿大能源公司尼克森公司的申请。这标志着中海油乃至中国企业完成迄今在海外最大宗收购案。当然走出去战略也存在不少困难甚至风险，有时要面临国际能源巨头的优势攻击以及一些政治上的波折，例如 2005 年中海油公司出 185 亿美元巨资收购美国优尼科石油公司，尽管中海油公司是出价最高的，最后美国政府仍以可能危害美国国家安全为由阻止了中海油的收购行为。但是，综合来看，"走出去"战略取

---

① 中共中央关于制定国民经济和社会发展第十个五年计划的建议. 人民日报，2000 年 10 月 19 日.

② "份额油"就是按照一家油气企业在特定油田项目上所占份额的多少，对这部分份额的原油掌握支配权，在国际能源价格大幅波动的情况下，份额油可以保证以较低的价格稳定数量的原油。

得的成果为改善中国面临的能源供需紧张局面做出了较大贡献,继续坚持"走出去"战略仍应是中国未来能源安全保障战略的重要组成部分。

4. 积极参与能源安全的国际合作,实现能源供应多元化

目前中国能源进口过分依赖中东和非洲地区,使得中国石油进口的脆弱性比较明显。为此,中国政府应采取多种途径实施多元化的能源战略,突破单一的能源外交模式,走多边合作的道路,以联合的力量提高中国在国际能源格局中的地位,全面维护中国的能源安全。今后应加大从俄罗斯、中亚国家、拉美的墨西哥湾和加勒比海地区等中国新的能源合作地区获取石油资源的外交政策力度,增加中国能源企业在这些地区所获油气资源权益的份额。同时,在能源进口中也要也要实施品种的多元化,逐步调整进口结构,增加进口的选择余地,降低进口成本。进口的油气品种也要逐渐多样化,原油、成品油、凝析油、天然气、液化天然气、液化石油气体等都需要进口,以满足国内不同领域、不同层次、不同人群的消费需求。在可能的情况下,要逐步减少直接进口原油的数量,以此改善中国在国际能源市场的谈判地位。

5. 大力加强国防力量的建设,增强国际能源通道的安全

为了更好地保障未来中国的能源安全,中国在未来必须大力加强国防军事力量的建设,尤其是加强可以保护中国海外利益的远程投送军事力量。近年来,中国的海外经济利益经常遭到各种恐怖势力、极端势力、地方非法武装以

及海盗的袭扰,带来越来越多的中国公民和企业的生命和财产损失,其中相当大部分是中国能源企业的海外设施和人员,比如中国在非洲苏丹和尼日利亚的石油设施和技术人员,中国在巴基斯坦港口的工程人员等。由于中国缺乏保护海外自身经济利益的"硬手段",使得中国的海外企业在迅速发展的同时,时常遭到不法之徒的觊觎与侵犯。因此,加快中国军事力量特别是远洋海上力量的建设,使得中国的海外经济利益以及对中国经济发展具有至关重要利益的特殊地区(比如上文所提的部分海上交通要道)能够时刻受到中国军事力量的保护,采取"硬手段"威慑和粉碎对中国海外利益以及非常重要的国际能源通道安全的威胁,这也将是解决未来中国能源安全的不可或缺的一环。

余　论

　　能源安全问题在以往的世界历史上历来是个残酷的零和博弈。自从石油成为世界主要能源以来的一百多年,石油在给世界带来进步和繁荣的同时,也孕育了多场给人类带来巨大痛苦的灾难,从历次中东战争到冷战后的伊拉克战争甚至如第二次世界大战,都被许多历史学家认为是为了石油的战争。在近代世界历史上,黑色的石油始终和红色的鲜血交织在一起,演绎了众多的地缘政治悲剧。

　　正是由于石油在世界政治和经济中的独特地位,使得石油从来就不是一种简单的商品,世界能源市场也从来不是简单地依照普通商品的供需规律而变化的。石油(包括天然气)资源很大程度上被世界各国认同为是战略资源。也正因为如此,它不仅对各国和世界经济产生重要影响,也对各国和世界安全产生了重要影响。世界地缘政治格局的变化强烈地影响着石油资源的动向,反过来,以石油天然气资源为主的国际能源市场的变化也对世界地缘政治格局产生重大影响。

　　在本书基本完稿时期,世界能源地缘政治形势再度波澜起伏。由于2014年初的乌克兰危机,使得俄罗斯与以美国为首的西方阵营的关系急剧恶化,美欧国家连续数次出台了对俄罗斯的制裁政策和措施,尤其是针对俄罗斯经济支柱能源产业的制裁。在西方国家的制裁下,俄罗斯的经济开始出现各种困难,卢布汇率在短时间内下跌一半币值,更为诡谲的是在西方开始实行制裁政策后,国际能源市场再度出现原油价格雪崩状况,从危机前的 90—100 美元/桶下跌到 40—50 美元/桶。对于俄罗斯而言,能源产业是其经济支柱产业,原油出口是其财政收入的重要来源,一旦原油价格长期低迷的话,俄罗斯的财政将难以为继,普京复兴俄罗斯的战略雄心将受到巨大挫折。虽然此次原油价格暴跌有世界经济低迷,需求不振的因素,但暴跌的幅度和暴跌的时机还是引发了包括地缘政治阴谋的各种联想,历史仿佛再现了苏联解体前的一幕。笔者在当时为媒体撰写的评论中就指出,此次能源价格剧烈波动,必然含有美国再次利用自身在国际能源市场的主导地位、引导能源价格波动以敲打俄罗斯的因素在内;而俄罗斯因为无法接受能源价格长期低迷甚至继续大幅度下跌的状态,也必然会寻找时机进行断然反击,制造各种事态以刺激能源价格回升。2015年 9 月,俄罗斯开始向正处于战乱中的叙利亚派遣军事力量并以反恐名义直接向叙利亚领土上的伊斯兰国和其他反政府武装发起空袭,帮助叙利亚巴沙尔政府巩固其政治地位。俄罗斯在面临西方制裁、经济状况困难、国际地位局促的状况下仍然在叙利亚发起军事行动、直接卷入叙利亚危机,显然有着不得已而为之的原因。首先,叙利亚是俄罗斯传统的中东战略伙伴,俄罗斯在叙利亚有中东和地中海地区的唯一军事基地，支持巴沙尔政权、防止美欧支持的反对派推翻巴沙尔政权，是保持俄罗斯在中东地区仅存的战略存在基础、维护俄罗斯在中东地区的战略利益和影响力的必然选择；其次，也是转移美欧在乌克兰问题上的注意力的围魏救赵之策略；第三，是在欧洲爆发大规模难民危机之时通过在叙军事行动巩固巴沙尔政权地位来稳定叙利亚局势，减缓叙利亚难民涌入欧洲，从而换取欧洲对俄罗斯态度的转变，分化美欧对俄罗斯制裁政策，改善俄罗斯外交处境；第四，通过在中东地区的主动出击，反守为攻，打乱美国在中东的战略部署，使得中东问题摆脱美国的单方面掌控，这将使得中东局势进一步复杂化，而这可能引发国际能源市场的危机感从而促使能源价格再次波动。

而在中东地区，同时还存在着伊朗支持也门的胡塞武装和以沙特为首的海湾国家支持的也门政府对垒的场景。作为长期受美欧制裁的伊朗在伊核问题获得一定程度的缓解、与西方国家关系出现一定程度的松动之后，也迅速在也门和叙利亚问题上积极行动，使得当前中东地区的地缘政治形势出现异常复杂的情况。历史表明，中东地区的地缘政治的任何波动，其后必然有各国能源战略的动机在发挥作用。从长远看，此次中东地区形势的剧烈反复动荡，是地缘政治与能源战略互动的一个经典案例。

冷战后国际能源形势重大变化的一个不可忽略的因素是能源金融的作用在日益扩大。在传统上，能源安全主要表现为能源的需求与供给之间的矛盾上，谋求能源安全的国家想方设法寻找保障自身能源供应的手段。随着世界经济的全球化和金融资本在世界经济中的地位越来越重要，金融和能源相结合，可以对国际能源形势和价格走向产生不断放大的影响力。

能源金融是传统金融体系与能源系统的相互渗透与融合而形成的一种新的金融形态。能源与金融的结合从积极方面考量，有利于拓宽能源产业融资渠道、吸收社会资金，也有利于完善市场结构，提高市场效率，对于能源发展、金融安全都有着重要意义；从消极方面看，能源安全出现了不确定性，各国在国际金融领域的地位强弱，将使得其对能源市场的影响力出现巨大差别，从而使得地位较强一方有通过金融手段操控能源市场从而影响地位较弱一方的能源安全的可能性。

目前，国际能源市场的"金融属性"主要表现在能源期货价格已成为国际能源市场定价的依据，其交易量远远超过现货市场的供需规模，事实上已不能准确反映世界经济发展对能源需求的变化。1886年，英国威尔士的卡迪夫就出现了世界上最早的能源交易所——煤炭交易所，它运用金融交易的管理模式对当时煤炭交易商的交易进行管理与运作。1981年，英国国际石油交易所（IPE）推出的轻柴油期货交易。1982年纽约商品交易所（NYMEX）推出了世界上的第一份原油期货合约（轻质低硫原油期货合约），由于此份合约是以美国西得克萨斯中质原油为主要交易标的，因此也被称为西得克萨斯中质原油（WTI）期货合约。1989年的新加坡国际金融交易所（SIMEX）推出了亚太地区的第一份石油期货合约。1999年东京工业品交易所

(TOCOM)推出第一份石油期货合约。目前世界上重要的原油期货合约有 4 个：纽约商业交易所(NYMEX)的轻质低硫原油即"西得克萨斯中质油"期货合约、高硫原油期货合约，伦敦国际石油交易所(IPE)的布伦特原油期货合约，新加坡交易所(SGX)的迪拜酸性原油期货合约。由于美英两国在国际金融领域的主导性地位及其强大的金融资本力量，使得当今世界原油价格的波动主要就取决于两国的相关交易所的期货价格，而其他国家，不管是消费国还是出口国，其对能源价格的定价权都相对较弱，对国际能源市场的影响力也有限。

20 世纪 70 年代以后，能源定价机制、能源投资和融资问题、能源供应引起的汇率变化及其风险等问题越来越引起国际社会的普遍关注。中国在能源金融领域是后来者，无论是地位还是经验都非常有限，面临着诸多问题，比如能源金融市场化程度低，能源金融产品单一，不能满足能源经济发展的需要。作为全球第二大原油消费国，中国在 2015 年才刚刚批准在上海期货交易所下属的上海国际能源交易中心开展原油期货交易。因此，尽管中国是石油消费和生产大国，却没有石油定价权。单一的燃料油期货也使得中国缺少相关的能源金融产品运作经验，市场机制建设与政府管理、法规体系都处于落后状况。还比如中国能源企业往往面临融资渠道少，资金缺口大的局面，使得能源行业存在着庞大的资金缺口。另外，中国的能源企业风险交易能力低，监控机制不完善，法律监管体系不健全，缺少专门的金融衍生工具监管法规，监管标准不一、存在重复监管以及监管效率低等问题。

作为即将成为世界最大能源进口国的中国,为了扩大自身在国际能源市场的话语权和影响力,增强定价议价能力,在今后必须重视发挥能源金融的作用,积极扩大融资渠道、管控能源金融的交易风险、完善监控机制和法律监管体系,逐步加强中国的能源金融地位以维护中国的能源安全。

在推动今后保障中国能源安全的进程中,"一带一路"倡议将具有非常重要的战略意义。中国提出的"一带一路"倡议涉及欧亚非三洲60多个国家,"一带一路"倡议将是中国和这些国家密切经济合作,建设利益共同体和命运共同体的战略平台。在现阶段,能源合作是"一带一路"倡议中已经具备较好合作基础的领域,推动"一带一路"建设,能源合作既是重要内容也将是重要支撑。在沿路沿带国家中,能源出口在中东、俄罗斯和中亚以及部分非洲国家发展中占有重要地位,而满足能源安全、获得充分稳定的供应则是以中国和印度为代表的亚洲新兴经济体国家发展的重要基础。在"一带一路"的战略平台上,实现区域内能源合作,有着良好的基础、众多的利益契合点以及广大的合作潜力。

当然,"一带一路"沿线60多个国家对"一带一路"倡议从各自不同的国家利益出发有着不同的态度,有的国家比较积极,愿意通过参与"一带一路"建设,加深与中国的经济合作,推动本国的经济发展,比如俄罗斯、哈萨克斯坦、吉尔吉斯斯坦、塔吉克斯坦、乌兹别克斯坦、蒙古国、白俄罗斯、土耳其等国,并且认为加强能源合作,特别是能源基础设施建设将使各地区间的联系更加紧密,不仅可以加快中亚国家与中国的合作,还可以实现中亚与东南亚市场对接,达到共赢共荣的发展目标。也有一些国家对"一带一路"倡议有所疑虑,既希望得到更多的资金、技术支持,借助互联互通建设,将本国的能源产品出口到中国以及区域内其他国家,又担心会造成对我国的依赖。

在中国提出的"一带一路"沿线地区,还存在一些其他国家的区域合作和发展规划,比如:美国的"新丝绸之路"计划希望把中亚的油气资源通往南亚,在中国的西侧构筑一条由美国主导的经济与能源通道;俄罗斯有着欧亚经济联盟条约,希望推进欧亚地区经济一体化,恢复前苏联地区的经济合作关系;蒙古有着"草原之路"倡议,旨在打造中蒙俄经济走廊,吸引更多的对蒙投资,带动其经济发展,提高其能源和矿业地位;印度的"季风"计划则希望建立一个以印度为中心的南亚秩序,掌控该地区的海洋通道安全;韩国提出了欧亚倡议,旨在建立贯通朝鲜半岛、俄罗斯、中国、中亚直到欧洲的交通网络和电力、煤气、输油管网等能源网络。现在,俄罗斯、蒙古已经表达了愿意和中国"一带一路"倡议对接、进行密切合作的愿望,而其他设想则和"一带一路"存在一定的竞争关系。

在推动"一带一路"倡议以及和沿线国家进行能源合作时,必须考虑潜在的地缘政治风险。"一带一路"沿线地区存在不少正在发生政治动荡甚至战乱的热点(比如叙利亚、也门、乌克兰等)以及潜在的地缘政治风险区域。另外,一些国家国内的政局变动也会对"一带一路"规划以及中国和这些国家已经达成的合作意向造成消极影响,例如近期发生在缅甸、斯里兰卡和希腊等国的政局变化。

因此推动在"一带一路"倡议框架内的能源合作必须有合理的思路和路径,应该针对不同的国家、各种不同的情况,设计不同的合作思路和方针。

首先要遵循循序渐进、合作共赢的方针。"一带一路"沿线60多个国家发展水平差异很大,无论是政治制度、经济体制、发展程度都存在巨大差异,因此在推进过程中需在把握总体的大战略、大方向前提下,逐渐地稳步推进。首先要在一些政治比较稳定、经济发展比较顺利,各种风险相对比较小的国家和区域开展合作,取得经验,逐步扩展。合作中应注重解决区域内能源贫困问题,将参与缓解投资对象国的能源贫困、突破其经济增长和社会发展所需的能源瓶颈放在投资条件谈判的突出地位。

其次要秉持合作和开放的理念。"一带一路"倡议不是封闭的、排他的地缘政治战略,而是开放的合作战略。目前的愿景规划涉及60多个国家,但并不限于这些沿线国家,其他国家若有兴趣参与共建,随时都可以加入该倡议平台,参与合作。在这个框架内的能源合作中,也需强调合作和开放的态度,淡化零和博弈及对抗的冷战思维。既要与俄罗斯、中亚国家等友好国家开展合作,也要注意与其他国家,甚至存在一定的地缘政治竞争的国家开展合作,比如美国、日本、印度等,与其共同开发和经营中亚、中东、西亚、北非市场。

第三是要遵循市场经济原则,坚持以市场、企业为主体的合作方式。"一带一路"能源合作中需处理好政府引导和企业发展的各种关系,充分发挥市场的作用,由企业按照自身和市场的需求来完成各种合作项目。特别是要注意发挥各级地方政府和民营企业的积极性及其作用。经过多年的发展,目前中国民营企业的实力逐渐增强,已经积累了一定的海外合作经验,并且已经形成了一些国际知名的大型企业。民营企业比较灵活的制度和体制,比较单薄的意识形态色彩,更容易得到一些国家的认可。为了降低价格波动及地缘政治风险,能源合作中应多采取中外企业联合持股的方式。

第四,要根据不同情况采取双边、三边、多边等各种不同的合作方式。"一带一路"沿线涉及国家多、利益诉求差异大,因此,合作中可采取首先是效率较高的双边模式,然后以双边促多边,从而可以带动中亚、南亚、中东、非洲等国的能源合作。"一带一路"能源合作推进的过程中要以稳为主,针对不同国家和地区特点制定不同的合作策略。能源合作中要处理好眼前利益与长远利益、政府与市场、国企与私企等三方面的关系。能源合作要注意平衡域内外大国的利益,一方面加强沟通,增信释疑;另一方面加强利益捆绑,相互制衡。

另外,中国作为负责任的世界大国,要加大参与全球能源治理力度,充分利用能源治理机制。实施"一带一路"倡议,一方面为国际能源合作带来了很多机遇,另一方面也会引发一些大国的干涉和阻挠。为此需要和不同国家进行外交协调。同时在"一带一路"区域内的能源合作涉及法律、商务、货币、金融结算等方面的具体问题,同样需要合作平台进行协商。国际能源治理机制是比较合适的合作、协调、协商平台。我国要加大参与力度，增强话语权，争取能在决策层发挥作用。在条件成熟时，要抓紧推动建立区域能源合作机制，构建针对性好、决策效率高、执行能力强的各种平台。

随着中国的崛起和迅速发展的中国经济对能源资源需求的与日俱增，各种关于中国将会因为能源而威胁世界的怀疑时时发出不和谐的声音。对中国而言，除了立足自身解决经济发展所需要的能源资源问题以外，国际合作解决能源安全保障问题也是我们必须面临和解决的问题。有效的国际合作不但能够使中国获得更多稳定的能源来源以及可以获得更安全便捷的能源通道，并且能使中国能源多元化战略得到更好地贯彻。中国政府的《中国的能源状况与政策》白皮书、中国领导人在各个国际场合一再阐述的新能源安全观和国际合作观，不仅仅表明中国对待能源安全问题的政策，而且在更高层面体现了和平崛起的中国新的发展观念。中国强调能源国际合作不但是为了解决自己的能源安全保障，同时也是为了解决全球的能源安全保障，最终走出历史的怪圈，使能源不再成为国际关系中诸多矛盾的起因，而是合作的桥梁。中国以国际能源合作获得共同安全保障的新能源安全观是以合作求发展、以合作求和平、以合作求和谐的价值理念的具体体现。上海合作组织成立以来在各个领域内的合作是实践中国新安全观的典范，而上海合作组织框架内的能源合作则是中国新能源安全观的具体实践。积极推进上海合作组织能源合作与能源发展战略，包括可能的能源共同体的建设，或许可成为实践中国新能源安全观的内容。

附录一
中国的能源状况与政策

中华人民共和国国务院新闻办公室
二〇〇七年十二月·北京

前　言

　　能源是人类社会赖以生存和发展的重要物质基础。纵观人类社会发展的历史,人类文明的每一次重大进步都伴随着能源的改进和更替。能源的开发利用极大地推进了世界经济和人类社会的发展。

　　过去100多年里,发达国家先后完成了工业化,消耗了地球上大量的自然资源,特别是能源资源。当前,一些发展中国家正在步入工业化阶段,能源消费增加是经济社会发展的客观必然。

　　中国是当今世界上最大的发展中国家,发展经济,摆脱贫困,是中国政府和中国人民在相当长一段时期内的主要任务。20世纪70年代末以来,中国作为世界上发展最快的发展中国家,经济社会发展取得了举世瞩目的辉煌成就,成功地开辟了中国特色社会主义道路,为世界的发展和繁荣作出了重大贡献。

中国是目前世界上第二位能源生产国和消费国。能源供应持续增长,为经济社会发展提供了重要的支撑。能源消费的快速增长,为世界能源市场创造了广阔的发展空间。中国已经成为世界能源市场不可或缺的重要组成部分,对维护全球能源安全,正在发挥着越来越重要的积极作用。

中国政府正在以科学发展观为指导,加快发展现代能源产业,坚持节约资源和保护环境的基本国策,把建设资源节约型、环境友好型社会放在工业化、现代化发展战略的突出位置,努力增强可持续发展能力,建设创新型国家,继续为世界经济发展和繁荣作出更大贡献。

一、能源发展现状

能源资源是能源发展的基础。新中国成立以来,不断加大能源资源勘查力度,组织开展了多次资源评价。中国能源资源有以下特点:

——能源资源总量比较丰富。中国拥有较为丰富的化石能源资源。其中,煤炭占主导地位。2006 年,煤炭保有资源量 10 345 亿吨,剩余探明可采储量约占世界的 13%,列世界第三位。已探明的石油、天然气资源储量相对不足,油页岩、煤层气等非常规化石能源储量潜力较大。中国拥有较为丰富的可再生能源资源。水力资源理论蕴藏量折合年发电量为 6.19 万亿千瓦时,经济可开发年发电量约 1.76 万亿千瓦时,相当于世界水力资源量的 12%,列世界首位。

——人均能源资源拥有量较低。中国人口众多,人均能源资源拥有量在世界上处于较低水平。煤炭和水力资源人均拥有量相当于世界平均水平的50％,石油、天然气人均资源量仅为世界平均水平的1/15左右。耕地资源不足世界人均水平的30％,制约了生物质能源的开发。

——能源资源赋存分布不均衡。中国能源资源分布广泛但不均衡。煤炭资源主要赋存在华北、西北地区,水力资源主要分布在西南地区,石油、天然气资源主要赋存在东、中、西部地区和海域。中国主要的能源消费地区集中在东南沿海经济发达地区,资源赋存与能源消费地域存在明显差别。大规模、长距离的北煤南运、北油南运、西气东输、西电东送,是中国能源流向的显著特征和能源运输的基本格局。

——能源资源开发难度较大。与世界相比,中国煤炭资源地质开采条件较差,大部分储量需要井工开采,极少量可供露天开采。石油天然气资源地质条件复杂,埋藏深,勘探开发技术要求较高。未开发的水力资源多集中在西南部的高山深谷,远离负荷中心,开发难度和成本较大。非常规能源资源勘探程度低,经济性较差,缺乏竞争力。

改革开放以来,中国能源工业迅速发展,为保障国民经济持续快速发展作出了重要贡献,主要表现在:

——供给能力明显提高。经过几十年的努力,中国已经初步形成了煤炭为主体、电力为中心、石油天然气和可再生能源全面发展的能源供应格局,基本建立了较为完善的能源供应体系。建成了一批千万吨级的特大型煤矿。2006年一次能源生产总量22.1亿吨标准煤,列世界第二位。其中,原煤产量23.7亿吨,列世界第一位。先后建成了大庆、胜利、辽河、塔里木等若干个大型石油生产基地,2006年原油产量1.85亿吨,实现稳步增长,列世界第五位。天然气产量迅速提高,从1980年的143亿立方米提高到2006年的586亿立方米。商品化可再生能源量在一次能源结构中的比例逐步提高。电力发展迅速,装机容量和发电量分别达到6.22亿千瓦和2.87万亿千瓦时,均列世界第二位。能源综合运输体系发展较快,运输能力显著增强,建设了西煤东运铁路专线及港口码头,形成了北油南运管网,建成了西气东输大干线,实现了西电东送和区域电网互联。

——能源节约效果显著。1980—2006年,中国能源消费以年均5.6%的增长支撑了国民经济年均9.8%的增长。按2005年不变价格,万元国内生产总值能源消耗由1980年的3.39吨标准煤下降到2006年的1.21吨标准煤,年均节能率3.9%,扭转了近年来单位国内生产总值能源消耗上升的势头。能源加工、转换、贮运和终端利用综合效率为33%,比1980年提高了8个百分点。单位产品能耗明显下降,其中钢、水泥、大型合成氨等产品的综合能耗及供电煤耗与国际先进水平的差距不断缩小。

——消费结构有所优化。中国能源消费已经位居世界第二。2006年,一次能源消费总量为24.6亿吨标准煤。中国高度重视优化能源消费结构,煤炭在一次能源消费中的比重由1980年的72.2%下降到2006年的69.4%,其他能源比重由27.8%上升到30.6%。其中可再生能源和核电比重由4.0%提高到7.2%,石油和天然气有所增长。终端能源消费结构优化趋势明显,煤炭能源转化为电能的比重由 20.7％提高到 49.6％,商品能源和清洁能源在居民生活用能中的比重明显提高。

——科技水平迅速提高。中国能源科技取得显著成就,以"陆相成油理论与应用"为标志的基础研究成果,极大地促进了石油地质科技理论的发展。石油天然气工业已经形成了比较完整的勘探开发技术体系,特别是复杂区块勘探开发、提高油田采收率等技术在国际上处于领先地位。煤炭工业建成一批具有国际先进水平的大型矿井,重点煤矿采煤综合机械化程度显著提高。在电力工业方面,先进发电技术和大容量高参数机组得到普遍应用,水电站设计、工程技术和设备制造等技术达到世界先进水平,核电初步具备百万千瓦级压水堆自主设计和工程建设能力,高温气冷堆、快中子增殖堆技术研发取得重大突破。烟气脱硫等污染治理、可再生能源开发利用技术迅速提高。正负 500千伏直流和 750 千伏交流输电范工程相继建成投运,正负800 千伏直流、1 000 千伏交流特高压输电试验示范工程开始启动。

——环境保护取得进展。中国政府高度重视环境保护,加强环境保护已经成为基本国策,社会各界的环保意识普遍提高。1992 年联合国环境与发展大会后,中国组织制定了《中国 21 世纪议程》,并综合运用法律、经济等手段全面加强环境保护,取得了积极进展。中国的能源政策也把减少和有效治理能源开发利用过程中引起的环境破坏、环境污染作为其主要内容。2006 年,燃煤机组除尘设施安装

率和废水排放达标率达到近100％,烟尘排放总量与1980
年基本相当,单位电量烟尘排放减少了90％。2006年,全
国建成并投入运行的脱硫火电机组装机容量达1.04亿千
瓦,超过前10年的总和,装备脱硫设施的火电机组占火电
总装机的比例由2000年的2％提高到30％。

——市场环境逐步完善。中国能源市场环境逐步完
善,能源工业改革稳步推进。能源企业重组取得突破,现代
企业制度基本建立。投资主体实现多元化,能源投资快速
增长,市场规模不断扩大。煤炭工业生产和流通基本实现
了市场化。电力工业实现了政企分开、厂网分开,建立了监
管机构。石油天然气工业基本实现了上下游、内外贸一体
化。能源价格改革不断深化,价格机制不断完善。

随着中国经济的较快发展和工业化、城镇化进程的加
快,能源需求不断增长,构建稳定、经济、清洁、安全的能源
供应体系面临着重大挑战,突出表现在以下几方面:

——资源约束突出,能源效率偏低。中国优质能源资
源相对不足,制约了供应能力的提高;能源资源分布不均,
也增加了持续稳定供应的难度;经济增长方式粗放、能源结
构不合理、能源技术装备水平低和管理水平相对落后,导致
单位国内生产总值能耗和主要耗能产品能耗高于主要能源
消费国家平均水平,进一步加剧了能源供需矛盾。单纯依
靠增加能源供应,难以满足持续增长的消费需求。

——能源消费以煤为主,环境压力加大。煤炭是中国
的主要能源,以煤为主的能源结构在未来相当长时期内难
以改变。相对落后的煤炭生产方式和消费方式,加大了环

境保护的压力。煤炭消费是造成煤烟型大气污染的主要原因,也是温室气体排放的主要来源。随着中国机动车保有量的迅速增加,部分城市大气污染已经变成煤烟与机动车尾气混合型。这种状况持续下去,将给生态环境带来更大的压力。

——市场体系不完善,应急能力有待加强。中国能源市场体系有待完善,能源价格机制未能完全反映资源稀缺程度、供求关系和环境成本。能源资源勘探开发秩序有待进一步规范,能源监管体制尚待健全。煤矿生产安全欠账比较多,电网结构不够合理,石油储备能力不足,有效应对能源供应中断和重大突发事件的预警应急体系有待进一步完善和加强。

二、能源发展战略和目标

中国能源发展坚持节约发展、清洁发展和安全发展。坚持发展是硬道理,用发展和改革的办法解决前进中的问题。落实科学发展观,坚持以人为本,转变发展观念,创新发展模式,提高发展质量。坚持走科技含量高、资源消耗低、环境污染少、经济效益好、安全有保障的能源发展道路,最大程度地实现能源的全面、协调和可持续发展。

中国能源发展坚持立足国内的基本方针和对外开放的基本国策,以国内能源的稳定增长,保证能源的稳定供应,促进世界能源的共同发展。中国能源的发展将给世界各国带来更多的发展机遇,将给国际市场带来广阔的发展空间,将为世界能源安全与稳定作出积极的贡献。

中国能源战略的基本内容是：坚持节约优先、立足国内、多元发展、依靠科技、保护环境、加强国际互利合作，努力构筑稳定、经济、清洁、安全的能源供应体系，以能源的可持续发展支持经济社会的可持续发展。

——节约优先。中国把资源节约作为基本国策，坚持能源开发与节约并举、节约优先，积极转变经济发展方式，调整产业结构，鼓励节能技术研发，普及节能产品，提高能源管理水平，完善节能法规和标准，不断提高能源效率。

——立足国内。中国主要依靠国内增加能源供给，通过稳步提高国内安全供给能力，不断满足能源市场日益增长的需求。

——多元发展。中国将通过有序发展煤炭，积极发展电力，加快发展石油天然气，鼓励开发煤层气，大力发展水电等可再生能源，积极推进核电建设，科学发展替代能源，优化能源结构，实现多能互补，保证能源的稳定供应。

——依靠科技。中国充分依靠能源科技进步，增强自主创新能力，提升引进技术消化吸收和再创新能力，突破能源发展的技术瓶颈，提高关键技术和重大装备制造水平，开创能源开发利用新途径，增强发展后劲。

——保护环境。中国以建设资源节约型和环境友好型社会为目标，积极促进能源与环境的协调发展。坚持在发展中实现保护、在保护中促进发展，实现可持续发展。

——互利合作。中国能源发展在立足国内的基础上，坚持以平等互惠和互利双赢的原则，以坦诚务实的态度，与国际能源组织和世界各国加强能源合作，积极完善合作机制,深化合作领域,维护国际能源安全与稳定。

中国共产党第十七次全国代表大会提出,要加快转变发展方式,在优化结构、提高效益、降低消耗、保护环境的基础上,实现人均国内生产总值到 2020 年比 2000 年翻两番。《中华人民共和国国民经济和社会发展第十一个五年规划纲要》明确提出,到 2010 年,单位国内生产总值能源消耗比 2005 年降低 20％左右,主要污染物排放总量减少 10％。

为实现经济社会发展目标,中国能源发展"十一五"(2006—2010 年)目标是:到"十一五"末期,能源供应基本满足国民经济和社会发展需求,能源节约取得明显成效,能源效率得到明显提高,结构进一步优化,技术取得实质进步,经济效益和市场竞争力显著提高,与社会主义市场经济体制相适应的能源宏观调控、市场监管、法律法规、预警应急体系和机制得到逐步完善,能源与经济、社会、环境协调发展。

三、全面推进能源节约

中国是人口众多、资源相对不足的发展中国家。要实现经济社会的可持续发展,必须走节约资源的道路。中国有计划、有组织地开展节能工作始于上世纪 80 年代初,通过贯彻"开发与节约并举,把节约放在首位"的方针,到上世纪末实现了经济增长翻两番、能源消费增长翻一番的目标。为继续深入推进能源节约,中国政府进一步提出把节约资源作为基本国策,发布了《国务院关于加强节能工作的决定》。中国政府始终将节约能源作为宏观调控的主要内容,作为转变发展方式、优化结构的突破口和抓手。在推进节能减排工作中，做到"六个依靠"：依靠结构调整，这是节能减排的根本途径；依靠科技进步，这是节能减排的关键所在；依靠加强管理，这是节能减排的重要措施；依靠强化法制，这是节能减排的重要保障；依靠深化改革，这是节能减排的内在动力；依靠全民参与，这是节能减排的社会基础。制定并实施了《节能中长期专项规划》，确定了"十一五"期间能耗降低目标，并将节能任务具体落实到各省、自治区和直辖市以及重点企业。中国正在完善国内生产总值和能源消耗指标体系，将能源消耗纳入各地经济社会发展综合评价和年度考核，实行单位国内生产总值能耗指标公报制度，实施节能目标责任制和问责制，构建节能型产业体系，促进经济发展方式的根本转变。

节约能源，是中国缓解资源约束的现实选择。推进能源节约，是中国经济社会发展长期而艰巨的战略任务。中国坚持政府为主导、市场为基础、企业为主体，在全社会共同参与下，全面推进能源节约。中国坚持以提高能源效率为核心，以转变经济发展方式、调整经济结构、加快技术进步为根本，构建能源资源节约型的产业结构、发展方式和消费模式。建立节能型的产业体系，落实节能目标责任制和评价考核体系。完善节能技术推广机制，鼓励节能技术和产品的研发。深化能源体制改革，完善能源价格形成机制，充分发挥财政税收等经济政策对节能的推动作用。

中国全面落实能源节约的措施是：

——推进结构调整。长期以来，中国能源效率偏低的主要原因是经济增长方式粗放、高耗能产业比重过高。中国坚持把转变发展方式、调整产业结构和工业内部结构作为能源节约的战略重点,努力形成"低投入、低消耗、低排放、高效率"的经济发展方式。中国加快产业结构优化升级,大力发展高新技术产业和服务业,严格限制高耗能、高耗材、高耗水产业发展,淘汰落后产能,促进经济发展方式的根本转变,加快构建节能型产业体系。

——加强工业节能。工业是中国能源消费的重点领域。中国坚持走科技含量高、经济效益好、资源消耗低、环境污染少、人力资源得到充分发挥的新型工业化道路,加快发展高技术产业,运用高新技术和先进适用技术改造传统产业,提升工业整体水平。重点加强钢铁、有色金属、煤炭、电力、石油石化、化工、建材等高耗能行业节能降耗。中国实施千家企业节能行动,重点加强年耗能万吨标准煤以上的工业企业节能管理。调整产品结构,加快技术改造,提高管理水平,降低能源消耗。支持一批节能降耗的重大及示范项目,带动工业提高能效水平。进一步完善工业行业能效标准和规范,强制淘汰落后的高耗能产品,完善能效市场准入制度。

——实施节能工程。中国正在实施节约替代石油、热电联产、余热利用、建筑节能等十大重点节能工程,支持节能重点及示范项目建设,鼓励高效节能产品的推广应用。中国大力发展节能省地型建筑,积极推进既有建筑节能改造,广泛使用新型墙体材料。实施节约和替代石油工程,科学发展替代燃料。加快淘汰老旧汽车、船舶,积极发展公共交通,限制高油耗汽车,发展节能环保型汽车。加快燃煤工业锅(窑)炉改造、区域热电联产和余热余压利用,提高能源利用效率。促进电机节能和能源系统优化,提高电机运行和能源系统效率。实施绿色照明工程,加快推广高效电器应用。加快推广农村省柴节煤炉灶、节能房屋技术,淘汰高耗能老旧农机、渔船,推进农业和农村节能。加强政府机构节能,发挥政府对社会节能的带动作用。加快节能监测和技术服务体系建设,强化节能监测,创新服务平台。

——加强管理节能。中国政府建立了政府强制采购节能产品制度,积极推进优先采购节能(包括节水)产品,选择部分节能效果显著、性能比较成熟的产品予以强制采购。积极发挥政府采购的政策导向作用,带动社会生产和使用节能产品。研究制定鼓励节能的财税政策,实施资源综合利用税收优惠政策,建立多渠道的节能融资机制。深化能源价格改革,形成有利于节能的价格形成机制。实施固定资产投资项目节能评估和审核制度,严把能耗增长的源头。建立企业节能新机制,实施能效标识管理,推进合同能源管理和节能自愿协议。建立健全节能法律法规,依法强化节能管理。加强节能管理队伍建设,加大执法监督检查力度。

——倡导社会节能。中国采取多种形式大力宣传节约能源的重要意义,不断增强全民资源忧患意识和节约意识。倡导能源节约文化,努力形成健康、文明、节约的消费模式。把节约能源纳入基础教育、职业教育、高等教育和技术培训体系,利用新闻出版、广播影视等媒体,大力宣传和普及节能知识。继续深入开展节能宣传周活动,动员社会各界广泛参与,努力建立全社会节能的长效机制。

四、提高能源供给能力

长期以来,中国主要依靠本国能源资源发展经济,能源自给率一直保持在 90% 以上,远远高于多数发达国家。目前,中国已经成为世界第二大能源生产国,具备了较强的能源生产供应基础。在全面建设小康社会的过程中,中国将首先立足于国内能源资源,着重优化能源结构,努力提高供应能力。

国能源资源的开发潜力较大。煤炭已发现的资源量仅占资源蕴藏量的 13%,可采储量占已发现资源量的 40%。水力资源开发利用程度仅为 20%。石油资源探明程度为 33%,开始进入勘探中期,仍有较大潜力。天然气资源探明程度为 14%,处于勘探早期,资源前景广阔。非常规能源资源尚处于开发利用初期,开发潜力较大。可再生能源开发利用刚刚起步,发展空间很大。资源节约、综合利用和循环利用等方面,也存在着很好的前景。

中国提高能源供应能力的措施是:

——有序发展煤炭。煤炭是中国的基础能源,增加供给能力、优化能源结构、保障煤矿安全、减少环境污染、提高资源利用效率、构建新型煤炭工业体系,是保障国民经济发展的迫切需要。中国加大煤炭资源勘查力度,支持大型煤炭基地的资源普查和地质详查,规范商业性勘探,提高资源保障程度,稳步推进大型煤炭基地建设。通过企业兼并和重组,形成若干产能亿吨级的大型企业集团。继续推进煤炭资源开发整合,调整改造中小煤矿,依法关闭淘汰不符合产业政策、不具备安全生产条件、浪费资源和破坏环境的小煤矿,进一步优化煤炭产业结构。促进与相关产业协调发展,鼓励实行煤电联营或煤电运一体化经营,延伸煤炭产业链。提高煤矿机械化水平和采煤综合机械化程度,推进煤炭的清洁生产和利用,鼓励洁净煤技术的研发和推广,加快替代液体燃料研究和示范。积极发展循环经济,加强环境保护,促进资源综合利用,加快煤层气产业化发展。加强煤炭运输体系建设,稳步提高运输能力。建立安全生产责任制,加大煤矿安全改造和瓦斯防治投入力度,不断提高安全生产水平。

——积极发展电力。电力是高效清洁的能源,建立经济、高效、稳定的电力供应体系,是保证国民经济和社会稳定发展的基本要求。中国坚持以结构调整为主线,优化电源结构。在综合考虑资源、技术、环保和市场等因素的基础上,优化发展煤电,建设大型煤电基地,鼓励发展坑口电站,重点发展大型高效环保机组。积极发展热电联产,加快淘汰落后的小火电机组。在保护生态、妥善解决移民问题的条件下,大力发展水电。积极推进核电建设。适度发展天然气发电。鼓励可再生能源和新能源发电。加强区域和输配电网络建设,扩大西电东送规模。实行电力统一规划和调度,建立健全电力安全应急体系,提高电力系统的安全可靠性。继续加强电力需求侧管理,实行节能调度,努力提高能源利用效率。

——加快发展油气。中国继续实行油气并举的方针,稳定增加原油产量,努力提高天然气产量。加大石油天然气资源的勘探开发力度,重点加强渤海湾、松辽、塔里木、鄂尔多斯等主要含油气盆地勘探开发,积极探索陆地新区、新领域、新层系和重点海域勘查,切实增加可采储量。深入挖掘主要产油区的发展潜力,加强稳产改造,提高采收率,延缓老油田产量递减。在经济合理的条件下,积极开发煤层气、油页岩、油砂等非常规能源。继续加快石油和天然气管网及配套设施建设,逐步完善全国油气管网。

——大力发展可再生能源。可再生能源是中国能源优先发展的领域。可再生能源的开发利用,对增加能源供应、改善能源结构、促进环境保护具有重要作用,是解决能源供需矛盾和实现可持续发展的战略选择。中国已经颁布《可再生能源法》,制定了可再生能源发电优先上网、全额收购、价格优惠及社会公摊的政策。建立了可再生能源发展专项资金,支持资源调查、技术研发、试点示范工程建设和农村可再生能源开发利用。发布了《可再生能源中长期发展规划》,提出到 2010 年使可再生能源消费量达到能源消费总量的 10%,到 2020 年达到 15% 的发展目标。中国将推进水电流域梯级综合开发,加快大型水电建设,因地制宜开发中小型水电,适当建设抽水蓄能电站。推广太阳能热利用、沼气等成熟技术,提高市场占有率。积极推进风力发电、生物质能和太阳能发电等利用技术,将建设若干个百万千瓦级风电基地,以规模化带动产业化。积极落实可再生能源发展的扶持和配套政策,培育持续稳定增长的可再生能源市场,逐步建立和完善可再生能源产业体系和市场及服务体系，促进可再生能源技术进步和产业发展。

　　——加强农村能源建设。中国有 7.5 亿人口生活在农村，受经济和技术水平的限制，仍有多数农村地区依靠传统方式利用生物质能源。解决农村能源问题是全面建设社会主义新农村的必然要求，也是中国的一个特殊问题。中国政府坚持"因地制宜，多能互补，综合利用，注重实效"的原则，加强农村能源建设。中国通过实施"光明工程""农网改造""水电农村电气化"和"送电到乡"，同时充分利用小水电、风力和太阳能发电，改善了农村生产生活用能条件，解决了 3 000 多万农村无电人口及偏远无电地区的用电问题，基本实现了城乡同网同价。中国将继续积极发展农村户用沼气、生物质能利用、太阳能热利用等，为农村地区提供清洁的生活能源。继续推广应用省柴节能灶炕、小风电、微水电等农村小型能源设施。继续增加农村优质化石能源的供应，提高农村商品能源的消费比重。继续加强农村电网建设，积极扩大电网覆盖范围。积极开展绿色能源示范县建设，加快推进农村可再生能源开发利用。

五、加快推进能源技术进步

　　科学技术是第一生产力，是能源发展的动力源泉。中国高度重视能源科技的发展，能源工业的技术水平与发达国家的差距进一步缩小，有效地促进了能源工业的全面发展。2005 年，中国政府制定了《国家中长期科学和技术发展规划纲要》，把能源技术放在优先发展位置，按照自主创新、重点跨越、支撑发展、引领未来的方针,加快推进能源技术进步,努力为能源的可持续发展提供技术支撑。

中国遵循科技发展规律和特点,积极开发和推广节约、替代、循环利用和治理污染的先进适用技术,为能源技术进步创造良好的政策环境。逐步建立企业为主体、市场为导向、产学研相结合的技术创新体系。大力组织先进能源技术的研发和推广应用,通过市场机制,引导企业加快技术进步,提高能源利用效率。大力加强能源科技人才培养,注重完善政策法规和技术标准,为能源技术发展创造良好条件。

——大力推广节能技术。中国把节能技术作为能源技术发展的优先主题,重点攻克高耗能领域的节能关键技术,大力提高一次能源和终端能源利用效率。实施节能技术政策大纲,引导社会投资节能技术应用。重点研究开发工业、交通运输、建筑等领域的节能技术与设备,以及可再生能源与建筑一体化、节能建材等应用技术。加强能源计量、控制、监督与管理,积极培育节能技术服务体系。

——推进关键技术创新。中国鼓励发展洁净煤技术,推进煤炭气化及加工转化等先进技术的研究开发,推广整体煤气化联合循环、超(超)临界、大型循环流化床等先进发电技术,发展以煤气化为基础的多联产技术。重点掌握第三代大型压水堆核电技术,攻克高温气冷堆工业实验技术。积极发展复杂地质油气资源勘探开发和低品位油气资源高效开发技术。鼓励发展替代能源技术,优先发展可再生能源规模化利用技术。稳步推进正负 800 千伏直流输电和

1 000千伏交流特高压输电技术,以及增强电网安全技术。

——提升装备制造水平。装备制造业是能源技术发展的基础。中国依托国家能源重点工程,带动装备制造业的技术进步。鼓励发展煤矿综合采掘设备,研制大型煤炭井下综合采掘、提升、运输和洗选设备,以及大型露天矿设备。鼓励发展大型煤化工成套设备,研制煤炭液化和气化、煤制烯烃等成套设备。鼓励发展大型高效清洁发电装备,发展煤电高效发电机组、大型水电及抽水蓄能机组、重型燃气轮机、先进百万千瓦级压水堆核电机组、大功率风力发电机组等,以及特高压输变电设备。鼓励发展石油天然气勘探、钻采装备,支持大型海洋石油工程设备、30万吨原油运输船、液化天然气运输船及大功率柴油机等配套设备。

——加强前沿技术研究。前沿技术是能源发展的潜力,能够引领能源产业和能源技术实现跨越式发展。中国重点研究化石能源、生物质能源和可再生能源制氢、经济高效储氢及输配技术,研究燃料电池基础关键部件制备及电堆集成、燃料电池发电及车用动力系统集成技术等。研究突破化石能源微小型燃气轮机等终端能源转换、储能及热电冷三联产技术。加快研发气冷快堆设计及核心技术。积极研究磁约束核聚变和天然气水合物开发技术。

——开展基础科学研究。基础研究是自主创新的源头,决定能源发展的实力和后劲。中国重点研究化石能源高效洁净利用与转化的基础理论,高性能热功转换、高效节能储能的关键原理,规模化利用可再生能源的基础技术,规模利用核能、氢能技术等基础理论。

六、促进能源与环境协调发展

气候变化是国际社会普遍关心的重大全球性问题。气候变化既是环境问题，也是发展问题，归根到底是发展问题。能源的大量开发和利用，是造成环境污染和气候变化的主要原因之一。正确处理好能源开发利用与环境保护和气候变化的关系，是世界各国迫切需要解决的问题。中国是处于工业化初期的发展中国家，历史累计排放少，从1950年到2002年，中国化石燃料二氧化碳排放只占同期世界排放量的9.3%，人均二氧化碳排放量居世界第92位，单位GDP二氧化碳排放弹性系数也很小。

中国作为负责任的发展中国家，高度重视环境保护和全球气候变化。中国政府将保护环境作为一项基本国策，签署了《联合国气候变化框架公约》，成立了国家气候变化对策协调机构，提交了《气候变化初始国家信息通报》，建立了《清洁发展机制项目管理办法》，制订了《中国应对气候变化国家方案》，并采取了一系列与保护环境和应对气候变化相关的政策和措施。中国提出"十一五"时期要实现生态环境恶化趋势基本遏制，主要污染物排放总量减少10%，温室气体排放控制取得成效的目标。中国正在积极调整经济结构和能源结构，全面推进能源节约，重点预防和治理环境污染的突出问题，有效控制污染物排放，促进能源与环境协调发展。

——全面控制温室气体排放。中国加快转变经济发展方式，积极发挥能源节约和优化能源结构在减缓气候变化中的作用,努力降低化石能源消耗。大力发展循环经济,促进资源的综合利用,提高能源利用效率,减少温室气体排放。依靠科学技术进步,不断提高应对气候变化的能力,为保护地球环境作出积极贡献。

——大力防治生态破坏和环境污染。中国将更加重视能源特别是煤炭的清洁利用,并作为环境保护的重点,积极防治生态破坏和环境污染。加快采煤沉陷区的治理和煤层气的开发利用,建立并完善煤炭资源开发和生态环境恢复补偿机制。推进煤炭的有序开采,限制开采高硫高灰分煤炭、禁止开采含放射性和砷等有毒有害物质超过规定标准的煤炭。积极发展洁净煤技术,鼓励实施煤炭洗选、加工转化、洁净燃烧、烟气净化等技术。加快燃煤电厂脱硫设施建设,新建燃煤电厂必须根据排放标准安装并使用脱硫装置,现有燃煤电厂加快脱硫改造。在大中城市及近郊,严禁新建纯发电的燃煤电厂。

——积极防治机动车尾气污染。随着汽车工业的发展和人民生活水平的提高,中国机动车保有量迅速增加,防治机动车尾气污染成为环境保护的重要内容。中国正在积极采取有效措施,严格实施机动车排放标准,加强环保一致性检查,确保新生产机动车稳定达标;严格实施在用机动车环保年检制度;严格禁止制造、销售和进口超过排放标准的机动车;鼓励生产和使用低污染的清洁燃料机动车,鼓励生产混合动力汽车,支持发展轨道交通和电动公交车。

——严格能源项目的环境管理。加强对能源项目的环境管理,是实现能源建设与环境保护协调发展的有效措施。

中国严格执行环境影响评价制度,通过严格环境准入制度抑制粗放型经济增长。新建、扩建和改建能源工程项目建设与环境保护设施同时设计、同时施工、同时投入使用。加强核电项目的安全管理,强化对已运行核电站、研究堆、核燃料循环设施的安全与辐射环境的监督管理,积极做好在建核电设施安全评审和监督工作。进一步加强水电建设中的生态环境保护,在满足江河流域综合开发利用的要求下,在保护中开发,在开发中保护,注重提高水资源的综合利用和生态环境效益。

七、深化能源体制改革

改善发展环境是中国能源发展的内在要求。中国按照完善社会主义市场经济体制的要求,稳步推进能源体制改革,促进能源事业发展。1998 年实现了石油企业的战略性重组,建立了上下游一体化的新型石油工业管理体制。2002 年按照电力体制改革方案,电力工业实现了政企分开、厂网分开。煤炭工业市场化改革后,2005 年又按照国务院《关于促进煤炭工业健康发展的若干意见》深化改革和发展。中国正在按照观念创新、管理创新、体制创新和机制创新的要求,进一步深化能源体制改革,提高能源市场化程度,完善能源宏观调控体系,不断改善能源发展环境。

——加强能源立法。完善能源法律制度,为增加能源供应、规范能源市场、优化能源结构、维护能源安全提供法律保障,是中国能源发展的必然要求。中国高度重视并积极推进能源法律制度建设,《清洁生产促进法》《可再生能源法》已经颁布实施，配套政策措施陆续出台；修订后的《节约能源法》已经公布；《能源法》《循环经济法》《石油天然气管道保护法》及《建筑节能条例》正在抓紧制订；《矿产资源法》《煤炭法》和《电力法》正在抓紧修订。同时，也正在积极着手研究石油天然气、原油市场和原子能等能源领域的立法。

——强化安全生产。中国在能源发展过程中，高度重视维护人民的生命安全，继续采取切实有效措施，坚决遏制重特大安全事故频发势头。中国坚持预防为主、安全第一、综合治理的原则，进一步加大煤矿瓦斯治理和综合利用力度，依法整顿关闭不具备安全生产条件的小煤矿。继续加大煤矿安全监管力度，引导地方和企业加强煤矿安全技术改造和安全基础设施建设。全面加强安全生产教育，增强安全责任意识。继续加强电力安全、油气生产安全，强化监督管理，实行国家监察、地方监管、企业负责的安全生产工作体系。进一步落实安全生产责任制，严格安全生产执法，严肃责任追究制度。

——完善应急体系。能源安全是经济安全的重要方面，直接影响国家安全和社会稳定。中国实行电力统一调度、分级管理、分区运行，统筹安排电网运行。建立了政府部门、监管机构和电力企业分工负责的安全责任体系，电网和发电企业建立应对大规模突发事故的应急预案。按照统一规划、分步实施的原则，建设国家石油储备基地，扩大石油储备能力。逐步建立石油和天然气供应应急保障体系，确保供应安全。

——加快市场体系建设。中国继续坚持改革开放，充分发挥市场配置资源的基础性作用，鼓励多种经济成分进入能源领域，积极推动能源市场化改革。全面完善煤炭市场体系，构建政企分开、公平竞争、开放有序、健康有序的电力市场体系，加快石油天然气流通体制改革，促进能源市场健康有序发展。

——深化管理体制改革。中国加强能源管理体制改革，完善国家能源管理体制和决策机制，加强部门、地方及相互间的统筹协调，强化国家能源发展的总体规划和宏观调控，着力转变职能、理顺关系、优化结构、提高效能，形成适当集中、分工合理、决策科学、执行顺畅、监管有力的管理体制。进一步转变政府职能，注重政策引导，重视信息服务。深化能源投资体制改革，建立和完善投资调控体系。进一步强化能源资源的规范管理，完善矿产资源开发管理体制，建立健全矿产资源有偿使用和矿业权交易制度，整顿和规范矿产资源开发市场秩序。

——推进价格机制改革。价格机制是市场机制的核心。中国政府在妥善处理不同利益群体关系、充分考虑社会各方面承受能力的情况下，积极稳妥地推进能源价格改革，逐步建立能够反映资源稀缺程度、市场供求关系和环境成本的价格形成机制。深化煤炭价格改革，全面实现市场化。推进电价改革，逐步做到发电和售电价格由市场竞争形成、输电和配电价格由政府监管。逐步完善石油、天然气定价机制，及时反映国际市场价格变化和国内市场供求关系。

八、加强能源领域的国际合作

中国的发展离不开世界，世界的繁荣需要中国。随着经济全球化的深入发展，中国在能源发展方面与世界联系日益紧密。中国的能源发展不仅满足了本国经济社会发展的需求，也给世界各国带来了发展机遇和广阔的发展空间。

中国是国际能源合作的积极参与者。在多边合作方面，中国是亚太经济合作组织能源工作组、东盟与中日韩（10＋3）能源合作、国际能源论坛、世界能源大会及亚太清洁发展和气候新伙伴计划的正式成员，是能源宪章的观察员，与国际能源机构、石油输出国组织等国际组织保持着密切联系。在双边合作方面，中国与美国、日本、欧盟、俄罗斯等许多能源消费国和生产国都建立了能源对话与合作机制，在能源开发、利用、技术、环保、可再生能源和新能源等领域加强对话与合作，在能源政策、信息数据等方面开展广泛的沟通与交流。在国际能源合作中，中国既承担着广泛的国际义务，也发挥着积极的建设性作用。

中国积极完善对外开放的法律政策，先后颁布了《中外合资经营企业法》《中外合作经营企业法》和《外资企业法》，努力营造公平、开放的外商投资环境。2002年制定了《指导外商投资方向规定》，2004年修订了《外商投资产业指导目录》和《中西部地区外商投资优势产业目录》，鼓励外商投资能源及相关的采掘、生产、供应及运输领域，鼓励投资设备制造产业，鼓励外商投资中西部地区能源产业。

——完善油气资源勘探开发的对外合作。中国在石油天然气资源领域,实行以产品分成合同为基础的对外合作模式。2001年,中国公布了修订后的《对外合作开采海洋石油资源条例》和《对外合作开采陆上石油资源条例》,依法保护参与合作开采的外商合法权益。鼓励外商参与石油和天然气的风险勘探、低渗透油气藏(田)、提高老油田采收率等石油勘探开发领域的合作。鼓励外商投资输油(气)管道、油(气)库及专用码头的建设与经营。

——鼓励外商投资勘探开发非常规能源资源。2000年,中国发布了《关于进一步鼓励外商投资勘查开采非油气矿产资源的若干意见》,进一步开放非油气资源的探矿权、采矿权市场。允许外商在中国境内以独资或与中方合作的方式进行风险勘探。外商投资开采回收共、伴生矿、利用尾矿以及西部地区开采矿产资源的,可以享受减免矿产资源补偿费的优惠政策。进一步改善对外商投资勘查开采非油气资源的管理和服务。

——鼓励外商投资和经营电站等能源设施。中国鼓励外商投资电力、煤气的生产和供应。鼓励投资单机容量60万千瓦及以上火电、煤炭洁净燃烧发电、热电联产、发电为主的水电、中方控股的核电,以及可再生能源和新能源发电等电站的建设与经营。鼓励外商投资规模容量以上的火电、水电、核电及火电脱硫技术与设备制造。鼓励投资煤炭管道运输设施的建设与经营。

——进一步优化外商投资环境。中国政府信守加入世界贸易组织的有关承诺,在能源管理方面,清理了与世界贸易组织规则不一致的行政法规和部门规章。按照世界贸易组织的透明度要求，放宽了公益性地质资料的范围，并将进一步加强能源政策的对外发布，完善能源数据统计系统，及时公布能源统计数据，确保能源政策、统计数据以及资料信息的公开与透明。

——进一步拓宽利用外资领域。中国吸引外商投资开发利用能源资源，注重引进国外先进技术、管理经验和高素质人才，进一步实现从投资化石能源资源向可再生能源的转变，从注重勘查开发领域向更多地发展服务贸易转变，从主要依靠对外借贷和外国直接投资向直接利用国际资本市场方式转变。

在今后相当长一段时间内，国际能源贸易仍将是中国利用国外能源的主要方式。中国将积极扩大国际能源贸易，促进国际能源市场的优势互补，维护国际能源市场的稳定。按照世界贸易组织规则和加入世界贸易组织的承诺，开展能源进出口贸易，完善公平贸易政策。逐步改变目前原油现货贸易比重过大的状况，鼓励与国外公司签订长期供货合同，促进贸易渠道多元化。支持有条件的企业对外直接投资和跨国经营，鼓励企业按照国际惯例和市场经济原则，参与国际能源合作，参与境外能源基础设施建设，稳步发展能源工程技术服务合作。

能源安全是全球性问题，每个国家都有合理利用能源资源促进自身发展的权利，绝大多数国家都不可能离开国际合作而获得能源安全保障。要实现世界经济平稳有序发展，需要国际社会推进经济全球化向着均衡、普惠、共赢的方向发展，需要国际社会树立互利合作、多元发展、协同保障的新能源安全观。近年来,国际市场石油价格大幅波动,影响了全球经济发展,其原因是多重的、复杂的,需要国际社会通过加强对话和合作,从多方面共同加以解决。为维护世界能源安全,中国主张国际社会应着重在以下三个方面进行努力:

——加强开发利用的互利合作。实现世界能源安全,必须加强能源出口国与消费国、能源消费国之间的对话与合作。国际社会应该加强能源政策磋商和协调,完善国际能源市场监测和应急机制,促进石油天然气资源开发以增加供应,实现能源供应全球化和多元化,保证稳定和可持续的国际能源供应,维护合理的国际能源价格,确保各国的能源需求得到满足。

——形成先进技术的研发推广体系。节约能源,促进能源多元发展,是实现全球能源安全的长远大计。国际社会应大力加强节能技术研发和推广,推动能源综合利用,支持和促进各国提高能效。积极倡导在洁净煤技术等高效利用化石燃料方面的合作,推动国际社会加强可再生能源和氢能、核能等重大能源技术方面的合作,探讨建立清洁、经济、安全和可靠的世界未来能源供应体系。国际社会要从人类社会可持续发展的高度,处理好资金投入、知识产权保护、先进技术推广等问题,使世界各国都从中受益,共同分享人类进步成果。

——维护安全稳定的良好政治环境。维护世界和平和地区稳定,是实现全球能源安全的前提条件。国际社会应携手努力,共同维护能源生产国和输送国,特别是中东等产油国地区的局势稳定,确保国际能源通道安全和畅通,避免地缘政治纷争干扰全球能源供应。各国应通过对话与协商解决分歧、化解矛盾,不应把能源问题政治化,避免动辄诉诸武力,甚至引发对抗。

结 束 语

在全面建设惠及 13 亿人口的小康社会进程中,能源是事关中国经济社会发展的一个重要问题。以能源的可持续发展支持经济社会的可持续发展,是长期而艰巨的任务。中国政府将努力解决好能源问题,实现能源的可持续发展。

尽管中国能源消费增长较快,但人均能源消费水平还很低,仅相当于世界平均水平的四分之三,人均石油消费只相当于世界平均水平的二分之一,石油人均进口量也只相当于世界平均水平的四分之一,远低于世界发达国家水平。中国过去不曾、现在没有、将来也不会对世界能源安全构成威胁。中国将继续以本国能源的可持续发展促进世界能源的可持续发展,为维护世界能源安全作出积极贡献。

和平与发展仍然是时代主题,求和平、谋发展、促合作已成为不可阻挡的时代潮流。随着经济全球化深入发展,科技进步日新月异,生产要素流动和产业转移速度加快,世界各国各地区间的互联互动日益加深。国际社会需要加强合作,共同维护世界能源安全。中国政府将与世界各国一道,为维护世界能源的稳定和安全,为实现互利共赢和共同发展,为保护人类共有的家园而不懈努力!

附录二
上海合作组织能源俱乐部章程

第一章 总 则

第一条 上海合作组织成员国能源俱乐部（以下称能源俱乐部）是（非政府）协商性机构，该机构把上海合作组织成员国——哈萨克斯坦、吉尔吉斯斯坦、中国、俄罗斯、塔吉克斯坦、乌兹别克斯坦六国政府机构和实业界代表，以及这些国家能源领域的信息分析中心和科研机构联系在一起。

第二条 建立能源俱乐部的目的是就上海合作组织成员国改善能源安全，协调能源战略，促进能源生产、运输和消费各方之间的协作等问题进行广泛的对话，多方位讨论成员国在油气、煤炭、电力领域的合作前景。

第三条 能源俱乐部在开展工作时，要充分考虑上海合作组织的宪章、上海合作组织成员国多边经贸合作纲要、该纲要的落实计划、国家元首委员会决议、国家总理委员会决议以及成员国能源部长会议决议。

第四条 上海合作组织观察员国——蒙古、伊朗、印度、巴基斯坦可以派代表作为观察员参加能源俱乐部。

第五条 相关国家和国际组织可以派代表作为嘉宾出席上海合作组织能源俱乐部的活动。

第二章 上海合作组织能源俱乐部的任务和工作

第一条 能源俱乐部的主要任务是为协调上海合作组织各成员国的关系创造一个全方位讨论其能源战略的信息交换平台,并制定改善成员国能源安全的建议。

第二条 讨论上海合作组织能源生产、运输和消费各方在中亚及国际能源市场上加强协作的问题。

第三条 促进上海合作组织成员国在能源领域的有效合作。

第四条 实现上海合作组织成员国之间、实业界和金融界之间能源信息和能源技术的交换。

第三章 能源俱乐部的组织机构和运作办法

第一条 高级工作组是上海合作组织能源俱乐部的领导机构,它确定能源俱乐部的工作重点和主要工作方向。高级工作组的职能是:确定上海合作组织能源俱乐部章程,制定会议议程,批准秘书处工作;制定上海合作组织能源俱乐部下一步工作计划;根据上海合作组织能源俱乐部的主要任务开展工作;根据能源俱乐部工作面临的迫切问题,建立专门的专家工作小组,组织论坛,召开研讨会和座谈会,以及举办展览等;在上海合作组织能源俱乐部利益范围内协调与国际信息中心、金融机构、实业界以及研究中心的相互关系;为上海合作组织能源部长会议准备意见和建议。

第二条　能源俱乐部高级工作组会议每年至少召开一次，通常应在上海合作组织能源部长会议之前一个月举行。

第三条　能源俱乐部每个成员国向俱乐部派出五位代表，包括一名负责燃料能源领域的级别不低于副部级的官员作为国家协调员，一名该部门的代表，两名级别不低于公司副总裁的实业界代表，一名级别不低于副所长的信息分析中心代表。上海合作组织每个观察员国可向能源俱乐部派出两名代表。能源俱乐部高级工作组的成员根据上海合作组织各成员国内部制定的程序和办法选举或任命产生。

第四条　能源俱乐部高级工作组主席实行轮换原则，俱乐部主席由当年担任上海合作组织协调员主席国的国家协调员担任，副主席由下一年担任上海合作组织协调员主席国的国家协调员担任。

第五条　能源俱乐部高级工作组会议由主席主持。高级工作组主席主持高级工作组会议，协调能源俱乐部秘书处工作；与各成员国国家协调员和观察员国代表保持工作联系，向上海合作组织能源部长会议提出建议。

第六条　上海合作组织成员国和观察员国的相关部门、机构、实业界和学术界代表可以作为嘉宾参加能源俱乐部高级工作组的会议。

第七条　由一个成员国的协调员向能源俱乐部秘书处提出召开非例行会议的日程、会议召开时间和地点的相关建议，并征得其他所有成员国协调员同意后，能源供乐部高级工作组可以举行非例行会议，但时间必须是在例行会议召开的 30 天之前。

第八条　国家协调员在高级工作组会议召开 25 天之前向秘书处提交对会议日程的建议，秘书处在综合各成员国建议后，在会议召开 14 天之前将日程草案、会议召开的时间和地点分发至各成员国协调员。

第九条　能源俱乐部高级工作组会议议事日程在会议开始时确定。

第十条　如果不少于四个国家的代表出席能源俱乐部高级工作组会议，该会议即被认为合法。会议通过的决议在得到会议缺席国代表书面同意后即可生效。

第十一条　对讨论问题作决议时无需投票，由各方协商后作出决定。

第十二条　能源俱乐部秘书处记录高级工作组会议结果，包括能源俱乐部高级工作组主席在内的各成员国协调员在会议记录上签字。如成员国协调员缺席会议，则由该成员国全权代表签字。

第十三条　能源俱乐部秘书处需将高级工作组会议纪要以及所通过的决议复本在会议一结束、或者会议结束后 7 天内分发给各成员国协调员。会议纪要的原件需送交上海合作组织秘书处（中国北京）。

第十四条　能源俱乐部秘书处在上海合作组织燃料能源工作小组的基础上形成，责任秘书是秘书处的领导。秘书处依据轮换原则，能源俱乐部秘书处的责任秘书由来自担任能源俱乐部高级工作组主席的国家协调员所在国派出的能源工作小组的成员担任。

第十五条　上海合作组织能源俱乐部秘书处研究和总结能源俱乐部高级工作组国家协调员对工作组会议议程的建议,在此基础上拟定初步日程,确定会议日期和地点,并将相关材料分发给各协调员;与负责举行会议的国家协调,就举办会议做组织准备工作;确保工作组所通过的决议的方向,负责向协调员分发能源俱乐部高级工作组通过的决议以及文件复本;负责监督能源俱乐部高级工作组通过的决定的落实情况;制定上海合作组织能源俱乐部工作计划;向协调员咨询召开能源俱乐部会议和日常工作所需的信息及其他资料;与上海合作组织能源部长会议的组织者和上海合作组织秘书处保持工作联系;与能源俱乐部高级工作组协调,帮助工作组组织论坛、研讨会、座谈会和展览等活动;与上海合作组织能源俱乐部关注领域相关的国际信息中心、金融机构、实业界以及科研中心保持联系;负责对上海合作组织能源俱乐部的日常工作做出解释。

第十六条　负责将有关上海合作组织能源俱乐部的工作信息在上海合作组织秘书处的网站上进行报道。

第四章　上海合作组织能源俱乐部的经费

第一条　能源俱乐部高级工作组成员参加高级工作组会议的经费依照各成员国的内部规定确定。

第二条　召开能源俱乐部高级工作组会议所需的相关费用由会议召开方承担,而与会者前往开会地点的差旅费、食宿费则由派遣方承担。

第三条　以商业运作的方式举办论坛和展览会,组织研讨会和座谈会等活动。

第五章 附 则

第一条 上海合作组织能源俱乐部的工作语言是俄语和汉语。

第二条 本章程在能源俱乐部高级工作组批准之日起生效。

第三条 本章程可以根据能源俱乐部高级工作组的决议进行修改和补充，相关决议在高级工作组通过之日起生效。

2007年6月29日，上海合作组织能源部长会议在莫斯科召开，与会的五个成员国(哈萨克斯坦、吉尔吉斯斯坦、中国、俄罗斯和塔吉克斯坦)代表同意建立上海合作组织能源俱乐部作为能源领域的非政府协商性机构，并就能源俱乐部章程达成了一致。

参 考 文 献

一、中文文献

著作：

余胜海：《能源战争》，北京大学出版社，2012年版。

管清友：《石油的逻辑：国际油价波动机制与中国能源安全》，清华大学出版社，2010年版。

郑羽、庞昌伟：《俄罗斯能源外交与中俄油气合作》，世界知识出版社，2003年版。

杨中强：《石油安全研究》，中共中央党校出版社，2006年版。

郭连成主编：《俄罗斯对外经济关系研究》，经济科学出版社，2005年版。

冯少雷、相蓝欣主编：《转型中的俄罗斯对外战略》，上海人民出版社，2005年版。

冯少雷、相蓝欣主编：《普京外交》，上海人民出版社，2004年版。

《国际能源安全与合作——国际研讨会论文集》，上海国际问题研究所，2004年版。

阎学通、孙学峰：《国际关系研究实用方法》，人民出版社，

2001 年版。

中国现代国际关系研究院编：《全球能源大棋局》，时事出版社，2005 年版。

杨景民等：《现代石油市场——理论、实践、研究、创新》，石油工业出版社，2003 年版。

许志新主编：《重新崛起之路——俄罗斯发展的机遇与挑战》，世界知识出版社，2005 年版。

郭力：《俄罗斯东北亚战略》，社会科学文献出版社，2006 年版。

查道炯：《中国石油安全的国际政治经济学分析》，当代世界出版社，2005 年版。

吴磊：《中国石油安全》，中国社会科学出版社，2003 年版。

［瑞典］博·黑恩贝克：《石油与安全》（俞大畏译），商务印书馆，1976 年版。

李向阳：《谁来为 21 世纪中国加油》，中国社会科学出版社，2005 年版。

徐小杰：《新世纪的油气地缘政治》，社会科学文献出版社，1998 年版。

刘希宋等：《石油价格研究》，经济科学出版社，2006 年版。

王能全：《石油与当代国际政治经济》，时事出版社，1993 年版。

杨景民等编：《现代石油市场——理论、实践、研究、创新》，石油工业出版社，2003 年版。

钟飞腾、林峰：《石油中国》，中华工商联合出版社，2006 年版。

吴巧生等:《中国可持续发展油气资源安全系统研究》,湖北人民出版社,2004 年版。

张学斌:《经济外交与国际经济秩序》,国际文化出版公司,2001 年版。

董秀成:《石油权力与跨国经营》,中国石化出版社,2003 年版。

王庆一:《中国能源发展战略研究》,电力出版社,1997 年版。

王逸舟:《全球化时代的国际安全》,上海人民出版社,1999 年版。

王能全:《石油与当代国际经济政治》,时事出版社,1993 年版。

叶自成:《地缘政治与中国外交》,北京出版社,1998 年版。

戚文海:《中俄能源合作战略与对策》,社会科学文献出版社,2006 年版。

〔法〕菲利普·赛比耶-洛佩兹:《石油地缘政治》(潘革平译),社会科学文献出版社,2008 年版。

〔美〕丹尼斯·阿普尔亚德等:《国际经济学》(赵英军译),机械工业出版社,2005 年版。

〔俄〕斯·日兹宁:《国际能源:政治与外交》(强晓云等译),华东师范大学出版社,2005 年版。

俄罗斯外交与国防政策委员会:《俄罗斯战略:总统的议事日程》(冯玉军、蒋莉等译),新华出版社,2003 年版。

《普京文集》,中国社会科学出版社,2002 年版。

诺伦:《1980 年代的石油政治》(朱树恭译),台湾商务印书馆发行,1981 年版。

[美] 兹比各纽·布热津斯基:《大棋局——美国的首要地
　　位及其地缘战略》(中国国际问题研究所译),上海人民
　　出版社,1998 年版。

中俄油气管道资源组编译:《世界能源政策和外交》,中国
　　石油勘探开发研究院,2000 年版。

[俄] A. 布兹加林、B. 拉达耶夫:《俄罗斯过渡时期经济学》
　　(佟刚译),中国经济出版社,2003 年版。

[美] 安德鲁·G. 库钦斯主编:《俄罗斯在崛起吗?》(沈建
　　译),新华出版社,2004 年版。

倪健民主编:《国家能源安全报告》,人民出版社,2005
　　年版。

保罗·罗伯茨:《石油的终结：濒临危险的新世界》(吴文
　　忠译),中信出版社,2005 年版。

论文:

周亮亮、杭建:《石油对外依存度高企与中国能源安全》,
　　《经济研究参考》2014 年第 68 期。

秦鹏:《上海合作组织能源俱乐部的性质与基本规则》,《新
　　疆大学学报(哲学社会科学版)》2014 年第 1 期。

王晓梅:《从中缅油气管道看中国能源安全战略选择》,《国
　　际经济合作》2013 年第 10 期。

秦宣仁:《中国能源安全与周边环境》,《国际贸易》2013 年
　　第 8 期。

王海运:《世界能源格局的新变化及其对中国能源安全的

影响》，《上海大学学报（社会科学版）》2013 年第 6 期。

檀有志：《西亚北非地区动荡与中国能源安全探析》，《国际安全研究》2013 年第 5 期。

吴磊：《中国能源安全面临的战略形势与对策》，《国际安全研究》2013 年第 5 期。

傅成玉：《关于中国能源战略的思考》，《当代石油石化》2012 年第 9 期。

陈沫：《中国能源安全新思考》，《西亚非洲》2012 年第 6 期。

沈镭、薛静静：《中国能源安全的路径选择与战略框架》，《中国人口、资源与环境》2011 年第 10 期。

梁海峰：《国际石油市场变化对中国能源安全的启示》，《中国矿业》2011 年第 9 期。

胡忠良：《中国能源安全面临的挑战及其应对措施》，《生产力研究》2011 年第 4 期。

宋魁：《中国能源安全战略的新思路》，《中国产业》2011 年第 1 期。

丁一凡：《世界能源形势的变化与中国的能源安全》，《社会观察》2005 年第 3 期。

范秋芳：《借鉴日本经验建立我国石油储备体系》，《中国能源》1999 年第 5 期。

姜彦福：《世纪末前后我国的石油安全态势》，《科技导报》1999 年第 11 期。

李少军：《论经济安全》，《世界经济与政治》1998 年第 11 期。

林锡星：《试析我国能源运输战略》，《东南亚研究》2005 年
    第 2 期。

刘莉莉：《中国石油发展战略研究》，《石油大学学报（社会
    科学版）》2004 年第 20 期。

刘明：《主要产油国和消费国的石油政策》，《国际石油经
    济》2001 年第 1 期。

马宏、孙竹：《建立我国战略石油储备的政治思考》，《战略
    与管理》1997 年第 1 期。

任兴洲、王杰：《国外石油安全战略及其启示》，《经济研究
    参考》2001 年第 25 期。

沈骥如：《石油资源开发只是中国的过渡性战略》，《国际经
    济评论》2005 年第 6 期。

孙永祥：《关于中国能源安全战略的几点思考》，《能源政策
    研究》2005 年第 4 期。

王海建：《中国能源消费与温室气体排放预测分析》，《上海
    环境科学》1999 年第 18 期。

王金南：《2020 年中国能源与环境面临的挑战与对策》，《经
    济参考报》2005 年 11 月 6 日。

王礼茂、郎一环：《中国资源安全研究的进展及问题》，《地
    理科学进展》2002 年第 3 期。

王庆仪：《中国与世界能源数据》，《煤炭经济研究》2004 年
    第 2 期。

文军：《论国家经济安全及其对中国的启示》，《中国软科
    学》1999 年第 7 期。

吴磊：《中国的石油安全与中东五大产油国的石油政策》，

《西亚非洲》2002 年第 2 期。

吴强:《能源外交:21 世纪中国的外交新课题》,《国际政治研究》2001 年第 1 期。

夏义善:《试论中俄能源合作的现状与前景》,《东北亚论坛》2000 年第 4 期。

许世国:《中国与里海石油》,《国际石油经济》2002 年第 10 期。

徐小杰:《世纪之交国际油气市场的基本趋势与平衡》,《世界经济》1999 年第 6 期。

宣能啸:《我国能源效率问题分析》,《国际石油经济》2004 年第 12 期。

杨朝峰:《能源消费和经济增长:基于中国的实证研究》,《石油大学学报(社会科学版)》2005 年第 21 期。

杨光:《石油价格变化情况分析及其预测》,《中国能源》2006 年第 2 期。

杨敏英:《IEA 各国的石油安全应急对策体系(一)——制定石油安全应急对策体系的必要性》,《中国能源》2002 年第 3 期。

杨敏英:《IEA 各国的石油安全应急对策体系(二)——石油安全紧急对策体系的主要内容及对策的实施》,《中国能源》2002 年第 4 期。

于潇:《东北亚天然气资源开发与我国的对策》,《东北亚论坛》2002 年第 4 期。

查道炯:《从国际关系角度看中国的能源安全》,《国际经济评论》2005 年第 6 期。

张雷：《论中国能源安全》,《国际石油经济》2001 年第 3 期。

张振：《谈建立战略石油储备的五大要素》,《国际石油经济》2000 年第 6 期。

赵宏图、李荣：《建立我国战略石油储备势在必行》,《国际石油经济》1999 年第 2 期。

二、英文文献

BP statistical review of world energy June 2005 – 2014.

Clarence. P. Cazalot：*The Oil Industry: Energy Transit and Security.*

Issues[J]. International Organization，2003(11).

Detlef van Vuuren, Zhou Fengqi, Bert de Vries：*Energy and emission scenarios for China in the 21st century-exploration of baseline development and mitigation options.*

[J]. Energy Policy,2003(31).

Edison. T. Richardson：*A Portfolio Approach to Energy Planning.*

[J]. Annual Review of Energy and the Environment，2003(15).

Eric D. Larson, Wu Zongxin, Pat DeLaquil：*Future implications of China's energy-technology choices.*

[J]. Energy Policy,2003(31).

International Energy Agency：*Renewables Information.*

[R]. Paris，International Energy Agency，2003 – 2005.

International Energy Agency: *Statistics on 2005 vehicle ownership*.

[J]. World Energy Outlook 2004, 2005.

J. Carol. Valtz: *The Common Energy and Security Policy*.

[J]. Foreign Policy, 2002(12).

John Byrne, Bo Shen and William Wallace: *The economics of sustainable energy for rural development: A study of renewable energy in rural China*.

[J]. Energy Policy, 1998(26).

Jonathan E. Sinton, David G. Fridley: *What goes up recent trends in China's energy consumption*.

[J]. Energy Policy,2000(28).

Paul Crompton, Yanrui Wu: *Energy consumption in China: past trends and future directions*.

[J]. Energy Economics, 2005(27).

United States Energy Information Administration: *International Energy Outlook*.

后　记

　　上海合作组织、能源合作、中国能源安全,这些都是当今国际政治和国际关系学科研究的焦点问题,国内学术界围绕这些问题已经有不少学术研究成果。笔者在数年前萌生尝试把这几个问题联系起来进行研究并就此问题撰写专著的想法。之所以有如此想法,盖因本人曾长期在上海国际问题研究院从事俄罗斯与中亚问题研究,对这些问题有过一些前期研究,并撰写了一些有关中国能源安全、中国与中亚国家能源合作以及中亚地缘政治等方面的论文。

　　随着近年来中国能源问题的重要性越来越突出,笔者终于将写作本书的想法付诸行动。正如大部分学者的感受一样,将自己对某些问题的思考和初步研究转化为专著的写作,其过程其实是非常曲折的,从前期研究成果的梳理,写作框架的构建,主要观点的成熟,资料信息的筛选,都要经历各种艰辛。在写作过程中,随着形势的演变和学术界新研究成果的不断出现,还需要时时对自己的思路进行补充、调整。所幸的是笔者在写作本书时得到上海国际问题研究院以及其他国际问题研究机构的很多前辈和同事的帮助,有的直接对本书的写作提出了建设性的意见,有的虽然没有直接提出针对性的意见,但在和笔者的交流过程中,其思想和观点也对笔者有各种启发和帮助,如杨洁勉教授、周敏凯教授、冯绍雷教授、范军教授、杨剑教授、余建华教授等,在此一并表示衷心的感谢。

上海辞书出版社前副总编辑、中国中福会出版社社长余岚女士和上海辞书出版社社科编辑二室主任朱志凌先生为本书的策划、编辑以及申请出版资助提供了各种帮助,他们的操持和勤勉对于本书的顺利出版是非常重要的。

当然由于本人的研究水平有限,国际能源形势变化又非常迅速和复杂,因此书中必然存在不少问题和不足,一些观点和资料也许已经不足以说明当今能源形势的新发展、新趋势,需要本人在今后的研究中不断加以完善提高,也希望本书能作为引玉之石而求教于大方。

在本书的写作过程中,笔者的家人尤其是我的妻子沈斯宏给予了我巨大的帮助,没有他们在日常生活中对我的悉心照料,我是难以顺利完成本书写作的。尤其让人欣慰的是,在本书的思考和写作过程中,我的女儿张梦宏出生了,这是上天给我的最好礼物,而本书也是我给予女儿的最好礼物。

张　耀

2015 年 9 月